mare

Verena Kantrowitsch

Ich kann fliegen!

Flugangst: woher sie rührt,
wofür sie steht und
wie wir sie überwinden

mare

Das Ferrante-Zitat auf den Seiten 255/256 folgt der Ausgabe:
Elena Ferrante, *Die Geschichte der getrennten Wege*.
Aus dem Italienischen von Karin Krieger.
Copyright der deutschsprachigen Übersetzung
© Suhrkamp Verlag Berlin, 2017.

1. Auflage 2020
© 2020 by mareverlag, Hamburg
Redaktionelle Mitarbeit Frank Schulz
Grafiken Walther-Maria Scheid
Typografie und Satz Iris Farnschläder, mareverlag
Schrift Quadraat
Druck und Bindung CPI books GmbH, Germany
ISBN 978-3-86648-600-3

www.mare.de

Wissen ist Macht.

Francis Bacon

Es gibt zwei gefährliche Abwege:
die Vernunft schlechthin abzulegen und
außer der Vernunft nichts anzuerkennen.

Blaise Pascal

Inhalt

Ready for Dreaming ...

Ein Wort vorab 11
Apropos Psychologie ... 14
In guter Gesellschaft: Zahlen zur Flugangst 16
Gebrauchsanweisung 20

... Ready for Planning ...

Teil I – Ich will fliegen!
Will ich wirklich? Will wirklich ich? 27
Was genau will ich eigentlich? 34
Meine Flugangst: die eigene Geschichte erzählen 38
    Typ A: Angst vor Absturz 41
    Typ B: Angst vor Kontrollverlust 46
    Typ C: Angst vor Kollaps 50
    Typ D: Angst vor Terror 53
Scheinriesin Angst 57

... Ready for Booking ...

Teil II – Ich muss wissen!
Ausgerechnet Physik? 61
  Angst als lästiger Gast 67
  Angst als Leibwächterin 70
  Getriggerte Angst 75
  Erlernte Angst 76
Die Irrwege der Angst – und die Auswege 80
  1. Irrweg Bauch – Ausweg Kopf 85
  2. Irrweg »Babyphysik« – Ausweg Realphysik 96
  3. Irrweg Alarmismus – Ausweg Statistik 111
  4. Irrweg magisches Denken – Ausweg Vernunft 128
  5. Irrweg Egozentrik – Ausweg realistische Perspektive 142
  6. Irrweg Stereotype – Ausweg Neugier 152
  7. Irrweg Kontrollzwang – Ausweg fundiertes Vertrauen 173
  8. Irrweg fliegerisches Halbwissen –
     Ausweg fliegerisches Faktenwissen 188
  9. Irrweg medizinisches Halbwissen –
     Ausweg psychologisches Faktenwissen 220

... Ready for Check-in ...

Teil III – Ich will können!
Konfrontation und Gewöhnung 252
  Flugsimulation 1: im Flugzeug (Ablauf, Geräusche, Videos) 253
  Flugsimulation 2: mein Körper an Bord 260
  Flugsimulation 3: internationaler Flugverkehr 266
Atmungs- und Entspannungsübungen 272
Entspannungsbasis stärken 275
Kleine physikalische Experimente 287
Kleine Experimente zur Horizonterweiterung 290

... Ready for Boarding ...
... and ready for Take-off!

Teil IV – Ich kann fliegen!
Erfolge feiern 299
Widerständen nachspüren 301
Rückschritte und Umwege 302
Was könnte ich noch alles können? 303

Anhang
Interview mit Lufthansa-Pilot F. 307
Abgehobene Ex-Aviophobiker 311
Wann sollte ich eine Psychotherapie machen? 313

Dank 319
Quellennachweise und Internetlinks 321

Ready for Dreaming...

Ein Wort vorab

In aller gebotenen Bescheidenheit: Ich habe mein Psychologie-Diplom ganz ordentlich bestanden, suche gern die Herausforderung auf den Bühnen des Improvisationstheaters und bereite ein Chili zu, für das ich des Öfteren Komplimente einheimse.

Aber wissen Sie, worauf ich wirklich stolz bin? Darauf, dass ich fliegen gelernt habe. Ja, ich darf sogar recht unbescheiden sagen: Ich kann inzwischen ziemlich gut fliegen!

Zugegeben, Pilotin bin ich nicht. Nur Passagierin, aber eine erfolgreiche. Sogar eine sehr erfolgreiche, wenn ich bedenke, in welch desolatem Zustand ich im Sommer 1998 die Gangway eines A320 (oder was immer es war) abwärtswankte – auf den blutleeren Lippen den Schwur, mein junges Leben nie wieder dermaßen leichtsinnig aufs Spiel zu setzen. (Dabei war mein zweistündiger Jungfernflug »ruhig und verhältnismäßig komfortabel« verlaufen, schenkt man meiner mitgereisten Urlaubsclique Glauben.)

Da Sie dieses Buch vermutlich nicht von ungefähr lesen, werden Sie wissen, wovon ich rede. Haben auch Sie einst einen ähnlichen Eid geleistet? Vielleicht gehören Sie, wie früher auch ich, zu den Menschen, die unwillkürlich an das Schicksal des Ikarus denken und mit dem Klassiker unter den Sprüchen der Flugneurotiker kokettieren: »Wenn Gott gewollt hätte, dass wir fliegen, hätte er uns Flügel wachsen lassen.« Ob genau so gemeint, ob trotzig oder selbstironisch – die scheinbar weise, in Wahrheit aber naive Formel tröstet die unsichere Psyche: »Ach, diese moderne Welt!«, seufzt sie. »Ich aber kenne meine Grenzen. Und akzeptiere sie.«

Wirklich?

Fühlte ich mich nicht doch manchmal eingeschränkt? Wie ein im Stich gelassener Invalide, der unter dem etwas peinlichen chronischen Gebrechen namens Aviophobie litt?* Beneidete ich nicht all die anderen Menschen, die durch Reisen ihren Horizont erweiterten, Pläne in die Tat umsetzten und ihren beruflichen Erfordernissen nachkamen, ohne von jener verfluchten Angst ausgebremst und ausgegrenzt, ja ausgelacht zu werden? (Oder mindestens von diesem altbekannten dumpfen Unwohlsein?) Mitmenschen wie du und … nun ja, eben leider nicht ich; Menschen jedenfalls, die ihre Flugzeit ganz entspannt mit Lesen, Dösen, Schwatzen verbringen? Deren größtmögliche Sorge darin besteht, ob sie pünktlich ankommen – und nicht etwa, ob überhaupt?

Falls Sie sich all das (oder Ähnliches) fragen, verspreche ich Ihnen: Die Chancen, dass Sie das Fliegen lernen, stehen gut. Der Beweis bin ich. Immerhin ist es selbst mir gelungen. Obwohl ich zu den wirklich schweren Fällen gehörte – Fällen, in denen die Flugangst scheinbar genetisch verankert ist …

Ich bin in einer sehr liebevollen Familie aufgewachsen – einer ganz besonderen (jedenfalls nach Ansicht meiner Familie). Möglich, dass eine solche Ansicht in den narzisstisch geprägten heutigen Zeiten eher die Regel ist als die Ausnahme. Wie auch immer – gilt man im Kindesalter als etwas ganz Besonderes, ist das für das Selbstvertrauen und viele Entwicklungsaufgaben sehr beflügelnd. Problematisch wird es allerdings, wenn daraus ein allzeit gültiges Credo oder eine Forderung entsteht: »Sei immer etwas ganz Besonderes!« Dann kann so etwas Harmloses wie Durchschnittlichkeit Gefahr bedeuten, bis hin zur Bedrohung existenziellen Ausmaßes.

---

* Die Schriftstellerin Eva Menasse bezeichnet es sehr schön als »Hexenschuss der Seele«.

Nicht dass es um Geringschätzung anderer Menschen gegangen wäre. Schon als Ministrantin hatte ich gelernt, dass jeder Mensch einzigartig und nach Gottes Ebenbild geschaffen sei. Aber neben all jenen einzigartigen normalen, durchschnittlichen Ebenbildern gibt es eben auch solche Menschen, die sich nun einmal durch noch einzigartigere Besonderheiten abheben: Sie sind charmanter, klüger, geschickter, musikalischer und/oder sensibler als der Durchschnitt, verfügen über eine außergewöhnliche Begabung für ihren Beruf sowie über eine herausragende Wahrnehmung in den verschiedensten Bereichen. Und derlei besondere Menschen haben natürlich auch besondere Begegnungen und besondere Geschichten, welche entweder besonders wundervoll sind – oder aber: besonders tragisch.

Die früh verinnerlichte Annahme von Besonderheit dürfte ein recht schwerwiegender unter vielen anderen Gründen sein, dass mich Statistiken über das Fliegen nie beruhigt haben. Der durchschnittliche Mallorca-Urlauber kommt sein ganzes Leben sicher auf der Insel an? Schön für ihn. Aber was hat das mit mir zu tun?

Fühlen Sie sich bereits jetzt ertappt? Doch selbst wenn nicht, verspreche ich: Auch alle anderen mehr oder weniger guten Gründe für Flugangst – oder auch nur für das viel zitierte »übliche Unbehagen« – lassen sich Schritt für Schritt ad absurdum führen. Bis sich die Flugangst in Wohlgefallen auflöst.

Dazu braucht es nur Leselust, Motivation und das Licht der psychologischen (und: physikalischen!) Betrachtung.

Apropos Psychologie ...

Jeder, der etwa auf einer Party erzählt, was er beruflich treibt, macht so seine Erfahrungen mit den Reaktionen. Ein Bankkaufmann muss »bei der Gelegenheit mal eben« mit einer Frage zur Riester-Rente rechnen – oder gleich mit einer Gardinenpredigt zum globalen Finanzwesen. Eine Ärztin legt im Moment ihrer Offenbarung zwar um rund hundert Prozent an Ausstrahlung zu, muss sich dafür aber endlose Krankengeschichten anhören. Auch Piloten entfalten eine besondere Aura, werden aber im Gegenzug gebeten, Heldengeschichten zu erzählen – oder besorgniserregende Vorfälle aufzuklären, die der Gesprächspartner auf Flügen selbst erlebt hat (bzw. ein Freund, die Freundin eines Freundes oder wenigstens dessen Tante).

Die Offenbarung »Ich bin Psychologin« löst jedenfalls sehr oft die gleichermaßen ironisch wie nervös vorgetragene Reaktion aus: »Oha. Dann muss ich ja jetzt aufpassen, was ich sage!«

Eine gängige Vorstellung von Psychologen besagt nämlich, sie seien permanent mit der Analyse ihrer Mitmenschen beschäftigt (die zweithäufigste Vorstellung vermutlich; die häufigste dürfte darin bestehen, dass »Seelenklempner selbst nicht ganz dicht« seien). Nun muss ich sagen: Ich bin leidenschaftlich gern Psychologin. Ich bin so begeistert von meinem Fach, dass die Annahme von der Analyse meiner Mitmenschen durchaus zutrifft; wenn auch beileibe nicht permanent – denn selbst im Leben von Psychologinnen gibt es zum Glück nicht nur Psychologie.

Das Gegenüber auf einer Party ist also auch für mich nicht in erster Linie Objekt einer spontanen psychologischen Diagnostik. Sondern bestenfalls ein interessanter, neugieriger oder freundlicher Gesprächspartner, schlimmstenfalls ein arroganter oder langweiliger Dampfplauderer. Doch egal, welche Kategorie ich vor mir hatte – erzählte mir jemand etwas über das Fliegen, stieg meine Aufmerksamkeit maximal. Fortan schrieb ich alles mit, und irgendwann ließ mich das Thema einfach nicht mehr los.

Aufgrund der Anregungen aus all jenen Gesprächen – zufälligen (Party-)Unterhaltungen ebenso wie planmäßigen Interviews –, ferner bei der Lektüre wissenschaftlicher Artikel und populärwissenschaftlicher Literatur und nicht zuletzt durch die Analyse meiner eigenen Person wurde mir klar, wie ausgesprochen spannend das Thema Flugangst doch eigentlich ist. Wie viel man noch darüber hinaus lernen kann und wie bereichernd es für das generelle Selbstvertrauen ist, sich mit Flugangst zu beschäftigen. Mal abgesehen von dem ursprünglich nicht für möglich gehaltenen Effekt, künftig mit Vorfreude in ein Flugzeug steigen zu können.

In guter Gesellschaft: Zahlen zur Flugangst

Genau wie ich früher auch glauben viele Menschen mit Flugangst oder -unbehagen, sie gehörten einer mehr oder weniger pathologischen Minderheit an. Ganz der Gegensatz also zur starken, gesunden Mehrheit entspannt fliegender Zeitgenossen. Weswegen viele diese »Schwäche« ungern einräumen.

Allerdings nicht alle. Meine Mutter zum Beispiel. Sie sagt zwar nicht: »Ich habe Flugangst.« Sondern vielmehr: »Ich fliege nicht.« Ungefähr, wie eine Nichtraucherin sagt: »Ich rauche nicht.« Sie begründet ihre Flugabstinenz mit einer besonderen Empfindsamkeit und Intuition für Gefahren. Und verweist ganz nebenbei – nicht zu Unrecht – auf ihren dadurch günstigen CO_2-Verbrauch.*

Ob die Ökobilanz meiner Mutter allein durch ihre Flugabstinenz tatsächlich besser ist als meine (die ich wenig fliege, wenig Auto

---

* Zweifellos ist die Frage der individuellen Ökobilanz eine der wichtigsten unserer Zeit. Da der Schadstoffausstoß des weltweiten Flugverkehrs wesentlich für die drohende Klimakatastrophe mitverantwortlich ist, stellt sich diese Frage der Mitverantwortung jedem einzelnen Flugpassagier. Also ist sie selbst in einem Ratgeber gegen Flugangst nicht zu negieren, leider aber nicht befriedigend abzuhandeln. Sinnvolle Antworten sind hochkomplex und exklusives Thema für entsprechende Sachliteratur. Flugangst als Hoffnung für die Rettung der Welt kann jedenfalls schwerlich die Lösung sein, schon allein, weil viele Menschen (etwa aus beruflichen Gründen) kaum eine andere Wahl haben, als zu fliegen. In diesem Buch geht es um die Bekämpfung der Angst und nicht um Wellness-PR oder Lobbyarbeit für Fluglinien. Nichtsdestoweniger sei die persönliche Auseinandersetzung mit dem Thema selbstverständlich empfohlen.

fahre und überwiegend pflanzlich esse), sei dahingestellt.* Eher als um moralische Skrupel handelt es sich in diesem Fall allerdings um eine psychohygienische Methode, mit Flugangst umzugehen. Hilft natürlich nur, solange man definitiv niemals fliegen will oder muss. (»Wenn eines von euch Kindern am anderen Ende der Welt in Gefahr wäre« – so versichert meine Mutter allerdings glaubhaft –, »würde ich mich sofort ins Flugzeug setzen.«)

Doch zurück zur Minderheitshypothese. Was besagen Umfragen? Sind Menschen, denen das Fliegen Angst oder zumindest Unbehagen bereitet, tatsächlich in der Minderheit? Daran darf man Zweifel haben. Man darf sogar das Gegenteil annehmen: Sie befinden sich damit in guter Gesellschaft. Oder, um es weniger narzisstisch zu formulieren: in völlig normaler Gesellschaft.

Flugunbehagen ist weit verbreitet. Es betrifft jedes Geschlecht**, jeden Bildungsstand, jeden Beruf und jede Weltanschauung, und es kann einen Flugneuling ebenso erwischen wie eine Vielfliegerin.*** Je nach Erhebung liegt der Anteil der Ängstlichen zwischen 30 und 60 Prozent. Einer großen Umfrage des Instituts für Demoskopie Allensbach zufolge haben 15 Prozent der Deutschen eine echte, nur von Psychotherapeuten diagnostizierbare Aviophobie, weitere 20 Prozent fühlen sich unbehaglich. Umfragen für Lufthansa zufolge leiden sogar fast 70 Prozent der Fluggäste an einem zumindest

---

* Bei der Berechnung der individuellen CO_2-Bilanz hilft zum Beispiel die Homepage des Umweltbundesamtes (mit Hinweisen auf Verbesserungsmöglichkeiten). 2018 hat die Stiftung Warentest geprüft, welche Anbieter die CO_2-Kompensation am besten und am transparentesten umsetzen (siehe Internetlinks im Anhang).
** Laut Lufthansa werden deren Flugangstseminare zu 60 Prozent von Frauen besucht. Generell werden spezifische Phobien zwar bei Frauen häufiger diagnostiziert, doch wenn man statt von Angst von Unbehagen spricht, reihen sich mehr Männer ein.
*** Einige interessante Unterschiede gibt es allerdings: So sind Kinder und Senioren weniger betroffen als Menschen in der Mitte des Lebens.

leichten Unbehagen. In einer anderen Studie wiederum haben zwar knapp über 50 Prozent angegeben, dass sie »keinerlei Angst« haben, allerdings hatten 20 Prozent der Befragten noch gar keinen Flug erlebt – oft aber entsteht die Angst erst nach dem ersten Flug. (Ich weiß, wovon ich spreche.)

Grundsätzlich bestimmt die Art der Frage die Antwort. Die Reaktion auf »Wie wohl fühlen Sie sich an Bord eines Flugzeugs?« (sehr unwohl, unwohl, neutral, wohl, sehr wohl) wird etwas anders ausfallen als diejenige auf die Frage »Wie oft empfinden Sie Angst im Flugzeug?« (selten, manchmal, häufig, meistens). Denn je direkter die Frage nach etwas Negativem, desto häufiger die Neigung, die Antwort zu beschönigen. Flugneurotiker finden es oft peinlich, das volle Ausmaß ihrer Angst zuzugeben. Sie wissen, dass es keine plausiblen Gründe dafür gibt. Nicht selten kreuzen einige daher lieber »manchmal« an, obwohl sie Angst de facto häufig empfinden.

Es kommt außerdem sehr darauf an, wen man was fragt: nur Menschen, die mindestens einen Flug absolviert haben? Oder auch Menschen, die noch nie geflogen sind – möglicherweise aus Angst? Andere wiederum glauben zwar, dass sie keine Angst haben, wissen es aber nicht (weil sie es ja nie geprüft haben). Von denen, die ihre Angst gestehen, sagen wiederum nicht wenige, dass sie unter normalen Umständen keine Angst haben, aber in Ausnahmesituationen schon. Was aber ist eine Ausnahmesituation? Für mich wäre ein Gewitter schon eine gewesen, oder eine Turbulenz. Für Pilotinnen ist beides Alltag.

Wenn man also Menschen auf der Straße befragt, ob sie Flugangst haben, wird man recht häufig folgende Verteilung antreffen:

Abb. 1 Verteilung der Flugangst

Nur der hellblaue Bereich repräsentiert also die vollkommen Angstlosen. Die hellgraue Gruppe kann sich jedoch wegen mangelnder Erfahrung keineswegs sicher sein, und auch die erwähnte Beschönigungstendenz kann eine Rolle spielen. Insofern gehört man womöglich eher dann zu einer Minderheit, wenn man als Fluggast vollkommen angstfrei reist.

Kein Wunder, ist es doch natürlich, beim Fliegen zunächst einmal Unbehagen zu spüren – bis hin zu Angst. Warum das so ist – und warum »natürlich« nichts mit »unveränderbar« zu tun hat –, wird später eingehend erläutert.

Unbehagen im Flugzeug ist normal –
aber kein Schicksal!

Gebrauchsanweisung

Die Ursachen des Unbehagens beim Fliegen – oder gar der ausgeprägten Angst – mögen mitunter allzu komplex erscheinen. Entsprechend fühlt sich vielleicht so mancher darin Gefangene wie in einem Labyrinth: scheinbar nichts als verwinkelte Sackgassen. Oder gar wie in einem Teufelskreis, aus dem es sprichwörtlich kein Entrinnen gibt.

An dieser Stelle ist es wichtig, sich der drohenden Resignation nicht zu beugen. Machen Sie die Probe aufs Exempel und betrachten dieses Buch als Leitfaden, der aus dem Labyrinth der Angst herausführt. Als Wegweiser aus dem Teufelskreis, der die neurologischen Irrwege systematisch markiert. Es gibt nicht viel zu verlieren. Zu gewinnen aber ein paar aufschlussreiche Lektürestunden, die Sie in die Welt der Psychologie führen – und sogar etwas mehr an Psychologie, als für die reine Flugangstbekämpfung notwendig wäre. Vielleicht lösen Sie ja demnächst noch ganz andere Probleme?

Wenn Sie sich das Inhaltsverzeichnis dieses Buches aufmerksam betrachten, offenbart sich eine grobe vierteilige Gliederung. Sie folgt einer Psycho-Logik, an der sich auch viele verhaltenstherapeutische Konzepte orientieren:

- Unerlässlich am Anfang jeder aktiven Veränderung ist der Wille dazu. Die entscheidende Voraussetzung für das Fliegen-Können ist also das Fliegen-Wollen.
- Um etwas Neues zu können, brauchen wir Wissen. Die Mühen

und Freuden des Wissenserwerbs versprechen das Serum für d
Auflösung unserer Ängste.
- Wäre allerdings Wissen allein die Lösung, gäbe es viele große und kleine Menschheitsprobleme schon gar nicht mehr. Was ich gelernt habe und nunmehr weiß, muss ich auch anwenden, und zwar im Sinne eines »Trainings«.
- Jedes gute Training zeitigt Fortschritte, aber auch Erschöpfung, mitunter kleinere Rückfälle oder gar Widerstand. Gerade dann ist es wichtig weiterzutrainieren, denn: Flugangst zu überwinden macht stolz und glücklich.

So zwingend diese Psycho-Logik ist, so dringend möchte ich an dieser Stelle raten: Lesen Sie vorrangig die Passagen, die Sie besonders interessieren. Das klingt womöglich banal oder wohlfeil, fast reformpädagogisch und – tja, uninteressant. Ist es aber nicht.

Die psychotherapeutische Forschung zum Thema zeigt zwar einerseits: Für die Bewältigung von Ängsten ist es wichtig, sie auf verschiedenen Ebenen zu verstehen sowie verschiedene Informationen und Techniken einzusetzen. Um die Angst in den Griff zu bekommen, sollte man also nicht nur auf ein Pferd setzen. Andererseits können zu viele verschiedene Ideen sogar störenden Einfluss ausüben (siehe Exkurs 1*).

---

* Die Exkurse in diesem Buch vertiefen jeweils einen Gedanken, der für das Verständnis des Nachfolgenden nicht zwingend erforderlich ist; sie bieten kleine, interessante Ausflüge in erweiterte Themenfelder.

EXKURS I
Motivationsfördernde Strategie

Diäten sind besonders beliebt, wenn die Regeln überschaubar und Empfehlungen einfach sind. Allgemeine Tipps für eine bessere Kalorienbilanz – und dementsprechend eine Gewichtsreduktion – wären z. B.

1. täglich 30 Minuten Bewegung,
2. keine Süßigkeiten,
3. kein Alkohol,
4. Kalorientagebuch führen.

Versucht man, alle diese Punkte umzusetzen, schafft aber nur zwei, besteht Frustrationsgefahr – obwohl man ja immerhin die Hälfte geschafft hat. Dieses Misserfolgsgefühl zieht Entmutigung nach sich, und man lässt es lieber ganz bleiben. Konzentriert man sich aber erst einmal auf nur zwei Aspekte dieser Liste, zum Beispiel (1) täglich 30 Minuten Bewegung und (2) keine Süßigkeiten, ist die Wahrscheinlichkeit für langfristige Motivation und damit auch Erfolg bei den meisten Menschen deutlich höher. (Oder man befolgt gar nur eine einzige Empfehlung, diese aber konsequent, z. B. Verzicht auf Kohlenhydrate – dann nimmt man auch weniger Kalorien zu sich.)

Wenige ausgesuchte Techniken sind also besser einzuhalten als viele verschiedene, und ebenso gilt: Lust und Wille, sie durchzuführen, sind signifikant höher, ist man inhaltlich von ihnen überzeugt. Wenn Sie also während der Lektüre merken, dass bestimmte Inhalte Sie sehr ansprechen, sich bei anderen hingegen gar nichts regt – dann lesen Sie Erstere gründlich und überfliegen Letztere vorerst nur. (Obligatorisch ist allerdings das Kapitel »Ausgerechnet Physik?«

in Teil II. Auch »Die Irrwege der Angst – und die Auswege« in demselben Teil empfehle ich zur Lektüre; sie sind aber nicht in ihrer Gesamtheit für jeden Flugangst-Typus notwendig.)

Ein persönliches Beispiel. In der Fachliteratur besteht ein nicht unerheblicher Aspekt der Angstbewältigung in Entspannungsübungen. Zu Beginn der Auseinandersetzung mit meiner Flugangst habe ich mich pflichtbewusst durch jedes Kapitel dazu gequält, inklusive detaillierter Beschreibungen sämtlicher Übungen, die ich dann halbherzig ausprobierte. Progressive Muskelentspannung, Yoga, autogenes Training – all das fand ich von Beginn an langweilig, und es war für mich theoretisch öde und praktisch ohne positive Wirkung.

Wohlgemerkt: für mich. Anderen Menschen helfen solche autosuggestiven Techniken durchaus erheblich. Die wissenschaftliche Psychologie bestätigt deren angstmildernde Effekte (vor allem auf Flugangst-Typ C, siehe unten) und kann sie darüber hinaus plausibel erklären.

Grundsätzlich bleibt eben zu bedenken, dass die Wissenschaft stets durchschnittliche Effekte belegt – auch in der Medizin. Das heißt, nicht jedes Medikament und jede Maßnahme schlagen bei jedem in gleichem Maße an. Teilweise spielt etwa das Geschlecht eine viel größere Rolle, als die Forschung lange Zeit berücksichtigte; teilweise auch ganz andere, geschlechtsunabhängige Faktoren, zum Beispiel die des individuellen Stoffwechsels.

Generell besteht die Flugangst in individuell unterschiedlichen Ausprägungen und Zusammensetzungen. Zum Beispiel: Absturzangst; Platzangst; Angst, vor den anderen Passagieren hysterisch zu lachen oder etwas »Wahnsinniges« zu tun; Angst, vor Angst zu sterben; Terrorangst und andere.

Bei keinem Flugangst-Patienten sind alle Aspekte gleich wichtig, bei manchen mögen einige sogar völlig irrelevant sein. Obwohl also

Überschneidungen nicht nur möglich, sondern wahrscheinlich sind, habe ich aus pragmatischen Gründen vier gängige Flugangst-Typen übernommen, die jeweils einen ganz bestimmten Schwerpunkt der Angst verdeutlichen.

Übrigens zeigt sich die Angst auch mit ganz unterschiedlichen Gesichtern: Sieht man sie einer Person trotz des inneren Ausnahmezustands gar nicht an, ist die andere leichenblass. Redet einer während der akuten Angstattacke kein Wort, so eine andere sehr viel. Jenseits des Durchschnitts können also ganz unterschiedliche Gefühle und Verhaltensweisen zur Geltung kommen – und eben auch unterschiedlich wirkungsvolle therapeutische Maßnahmen. Ich hätte früher beispielsweise nicht gedacht, dass für mich der wichtigste Ausweg in der genaueren Kenntnis der Flugphysik bestehen würde.

Stellen Sie sich doch spaßeshalber einfach schon mal vor, wie Sie eines nicht allzu fernen Tages die Gangway zu einem Flugzeug hinaufsteigen, und dieses komische Gefühl im Magen ist nicht wie üblich Angst, sondern: Vorfreude!

Unterdessen unternehmen wir einen weiteren Schritt auf unserem Weg – dem Ausweg aus dem Labyrinth der Flugangst. Am Ende des nächsten Kapitels sind wir dann bereits ...

...Ready for Planning...

TEIL I
Ich will fliegen!

Will ich wirklich?
Will wirklich ich?

Einfache, aber bedeutsame Fragen. Fragen, die zunächst geklärt werden müssen, will man nicht von vornherein auf Irrwege geraten.

Manchmal denkt man schlicht, dass man etwas selbst will, und irgendwann merkt man, dass man den eigenen Willen mit dem seines Umfeldes verwechselt hat. Das kann zum Beispiel bei der Berufswahl der Fall sein, bei der Familiengründung oder Ähnlichem (siehe Exkurs 2).

EXKURS 2
Unbewusste Aufträge

Oft werden Ziele, die wir uns im Leben setzen, von unbewussten Aufträgen bestimmt. Freunde, Familie, Gesellschaft erteilen sie uns – auf verborgenen oder auch direkten Wegen. Manchmal wirken selbst noch diejenigen Normen und Werte unterschwellig in uns fort, für die der gesellschaftliche Konsens zu schwinden scheint. Weichen wir von ihnen ab, geraten wir nicht selten unter Stress.

Religiosität zum Beispiel führt Studien zufolge zu erhöhtem individuellem Wohlbefinden – vorausgesetzt, der oder die Betreffende lebt in einer Gesellschaft, in der Religiosität von vielen geteilt wird. Ein Arbeitsloser leidet unter seiner Arbeitslosigkeit nur dann in hohem Maße, sofern Arbeit in seinem entsprechenden sozialen Umfeld einen hohen Wert genießt. Alleinerziehende sind in Italien deutlich unglücklicher als in

Dänemark, weil dieses Familienmodell in Dänemark weiter verbreitet ist und seltener negativ bewertet wird. Und die Ehe macht nur dann signifikant glücklicher, wenn man in einem konservativen Umfeld lebt.

Für uns Individuen kann es schwer sein, den ureigenen Wunsch deutlich zu erkennen. In unseren westlichen Gesellschaften können wir zum Beispiel nominell sehr eigenständig entscheiden, Mutter bzw. Vater zu werden – oder eben darauf zu verzichten. Die Aussage »Das muss ja jeder selbst wissen!« würden die meisten wohl unterschreiben. Kommt allerdings eine Studie aufs Tapet, die besagt, dass manche Mütter ihre Entscheidung für die Mutterschaft nachhaltig bereuen*, wird eben doch leidenschaftlich debattiert: Ist eine solche Aussage eigentlich umstandslos hinzunehmen? Ist sie überhaupt »normal«? Oder eher eine narzisstische Volte, ein Hinweis auf ein Selbstwertproblem oder einen anderen Defekt (Stichwort Rabenmutter)? Oder sonst etwas?

Dazu die Journalistin und Bloggerin Stephanie Rohde in einem Rundfunk-Interview: »Wenn Mütter ihr Muttersein so offen (...) bereuen, zucken viele zusammen. Bei Vätern würde man wohl auch zucken – aber eher mit den Schultern.« Ja: Männer scheinen ein geringeres Risiko zu tragen, diesen gesellschaftlichen Auftrag (»Bekomme Kinder, oder du wirst es eines Tages bereuen!«) unbewusst zu verinnerlichen.

Kurzum: Ein Mensch braucht eine ordentliche Portion Autonomie und Selbstbewusstsein, um ein ureigenes Ziel zu erkennen, ernst zu nehmen und von den Ansprüchen des Umfeldes zu befreien.

---

* Gemeint ist die Studie der israelischen Soziologin Orna Donath, die unter dem Titel »Regretting Motherhood« (»Bedauern der Mutterschaft«) bekannt wurde.

So wurde möglicherweise auch der unkomplizierte Wunsch zu f
gen von anderen Menschen vorgegeben. Vielleicht will eigentlich
eher Ihre Chefin, dass Sie einen Geschäftstermin in Schanghai wahrnehmen. Oder Ihre Familie oder Freunde möchten mit Ihnen in den Urlaub fliegen. Nun freuen sich die meisten Menschen, wenn andere einen gern im Urlaub dabeihaben (so war es zumindest bei mir), und Sie sind womöglich ein bisschen geschmeichelt und möchten etwas zurückgeben. Und dann denken Sie vielleicht, es sei ja schon ein wenig albern, Flugangst zu haben; ein Trip nach New York mit Freunden wäre doch schön; eigentlich müsste man sie ja auch loswerden können, diese Flugangst … Und ganz allmählich keimt ein Wunsch in Ihnen, der eigentlich aus mehreren Wünschen besteht – und offenbar vor allem aus den Wünschen anderer.

Oder es ist folgende Variante: Eventuell haben Sie ja sogar den authentischen, zarten eigenen Willen, eine New-York-Reise mit lieben Menschen zu unternehmen. Doch plötzlich passiert etwas Merkwürdiges: Je mehr die anderen davon sprechen, wie toll es wäre, gemeinsam mit Ihnen nach New York zu fliegen, und dass Sie sich nicht durch Ihre Angst kleinkriegen lassen sollten, und je öfter Sie motivierende Statements zu hören bekommen (»Du wirst es sicher nicht bereuen!«, »Nachher lachst du über deine Angst!«, »In zwanzig Jahren wirst du die Dinge, die du nicht getan hast, mehr bedauern als die Dinge, die du getan hast!«), desto deutlicher regt sich Widerstand in Ihnen. Sie haben immer weniger Lust auf New York. Die Reise wird Ihnen zu teuer. Und je häufiger die anderen über New York und Angst reden, desto seltener fühlen Sie sich verstanden und stellen sich die Frage, ob Sie – umgeben von netten, aber offenbar eher verständnislosen Menschen – eine solche Zumutung wirklich auf sich nehmen sollen. Falls Sie es nach New York geschafft haben sollten, müssen Sie sich vor Ort womöglich noch anhören, wie toll es war, dass Sie überredet wurden, sonst hätten Sie diese schöne gemeinsame Zeit gar nicht erlebt – dabei müssen Sie ja noch zurückfliegen. All das könnten Sie sich ersparen, wenn Sie zum Beispiel mit der Bahn nach Berlin führen. Da wollten Sie ja übrigens sowieso schon lange mal wieder hin.

In beiden Fällen liegt der eigene Wille unter den Wünschen anderer begraben. Doch es lohnt sich, ihn freizuschaufeln und so den ersten Schatz der Veränderungsmotivation zu heben: Ihren eigenen wahrhaftigen Wunsch, warum Sie fliegen können wollen. Im Jargon der Psychologie: Ihre intrinsische Motivation (siehe Exkurs 3).

EXKURS 3
Intrinsische und extrinsische Motivation

Diese Begriffe diskutieren Psychologen schon lange: Entsteht meine Motivation, etwas zu tun, vorwiegend durch Wünsche aus meinem Inneren (intrinsisch) oder eher durch erwartete Belohnung, also von außen (extrinsisch)? Zum Beispiel: Mag ich meinen Job gern, oder verdiene ich damit nur mein Geld?

Intuitiv ahnt man, wann die Wahrscheinlichkeit für den Berufserfolg besonders hoch ist: wenn ich selbst dahinterstehe, also intrinsisch motiviert bin – und nicht allein durch eine ausstehende Belohnung oder die Wünsche anderer Menschen, also extrinsisch.

Das heißt allerdings nicht, dass andere Menschen mich nicht mit ihrem Wunsch motivieren und unterstützen können. Soziale Unterstützung ist grundsätzlich hilfreich. Für eigentlich alle Herausforderungen des Lebens – also auch Flugangst – gilt: Menschen, die mich mögen, gar lieben und mich dabei unterstützen, Herausforderungen anzunehmen, sind ein großes Glück. Aber: Es ist ein erheblicher Unterschied, ob sie mich in meinem Wunsch zu fliegen unterstützen oder aber ich sie in ihrem Wunsch unterstütze, dass ich fliege!

Intrinsische und extrinsische Motivation kann auch nebeneinander existieren – oder sich überschneiden. Das ist sogar meistens der Fall. Ein Beruf, der jemanden sehr erfüllt (intrinsische Motivation), wird bei guter Bezahlung (extrinsische Belohnung) nicht weniger gern ausgeübt. Aber wenn einem nicht klar ist, was man für sich macht und was für andere oder für Geld oder eine andere Art von Anerkennung, dann kann es zu inneren Kämpfen kommen. Dann verwandelt sich Motivation möglicherweise in Widerstand.

Schon Säuglinge sind wild darauf, Dinge zu bewegen und zu erreichen. »Selber machen« und »alleine« gelangen erstaunlich schnell in den Wortschatz kleiner Kinder. Schon früh in ihrem Leben lieben Menschen das Gefühl der Autonomie, aus eigener Kraft etwas zu (er)schaffen. Aus reiner Lust daran vermögen sie große Ausdauer zu entwickeln.

Diese ureigene Lust kann jedoch regelrecht korrumpiert werden. Dazu gibt es eine alte, nachhaltig eindrucksvolle Studie über das Malverhalten von Kindern. Normalerweise malen Kinder aus eigenem schöpferischen Antrieb, vielleicht auch aus Spaß an Gesprächen, die über diese Bilder entstanden. Belohnte man Kinder nun finanziell dafür, malten sie zwar weiterhin – aber die Bilder wurden immer langweiliger: Sie malten eben nur noch für die Belohnung. Gab es im nächsten Schritt keine Belohnung mehr, malten die Kinder zudem weniger als vorher. So wurde aus Malspaß eine bloße Möglichkeit zum Geldverdienen.

Am eindrücklichsten veranschaulicht diesen Gedanken vielleicht Jesper Juul, der berühmte dänische Erziehungsexperte: »Die Belohnung wird zur Motivation. Das ist so, wie wenn Sie zu Ihrem Mann sagen, Sie werden mit ihm schlafen, wenn er den Rasen mäht.«

Ein Widerstand gegen fremde Ziele ist also oft etwas Gutes, bedeutet er doch eine Verteidigung der eigenen Bedürfnisse und Autonomie.

Kennen Sie Ihre intrinsische Motivation bereits? Ich selbst wusste anfangs nämlich gar nicht, was eigentlich mein Ziel war – wofür ich fliegen lernen wollte. Es ging mir ja ohne nicht schlecht, im Gegenteil gab es ja so viele schöne Ziele, die man mit dem Auto oder öffentlichen Verkehrsmitteln erreichen konnte.

Vor allem die Nordsee. Dass die See Musiker und Reisende offenbar deutlich mehr inspiriert hat als zum Beispiel die westfälische Einöde meiner Kindheit, leuchtete mir ein, denn auch mich hat das Meer früh mit den großen Fragen des Lebens konfrontiert. Auf Norderney habe ich als Kind viel Zeit damit verbracht, auf das Meer zu schauen und zu versuchen, mithilfe eines Lineals die Krümmung der Erde am Horizont zu erkennen. Nachdem mir dieses naturwissenschaftliche Experiment misslang, verlegte ich mich ein paar Jahre später auf die poetische Betrachtung des Meeres, indem ich Mixtapes aufnahm, die vom Meer handelten. Und schließlich sollte mein Horizont tatsächlich durch Meer und Sehnsucht erweitert werden: In einem Traum machte ich wieder Urlaub an der Nordsee. Ich schwamm im Meer, das ebenso grau war wie der Himmel, als plötzlich eine Felsenhöhle vor mir auftauchte, in die ich hineinschwamm. Auf der anderen Seite öffnete sie sich wieder, und dort funkelte und glitzerte türkisgrünes Meer unter einem tiefblauen Himmel. Ich war sehr glücklich, diesen Tunnel gefunden zu haben. Und wachte leider auf. Doch das Bild von diesem ganz anderen Meer verfolgte mich bis in den Alltag. Ich wollte zu neuen Ufern aufbrechen. Vielleicht wollte ich auch schlicht und einfach nur Urlaub machen an einem Ort, an dem es strahlend blauen Himmel und türkisgrünes Wasser gibt.

Dieser Traum war meine Initialzündung. Ist auch bei Ihnen bereits eine erfolgt? Wenn ja, wissen Sie noch, welche es war? Womöglich ebenfalls ein Traum oder ein Gespräch, ein Bild, ein Roman? Gibt es einen Wunsch, eine intrinsische Motivation?

Diesen ureigenen Wunsch zu identifizieren, von Fremdwünschen zu unterscheiden und möglichst konkret zu imaginieren, sind die ersten wichtigen Schritte. Wenn Sie diese bereits geschafft haben: sehr gut. Damit sind Sie schon fast »ready for planning«. Falls nicht, dann womöglich nach der weiteren Lektüre ...

Was genau will ich eigentlich?

Der nächste Schritt besteht darin, einen Wunsch von einem Ziel zu unterscheiden – bzw. aus einem Wunsch ein Ziel abzuleiten.

Ob im Coaching oder in der Psychotherapie: Das Ziel ist so wichtig, dass Ratgeber mit dem Begriff »Ziel« im Titel dutzendweise zu finden sind. Andererseits gibt es nach wie vor Therapien, in denen erst einmal drauflosgearbeitet wird. Ich bin immer ein wenig irritiert, wenn mir jemand von seiner ersten Therapiestunde erzählt und sie »sehr interessant« fand: »Mal sehen, was der Therapeut noch so vorhat!«

In manchen Fällen mag das seine Berechtigung haben, in unserem jedoch ganz gewiss nicht: Für uns ist es geradezu unerlässlich, das konkrete Ziel möglichst genau zu formulieren.

Nun scheint dies nur allzu leicht, wenn man seine Flugangst überwinden möchte: »Ich will meine Flugangst loswerden«, fertig. Ich entsinne mich noch sehr gut, dass auch ich meine Flugangst einfach nur loswerden wollte.

Solche Loswerden-Wünsche sind aber recht vage Ziele. Überhaupt haben sie – psychologisch betrachtet – ungünstige Eigenschaften. Negativ und abstrakt formuliert, benennen sie als Ziel weniger die Lösung, sondern vielmehr das Problem. Folglich steht das Schlüsselwort Angst weiterhin deprimierend groß im Zentrum der Aufmerksamkeit; es übt geradezu hypnotische Wirkung aus.

Zum Thema »Angst im Flugzeug« verfügen wir nämlich über einen unerschöpflichen Fundus innerer Bilder. Sobald wir das Wort lesen oder auch nur denken, greift unser Hirn darauf zu – ob aus eigener Erinnerung oder Selbstbeobachtung, durch die Beobachtung anderer, durch Filme oder Ähnliches: ein kalkweißes Gesicht, ein Mensch, der sich an die Armlehnen krallt (während um ihn herum alles wackelt), jemand, der gar die Spucktüte nutzen muss. Selbst in seiner verneinten Erscheinungsform beschwört der Begriff »Angst« also genau das Bild vom Nervenbündel herauf, welches man ja auf keinen Fall länger verkörpern will. Natürlich kann man das Wort nicht generell vermeiden – in der Formulierung des Ziels sollte es allerdings nicht vorkommen.

Psychologische Haarspalterei? Nein. Das hypnotische Potenzial der Sprache wird im vierten Exkurs belegt.

EXKURS 4
Coaching im Sport

Vielleicht haben Sie schon einmal davon gehört, dass man im Coaching für Sportler mit positiven Visionen arbeitet. Zum Beispiel mit intensiven Vorstellungen des Sieges: Der Protagonist überschreitet die Ziellinie, Jubel brandet auf, er steht auf dem Treppchen, hält einen Pokal in der Hand – das Ziel »Ich will einen Sieg!« kann man sich insofern sehr detailliert ausmalen. (Viel schwieriger dagegen die negativierte Form: »Ich will keine Niederlage, ich will nicht versagen« etc.)

Ein weiteres Beispiel: Schüchterne Menschen wünschen sich oft, »weniger schüchtern« zu sein. Wie aber sähe das konkret aus? Gegen Schüchternheit ist ja nichts einzuwenden. Die entscheidende Frage ist: Wann stört sie mich? Was will ich erleben, woran mich die Schüchternheit hindert? Das könnte sein: »Ich will tanzen gehen« oder »Ich will Gespräche mit anderen Menschen führen« oder »Ich will ab und zu Nein sagen, wenn mich ein Kollege um einen Gefallen bittet«.

Außerdem ungünstig am Motto »Loswerden«: Es legt Passivität nahe. Es weckt unsere kindliche Sehnsucht nach anstrengungsloser Geborgenheit. Etwas Ungutes möge von mir genommen werden!

Ein solcher Satz definiert allerdings kein Ziel, sondern einen Wunschtraum. Nichts gegen Wunschträume – sie sollten bloß nicht mit Zielen verwechselt werden. Sie zeigen uns nicht, wie wir unser Denken und Handeln beeinflussen können, im Gegenteil: Der Witz an einem Wunschtraum ist ja gerade, dass etwas Großartiges einfach so geschieht – und nicht erst durch eigene Aktivität herbeigeführt werden muss.

Die Idee, dass man selbst etwas unternehmen, lernen oder trainieren könnte, ist naturgemäß in reinen Loswerden-Wünschen nicht enthalten. Und das ist ausgesprochen ungünstig, wenn ich mein Geschick in die eigene Hand nehmen will, anstatt mich einfach meinem Los zu fügen – etwa dem vermeintlichen »Schicksal Flugangst«.

Zugegeben: Für unsere Flugangst böten zum Beispiel Tabletten oder Alkohol schnelle, leicht herbeizuführende, allerdings nur halbwegs haltbare (und nicht ungefährliche) Loswerden-Lösungen. 65 Prozent aller Flugängstlichen schenken sich am Flugtag gern einen ein; außerdem hat Alkohol hoch oben in den Wolken ja angeblich eine noch stärkere Wirkung als auf dem Boden, nicht wahr?*

Ich bin auch immer mit einem Sekt vor dem Start gestartet, und die anschließende Albernheit, der Galgenhumor und ablenkende Redefluss entfalteten durchaus ihre Wirkung. Tabletten und Alkohol verhalten sich letztlich zur echten Überwindung von Flugangst ungefähr so, wie sich elektronische Fitnessgürtel zu echtem Sport verhalten, wenn man abnehmen will. Außerdem bergen sie nicht nur ernst zu nehmende Suchtrisiken, sondern verstärken das Problem womöglich noch. All das sollte man zumindest wissen. Außer-

---

* Nein, leider nicht wahr, vielmehr ein Mythos (siehe z. B. Internetlink im Anhang).

dem ist man am Anreisetag todmüde. (Was mich damals allerdings, zugegebenermaßen, wenig scherte: Lieber todmüde als tot, dachte ich mir.)

Wie verhält es sich aber mit Beruhigungsmitteln, die man ausschließlich in dieser Notsituation einsetzt? Wenn man wirklich nur selten fliegt, lässt sich der Gebrauch von Psychopharmaka zwar durchaus rechtfertigen. Bloß sollte das Ziel dann nicht »Fliegen lernen« heißen, sondern »die bestmögliche Narkose suchen«. Darüber hinaus sollten Sie sich in dem Fall bewusst sein, dass es jedes Mal ein bisschen schwieriger wird, die Angst auf Dauer zu verlernen – denn Sie wenden aktiv Vermeidungsverhalten zweiter Art an.

Will ich nicht nur keine Flugangst mehr haben, sondern entspannt im Flugzeug sitzen – und den Flug womöglich sogar genießen –, wird das mit Tabletten schwerlich funktionieren. Dazu muss ich etwas tun, etwas lernen. Um mich zum Lernen zu motivieren, lohnt es sich, dieses Ziel noch viel schöner und greifbarer zu machen, sprich: leichter erreichbar. Zum Beispiel, indem ich es ganz konkret und nicht in negativer Verdrehung benenne – so wie ich es ein paar Zeilen weiter oben bereits getan habe: »Ich will ganz entspannt im Flugzeug sitzen ...« In meinem Fall etwa hatte das Idealziel dann komplett gelautet: »... welches mich zu einem türkisgrünen Traumort bringt.«

Wofür wollen Sie die Mühen des Fliegenlernens auf sich nehmen? Haben Sie bereits ein klares Ziel? Und ist es wirklich Ihr eigenes?

Flugmotivation entsteht durch ein echtes Ziel.

Meine Flugangst: die eigene Geschichte erzählen

Menschen lernen durch Bilder und durch Geschichten. Diese Weisheit wird seit ewigen Zeiten in Religionen genutzt und auch in allen möglichen anderen Zusammenhängen: im Coaching, in der Therapie, im Controlling, im Marketing (Stichwort: Storytelling), in der Erziehung sowie natürlich in der Kunst und Literatur. Wir mögen Bilder und Geschichten, weil unser Gehirn dafür optimal ausgerüstet ist; aufgrund ihrer emotionalen Qualität kann man sie sich gut merken, viel besser als zum Beispiel Vorschriften oder Zahlen. Die wirklich prägenden Umwälzungen unseres Denkens und Erlebens, die Dinge, an die wir uns immer erinnern werden, sind meistens an Bilder oder an Geschichten gebunden. Auch blödsinnige Dinge merkt man sich ja oft, wenn das Bild dazu prägend wirkt.

Zum Beispiel werde ich wohl nie vergessen, dass eine Kollegin mir einmal sagte, ich hätte offenbar stark abgenommen. Als ich etwas verwundert entgegnete, es könne sich dabei maximal um zwei Kilo handeln, nickte sie eifrig und sagte: »Ja – das sind zwei Literflaschen Cola!« Seitdem sehe ich mich mit einer wechselnden Anzahl Literflaschen Cola herumlaufen.

Ähnlich wirkungsvoll wie Bilder sind Geschichten. Auf jeder Homepage von Flugangstseminaren findet man daher auch Erzählungen der Kursteilnehmer. Sie berichten, wie ihre Angst begann, wie genau sie sich zeigte, wie sehr sie darunter gelitten haben, warum sie irgendwann etwas dagegen unternehmen wollten, was im Seminar geholfen hat und warum sie nun ein glücklicheres Leben führen. Die Geschichten verfügen über emotionale Hochs und Tiefs sowie ein Happy End, und ich empfehle unbedingt, ein paar davon zu lesen.

Geschichten können Erklärungen für menschliche Probleme liefern – und für deren Lösungen. Damit sind sie sinnstiftend, und diese Eigenschaft von Geschichten hat laut Hirn-, Trauma- und Therapieforschung einen erheblichen therapeutischen Nutzen. In der Narrativen Expositionstherapie ist es beispielsweise ein Hauptbehandlungsmerkmal, einem etwaigen Trauma im Leben eines Patienten einen bestimmten Platz zuzuweisen: das Erlebte in die Biografie einzuordnen und daraus Sinn abzuleiten (siehe Exkurs 5).

EXKURS 5
Der Sinn eines Traumas

In der sehenswerten Dokumentation *Die verborgene Seite der Angst* berichtet eine Überlebende von Nine-Eleven von ihrem Trauma – den grauenvollen Bildern, Gerüchen, Geräuschen und Gefühlen dieses Tages. Mehr als alles andere schien für ihre Heilung von Bedeutung zu sein, dem Erlebten einen Sinn abzugewinnen. Sie begann zunächst damit, Menschen über den Ground Zero zu führen und ihre Geschichte immer wieder zu erzählen – jedoch zunehmend mit dem Fokus darauf, dass sie überlebt hat und jetzt lebt, und nicht wie vorher, dass sie fast gestorben wäre. Der Fokus der Geschichte und die verwendete Sprache haben sich also im Laufe der Heilungszeit verändert. Oder hatte vielleicht die veränderte Sprache einen heilsamen Effekt auf ihr Erleben?

In diesem Zusammenhang ist wichtig: Welche Geschichte erzähle ich wie? Schildern Passagiere mit Flugangst die Geschichte ihres jüngsten Fluges, verwenden sie immer wieder gern das Genre des Katastrophenberichts, gespickt mit Angst-, Unglücks- und Todesvokabeln wie »Ende«, »Absturz«, »kaputt«, »tot« – sie springen einem in den folgenden Fallbeispielen geradezu ins Auge. Auch vermeintlich neutrale Formulierungen wie »Ausnahmesituation«, »Turbulenzen« oder »Überlebenswahrscheinlichkeit« entfalten negative hypnotische Kraft. Und eignen sich mithin fatal, jemanden in der irrigen Annahme zu bestärken, dass es sich beim Fliegen womöglich doch um ein riskantes Unterfangen handele.

> Sprache konstruiert unsere Wirklichkeit mit.
> Angstformeln zu gebrauchen ist negative Selbsthypnose.

Doch es gibt auch den heilsamen Effekt des Geschichtenerzählens. Um diesen zu erfahren, muss man kein regelrechtes Trauma erlebt haben. Ein Anfang wäre damit gemacht, sich schon während der Lektüre dieses Buches die ganz persönliche Überwindung der Flugangst vorzustellen: ein privates kleines Heldenepos. Indem Sie später schildern können, wie Ihre Angst entstanden ist, wie sie sich angefühlt hat und wie Sie sie bewältigt haben, nutzen Sie Ihr nach Emotionen und Sinn gierendes Gehirn in der bestmöglichen Weise.

Zunächst aber – aus Verfahrensgründen unumgänglich – zurück zur Sprache der Angst. Was liegt an dieser Stelle näher, als Ihnen exemplarisch die grundlegende Geschichte meiner Flugangst zu erzählen? Zumal ich einen weitverbreiteten Typus von Flugneurotikern verkörperte: Typ A (Angst vor Absturz).

Wie bereits erwähnt, bleibt eine Einteilung in Typen stets eher grob, das liegt in der Natur der Sache. Natürlich gibt es häufig Überschneidungen – oder innerhalb desselben Typus individuell spezifische Details. Vielleicht entdecken Sie in meiner Geschichte einen Teil der Ihren, vielleicht aber auch in Bastians (Typ B: Angst vor

Kontrollverlust), Felix' (Typ C: Angst vor Kollaps) oder Julias (Typ D: Angst vor Terror).*

Oder in allen vieren.

Am Ende jeder Geschichte wird auf diejenigen Kapitel verwiesen, die für den jeweiligen Typus zur Bekämpfung seiner Art der Flugangst besonders interessant sind – und zu den entscheidenden Wendungen in der Heldengeschichte beitragen können.

Typ A: Angst vor Absturz

Nachdem meine Mitschüler und ich unser Abi geschafft hatten, musste ein Urlaub mit Sonnengarantie her, in dem außerdem maximaler Alkoholkonsum für minimales Geld möglich war. Es lief auf Bulgarien hinaus. Eine Woche Goldstrand all-inclusive für 299 DM. (Kein türkisfarbenes Meer übrigens.)

Ich freute mich darauf: Freiheit, Freunde und mein Jungfernflug! Als Kind war ich ja nie geflogen. (Übrigens hatte meine Mutter ein Flugzeug nie auch nur von Nahem gesehen. Statt zu fliegen, fuhren wir also jeden Sommer zu fünft mit dem Auto in den Urlaub, was Statistiken zufolge viel gefährlicher war. Unsere entsprechenden Vorträge beeindruckten meine Mutter jedoch kein bisschen; dreizehn Stunden fuhren wir bis an die Côte d'Azur.) Nun aber war ich mit meinen Freundinnen und Freunden unterwegs. Auf dem Weg zum Flughafen waren wir zwar übernächtigt, aber auch berauscht: von der neuen Freiheit, von der Aussicht auf die schier unendliche, funkelnd vor uns liegende Zukunft und von der dritten Dose Karlsquell.

---

* Reale Bekannte von mir (Namen geändert). Die Geschichten auf der Basis von ausführlichen Interviews habe ich teils verdichtet, teils zweckdienlich umgestaltet.

Ich war aufgeregt und reisefiebrig, doch Angst spürte ich nicht – die kam vollkommen unerwartet im Moment des Starts.

Und zwar, als plötzlich eine ganz und gar unnatürliche Beschleunigung Besitz von dieser – zu allem Überfluss undicht wirkenden – Klapperkiste ergriff. Ich war fast verblüfft, als sie trotz ihres tonnenschweren Gewichts dann auch noch – und zwar gegen alle mir bekannten Naturgesetze – abhob und sich nach bereits fünf Sekunden so weit vom Erdboden entfernt hatte, dass man mit absoluter Sicherheit tot wäre, fiele man jetzt aus irgendeinem Grund durch ein Loch im Boden. Es sah alles genauso aus wie diese Aufnahmen im Fernsehen. Das Grauenvolle war nur: Das war kein Fernsehen.

Zwei Stunden Zittern und drei Beinahe-Infarkte später landete die Blechbüchse wie durch ein Wunder tatsächlich in Bulgarien. Dass ich überlebte, war reine Gnade – die auf dem Rückflug natürlich nicht garantiert war, weshalb ich vorsichtshalber vor irgendeiner unsichtbaren Macht jenen Eid ablegte, im Falle der Heimkehr nie wieder ein Flugzeug zu besteigen. Und sieben Tage lang den Rückflug verdrängte.

Anscheinend erfolgreich, denn die Urlaubswoche habe ich in schöner Erinnerung. Es gab viel zu lachen, und obwohl wir beim Geldwechsel tüchtig geschröpft worden waren, hatten wir am letzten Abend vor dem nächtlichen Rückflug noch genug Bares übrig, um unsere letzten Lewowe für (im Wechsel) Rakija und koffeinhaltige Getränke auszugeben.

Der Rückflug war dann noch schlimmer als der Hinflug. Beim ersten Mal war ich kalt erwischt worden, nun aber perfekt aufs Angsthaben vorbereitet. Schon beim Einsteigen notierte ich im Geiste akribisch, an welcher Stelle die Maschine dem bloßen Augenschein nach defekt war; hellhörig registrierte ich verdächtige Geräusche – und davon gab es unzählige.

Zu allem Überfluss musste ich vor dem Start auch noch einen kleinen Stromausfall beobachten: Das Licht in der Kabine ging – mit einem besorgniserregenden Knacken – vollständig aus und dann flackernd wieder an. Ein Flugzeug mit Wackelkontakt! Die humoristische Hilfestellung meiner Freunde – »Na, solange nur die Lampen kaputt sind ...« bzw. »Hm, komisch, irgendwie sieht der Flügel schief aus. Außerdem wackelt er« – ließ die Fassung, die ich zumindest äußerlich auf dem Hinflug noch mühsam gewahrt hatte, wütender und weinerlicher Humorlosigkeit weichen. Und der Koffein-Alkohol-Cocktail nahm auf der Flugzeugtoilette den Notausgang.

Fliegen? Nie wieder.
Davon war ich in jenem Moment überzeugt. Und doch habe ich mich noch zwei Mal bemüht. Zwei besondere Ereignisse, nämlich ein Studiensemester meiner Freundin M. in Thailand und die Feier zum runden Geburtstag meiner Mutter auf einer Nordseeinsel, brachten mich dazu, in den Jahren danach erneut Flugzeuge zu besteigen: einen A300 nach Bangkok (zehn Stunden Angst hin, zehn Stunden Angst zurück) und eine Britten-Norman Islander nach Juist (fünf Minuten). Der kleine Flieger war ein besonderes Erlebnis, da er von innen an einen sehr alten, sehr lauten Bulli erinnerte, der wackelte und rundum unerwünscht viel Ausblick bot. Ich hielt mir die Augen zu.

Wohlmeinende Freunde und der ein oder andere angehende Psychologe (ich hatte mittlerweile mein Studium begonnen) prognostizierten, ich würde mich langsam und von Mal zu Mal an das Fliegen gewöhnen. Ganz im Gegenteil: Zunehmend verfestigte sich eine eindeutige, grundsätzliche und unumkehrbare Abneigung gegen das Fliegen und alles, was damit zusammenhing. Das Gefühl, dem Tod jeweils gerade noch von der Schippe gesprungen zu sein, verdichtete sich.

Nach dem Juist-Flug erneuerte ich meinen Eid, entschuldigte mich bei der unsichtbaren Macht für meine Leichtsinnigkeit und fuhr fortan mit dem Zug, Auto oder Bus – an die Nordsee, in die Alpen und nach Belgrad. Mama hat in dem Punkt recht. Muss man auch mal einsehen. Und warum in die Ferne schweifen, wenn das Gute liegt so nah? Wobei »nah« natürlich sehr relativ war; Belgrad liegt von Osnabrück aus betrachtet nicht gerade um die Ecke. Aber erstens belastete diese Fortbewegungsart meine persönliche Ökobilanz nicht ganz so schlimm. Und zweitens: Ist es in diesen schnelllebigen, impulsgetriebenen Zeiten und angesichts der grassierenden Machbarkeitsideologie nicht irgendwie auch wertvoll, ganz entschleunigt zu erleben, wie weit Belgrad nun einmal entfernt ist?

Irgendwann verbrachten meine Freunde eine Woche in Krakau. Ich wäre gern mitgekommen, doch leider fuhr kein Bus dorthin, die Bahn war mir zu teuer, und sie flogen ohne mich.

Erst nachdem ich – drei Jahre später – mein Ziel gefunden und beschlossen hatte, aktiv das Fliegen zu lernen, veränderte sich alles grundlegend. Und zwar mit Happy End.

In dieser persönlichen Geschichte stecken eine Menge Aspekte, die eine Menge Ursachen meiner Flugangst erklären können – und zwar exemplarisch für den Typus A, Angst vor Absturz: genetische Dispositionen (stammesgeschichtliches Erbe: psychische Verunsicherung durch die spezifische Flugsituation; individuelles Erbe: Mutter); soziales Lernen (Mutter); weitgehende Unkenntnis in puncto Flugphysik und Flugzeugtechnik; aktuell erhöhtes Stressniveau; körperliche Labilität durch Schlafmangel, Alkohol und Koffein; Halb- und Unwissen in Bezug auf Körperreaktionen; »Magisches Denken«, also die Neigung, in allen Dingen einen magischen Zusammenhang zu erkennen und schicksalhafte Zeichen zu lesen.

Zu allem Überfluss kamen diverse unbewusste Techniken zum Einsatz, um die Angst aufrechtzuerhalten, ja zu steigern: Vermeidungsverhalten erster Art (»Nie mehr fliegen«); Umwertung dessen als ökologisch sinn- bzw. moralisch wertvoll (Freud nannte das »Intellektualisierung«); Vermeidungsverhalten zweiter Art (Alkohol als Betäubung, Wiederholung der Angstsituation bei gleichbleibendem Mangel an Information, keinerlei Auseinandersetzung mit den angstauslösenden Faktoren); Erinnern und Erzählen einer Horrorgeschichte mit einem Vokabular, das von Todesangst geprägt ist. Die Folge von alledem: Ausbau neuronaler Irrwege, die ausnahmslos und unter Volldampf ins Labyrinth der Angst führen.

Was der ein oder andere Aspekt bedeuten könnte, ahnen Sie womöglich schon; auch die weiteren werden noch detailliert erläutert. Dabei werden selbstverständlich, an jeweils passender Stelle, peu à peu sämtliche laienhaften Fehlannahmen richtiggestellt, seien sie physiologischer (»Herzinfarkt«), technischer (»Wackelkontakt«) oder sonstiger Art.

Haben Sie sich in meiner Geschichte wiedergefunden? Dann zählen Sie höchstwahrscheinlich zu demselben Flugangst-Typ wie ich. Vielleicht aber gehören Sie ja zu Typus B, C oder D. Denken Sie doch einmal an Ihre eigene Geschichte zurück. Wie war es bei Ihnen – wann trat die Angst zum ersten Mal auf? Was waren Ihre Gedanken? Und wie ging es weiter?
   Womöglich hilft Bastians Geschichte Ihrer Erinnerung auf die Sprünge …

Für Typ A sind folgende Kapitel besonders relevant:
- Seite 96:   2. Irrweg »Babyphysik« – Ausweg Realphysik
- Seite 188: 8. Irrweg fliegerisches Halbwissen –
             Ausweg fliegerisches Faktenwissen

Außerdem nützlich:
- Seite 128: 4. Irrweg magisches Denken – Ausweg Vernunft
- Seite 220: 9. Irrweg medizinisches Halbwissen –
             Ausweg psychologisches Faktenwissen

Typ B: Angst vor Kontrollverlust

Schon als Kind erlebte Bastian die familiären Flugreisen in den Urlaub als unangenehm. Auch sein Vater hatte sich an Bord unbehaglich gefühlt – was Bastian aber erst viel später und ganz nebenbei erfuhr. Bastian wunderte sich darüber, machte sein Vater doch stets den Eindruck eines Menschen, der sich in jeder Lebenslage im Griff hat.

Seit Bastian erwachsen war und selbst entschied, wohin es in den Urlaub ging, war er nicht mehr geflogen. Er erschloss sich seine Reiseziele lieber individuell und hatte schon halb Europa bereist: per Bahn, Wohnmobil und Fahrrad.

Inzwischen brachten es steigende Anforderungen in seiner Karriere mit sich, auch Fernreisen zu unternehmen, die aus Gründen des Zeitmanagements eben nur mit dem Flugzeug machbar sind. Und er flog ja auch, wenn er musste – allerdings sehr ungern. Daher tat er alles, was in seiner Macht stand, um zumindest keine bösen Überraschungen zu erleben.

Informationen schnell zu prüfen und zu vergleichen, lag ihm. Die jeweilige Unfallstatistik einer Airline checken – kein Problem. Bei der Auswahl legte er strenge Kriterien an. Niemals hätte er einen Billigflieger gewählt. Doch auch in einer Maschine der renommiertesten Fluggesellschaft fühlte er eine Unruhe, die ihm zunehmend zu schaffen machte.

»Ich flog immer weniger gern, und das hatte verschiedene Gründe. Zum Beispiel die Tatsache, dass man die Piloten nicht kennt und ihre Kompetenz nicht einschätzen kann. Einmal war das Flugzeug in ein Gewitter geflogen. Die Flugbegleiterinnen stellten plötzlich den Bordservice ein und liefen ausgesprochen gestresst durch die Gänge. Ich meinte zu wissen, dass Gewitter eine große Gefahr für die empfindliche Bordelektronik darstellen. Schon mein eigener kleiner PC hat ja – wohlgemerkt auch ohne jegliche Wettereinflüsse – manchmal unerklärliche Ausfälle, oder er stürzt gleich komplett ab. Wenn ich mir die Komplexität der Flugzeugelektronik vorstellte und darüber hinaus Auswirkungen eines Blitzeinschlages, dann beruhigten mich all jene Statistiken nicht, die als Beweis für die Sicherheit herangeführt wurden.

Das Durchschnittsalter dieses Maschinentyps betrug dreiundzwanzig Jahre – recht hoch für ein Flugzeug, fand ich. Für Piloten allerdings eher niedrig: Die erschienen mir nämlich nach meinem kurzen Blick ins Cockpit auch nicht viel älter. Und just am Tag vor dem Flug hatte ich noch in der Zeitung gelesen, dass in Studien immer wieder bestätigt wird, Männer bis zum 30. Lebensjahr neigten aus evolutionären Gründen zu erhöhtem Risikoverhalten – zum Beispiel auch in Bezug auf Alkoholkonsum. Und was macht so eine junge Crew wohl, wenn sie eine Nacht fern der Heimat verbringt? Ein paar Bierchen trinken, womöglich mit Kollegen anbändeln, und nach drei Stunden Schlaf geht es dann weiter … Einer der Jungs da vorne sah jedenfalls, wie ich fand, einigermaßen übernächtigt aus.

Die Maschine wackelte dann; nicht sehr stark, aber man merkte, dass es unübliche Flugbedingungen waren. Ich war verblüfft, dass meine Kollegen entweder einen Film schauten oder schliefen und völlig unbeeindruckt waren. (Das kannte ich allerdings schon. Ich war oft der Skeptiker, wenn alle anderen noch entspannt waren. Meine Frau rollte mit den Augen, wenn ich mal wieder den »Oberkontrolletti« machte. Zum Beispiel, als ich letztes Jahr penibel prüfte, ob das gemietete Wohnmobil auch wirklich keinerlei Vorschäden hatte, die man nachher würde uns ankreiden können. Und tatsächlich wollte man uns für einen Kratzer am rechten Außenspiegel verantwortlich machen. Zum Glück hatte ich das Auto komplett – aus jeder Perspektive, mit jedem Detail [inklusive Spiegel] – fotografiert und konnte anhand des dokumentierten Datums beweisen, dass der Schaden schon vor unserem Fahrtantritt bestanden hatte.)

Vertrauen ist gut, Kontrolle ist besser! Das klingt vielleicht paranoid, ist aber in solchen und ähnlichen Situationen letztlich nur konsequent zu Ende gedacht. Ich jedenfalls kenne die Sicherheitsvorkehrungen aus dem Effeff, die vor dem Start von den Flugbegleitern vorgeturnt werden. (Auch das ließ mir keine Ruhe: Wenn das Fliegen völlig gefahrlos wäre, könnte man doch auf diese Sicherheitsvorkehrungen verzichten? An Bord eines Schiffes habe ich das zumindest noch nicht erlebt.*)

Es gab mal diesen Bestseller *Ein Mann – ein Buch*. Darin wurde beschrieben, wie man eine Boeing 747 landet. Wenn ich einmal in einer zu sitzen käme, würde ich mir das Kapitel vorher auf jeden Fall durchlesen.

Gut fand ich auch, dass in einem Ratgeber ein paar Survival-Tipps für den Fall der Fälle gegeben wurden: Seitdem zähle ich die Sitzreihen bis zum nächsten Notausgang, den würde man im Falle von Rauchentwicklung nämlich nicht sehen können. Selbst wenn ich wahrscheinlich nie in die Situation kommen würde – es ist einfach gut, einige Fakten zu kennen. Im vorderen Bereich des Flugzeugs überleben zum Beispiel 65 Prozent, im hinteren aber nur 53 Prozent. Darauf bei der Buchung zu achten, ist ja kein großer Aufwand.

Immerhin saß ich also in einer vorderen Sitzreihe. Irgendwann war dann endlich wieder alles normal, das Gewackel hörte auf, und die Flugbegleiter entspannten sich. Äußerlich war ich übrigens – wie immer – ganz ruhig; meine Kollegen ahnten nichts von meiner Alarmbereitschaft. Nur innerlich war ich nervös, appetitlos und angespannt; überhaupt hatte ich nach einem Flug oft Nackenschmerzen und fühlte mich erschöpft. Allerdings schlug meine innere Anspannung manchmal in Reizbarkeit um, und dann wurde ich ag-

---

* Auf Kreuzfahrtschiffen sind derlei Übungen sehr wohl gang und gäbe – und das auch noch viel aufwendiger, weil sämtliche Passagiere (zu Tausenden) höchstpersönlich antreten müssen, und zwar ausgestattet mit Rettungswesten und allem Drum und Dran.

gressiver im Ton, wenn jemand mich im unpassenden Moment in ein Gespräch verwickeln wollte.

Und das berührte den Aspekt, der mich wirklich am allermeisten störte: zu merken, dass ich mich nicht im Griff hatte.«

Bastians Form von Flugangst steht exemplarisch für den Flugangst-Typ B. Die Ursachen dafür – nebst aufrechterhaltenden Mechanismen – weisen einige Überschneidungen zu Typ A auf (z. B. individuelles Erbe: Vater), einige neue Facetten kommen hinzu (z. B. Halb- und Unwissen in puncto Flugzeugelektronik und Flugbedingungen wie Gewitter), andere wiederum fehlen ganz. Zentral jedoch sind ein aktuell erhöhtes Stressniveau durch die Karriere sowie vor allem das ausgeprägte Autonomie- und Kontrollbedürfnis.

Um das Happy End vorwegzunehmen: Genau wie ich, so hat auch Bastian inzwischen gelernt, das Fliegen zu genießen. Gerade plant er seine nächste Radtour – in Kanada.

Kanada war jedoch nicht der Grund für ihn, sich mit seiner Flugangst eingehender zu befassen. Bastians mentales Ziel entwickelte sich eher zufällig: Es war schlicht und einfach der Satz einer Kollegin, der ihm nicht mehr aus dem Kopf ging. Sie hatte mit Erfolg einen Flugangst-Kurs absolviert und berichtete davon. Das Fazit in ihren eigenen Worten: »Ich bin jetzt wieder ganz ich selbst, wenn ich im Flugzeug sitze. Und keine heimliche, schlecht ausgebildete und latent gereizte Co-Pilotin ohne Auftrag.«

Das war der entscheidende Auslöser für Bastian, sein individuelles mentales Ziel zu fixieren – was er ganz im Einklang mit seiner Persönlichkeitsstruktur schaffte: »Ich will auch über den Wolken die Kontrolle über mich selbst behalten.«

Die interessantesten Kapitel für Typ B sind:
- Seite 96: 2. Irrweg »Babyphysik« – Ausweg Realphysik
- Seite 111: 3. Irrweg Alarmismus – Ausweg Statistik
- Seite 173: 7. Irrweg Kontrollzwang – Ausweg fundiertes Vertrauen

Außerdem nützlich:
- Seite 188: 8. Irrweg fliegerisches Halbwissen – Ausweg fliegerisches Faktenwissen

Typ C: Angst vor Kollaps

Felix war noch wissenschaftlicher Mitarbeiter im Fach Kulturwissenschaften, als er sich für ein Promotionsstudium an der renommierten University of California, Berkeley bewarb – mit Erfolg. Bis zum Reiseantritt in drei Monaten hatte er besonders viel zu tun; außerdem gab es Ärger bei der Kündigung seiner Wohnung, und seine Freundin nahm den Auslandsaufenthalt zum Anlass, ihre sogenannte On-Off-Beziehung dauerhaft zu beenden.

»Ich stieg übernächtigt und mit gemischten Gefühlen ins Flugzeug: einerseits froh über den Neuanfang, andererseits niedergeschlagen über das Ende dieses ›Lebensabschnitts‹, wie es immer alle nannten. Aus unerfindlichen Gründen deprimierte mich allein das Wort.

Die Maschine war rappelvoll und mein Platz ganz hinten. Endlich angekommen, musste ich feststellen, dass mein Sitznachbar ein Baby auf dem Schoß hatte. Schon jetzt brüllte es ohrenbetäubend. Ich verstaute mein Gepäck und schnallte mich an. Der kleine Tyrann kreischte mir direkt ins Ohr. Ganz plötzlich fühlte ich mich unwohl. Mein Herz schlug mir bis zum Hals, mir war schwindelig und übel. Das kannte ich bisher nicht von mir. Was war das? Warum fühlte sich meine Brust so eng an? Warum brach mir der Schweiß aus? War das ein Herzinfarkt? Erst vor Kurzem hatte es einen Kommilitonen von mir erwischt: Schlaganfall, mit 28. Ich selbst war eigentlich immer kerngesund gewesen – mein letzter Gesundheitscheck lag nicht lange zurück, das Ergebnis war gut ausgefallen. Allerdings war ich Raucher und hatte lange kaum Zeit für Sport gehabt. Was, wenn es wirklich ein Herzinfarkt war? Und das auf einem Langstreckenflug?

In diesem Moment schloss sich die Kabinentür. Ich saß in der Falle. Lebensabschnitt also: Das Leben wird abgeschnitten! Der Zugang zu jeder medizinischen Versorgung war abgeschnitten. Die Maschine startete. Es wurde laut, die Motoren heulten, wir hoben ab. Jetzt war es endgültig zu spät. Wo war die Spucktüte eigentlich? Was, wenn ich erbrechen müsste, hier, inmitten all dieser fremden Menschen? Sie wären angewidert und schockiert und würden eines Tages die Geschichte erzählen, wie ein junger Mann im Flugzeug – ›Direkt neben mir!‹ – an einem Herzinfarkt starb. ›Sie konnten nur noch die Leiche bergen.‹

So kreisten meine Gedanken. Mir war kalt. Das Schlimmste war, dass ich nicht mehr richtig atmen konnte. Ich schnappte geradezu nach Luft. Der junge Vater neben mir sah mich besorgt an, was mir den Rest gab. Ich war völlig aufgelöst, es fehlte nicht viel, und ich wäre in Tränen ausgebrochen. Der Mann winkte einer Flugbegleiterin. Die war dann auch ganz rührend, hielt meine Hand und diagnostizierte eine Panikattacke, die zu diesem Kreislaufkollaps geführt habe.

Nach einer gefühlten Ewigkeit konnte ich zumindest wieder atmen, und mein Herzschlag normalisierte sich. Schlecht fühlte ich mich aber die ganze Zeit. Irgendwie habe ich all die Stunden dann herumgekriegt. Als der Kapitän die Landung ankündigte, hätte ich wieder heulen können, diesmal vor Freude. Ich nahm mir vor, mich beim Arzt gründlich durchchecken zu lassen und dem Sport einen zentralen Platz in meinem Alltag zukommen zu lassen.«

Als Felix seiner Mutter am Telefon von seinem »Kreislaufkollaps« berichtete, war sie besorgt: »Du, bei uns in der Familie gibt es ja tatsächlich eine Häufung von Herz-Kreislauf-Erkrankungen!«

In Berkeley hatte Felix dann einen guten Start. Tatsächlich trieb er wieder mehr Sport und unterzog sich erneut einem umfassenden Gesundheitscheck: Alles war im grünen Bereich.

Vor seinem Heimflug zu Weihnachten ließ er sich allerdings Valium verschreiben. Einen solchen Horror wie auf dem Hinflug wollte er nie wieder erleben – und dann womöglich noch vor Angst einen Herzinfarkt erleiden.

Trotz des Beruhigungsmittels war der Flug nicht gut. Wieder brach ihm der Schweiß aus, wieder litt er unter einem fürchterlichen Gefühl der Enge. Immerhin schienen die Medikamente dafür zu sorgen, dass ihm sein potenzielles Ableben gleichgültiger wurde (das berüchtigte »Scheißegal-Gefühl«), sodass er wenigstens nicht hyperventilierte.

Drei Tage später erlitt er eine neuerliche Panikattacke – diesmal in der Kneipe, wo er sich mit alten Freunden getroffen hatte. Wieder ging er zum Arzt und berichtete von seinen Kreislaufbeschwerden. Nach genauerer Nachfrage empfahl ihm der Arzt eine Psychotherapie.

Bei Felix' Flugangst-Typ C sind ebenfalls Überschneidungen mit anderen Typen vorhanden. Doch auch für Felix sollte es ein Happy End geben. Sein erklärtes Ziel ging übrigens über das Fliegen hinaus: »Ich will meine Komfortzone wieder erweitern und schöne Situationen entspannt genießen!«

Der Rat seines Arztes hatte ihn zwar überrascht, aber er beherzigte ihn: Seit einer verhaltenstherapeutischen Kurzzeittherapie treten keine Panikattacken mehr auf, denn bei innerer Unruhe ist er inzwischen in der Lage – übrigens vor allem durch Atem- und Entspannungsübungen –, Einfluss auf seinen Körper und seinen Geist zu nehmen. Viele destruktive Gedanken kommen allerdings gar nicht erst auf, da er unhaltbare Hypothesen, Halbwissen und Fantasien durch echte Kenntnisse ersetzt hat.

Ein besonders wichtiges Kapitel für Typ C ist daher:
- Seite 220: 9. Irrweg medizinisches Halbwissen –
  Ausweg psychologisches Faktenwissen

Dicht gefolgt von:
- Seite 96: 2. Irrweg »Babyphysik« – Ausweg Realphysik
- Seite 111: 3. Irrweg Alarmismus – Ausweg Statistik

Typ D: Angst vor Terror

Julia ist ein freundlicher Mensch, der anderen gegenüber offen und vertrauensvoll entgegentritt und ihre Wahlheimat Berlin dafür liebt, dass so viele unterschiedliche Lebensentwürfe nebeneinander existieren können. Genau deswegen war sie damals von Emden in die Hauptstadt gezogen. Sie kauft urdeutsches Brot, geht danach in den türkischen Gemüsemarkt und abends zum Inder essen. An einem einzigen Tag hört sie in ihrem Viertel Stimmengewirr in vier oder fünf Sprachen.

Seit sie vor zwei Jahren Mutter geworden ist, kommt es ihr so vor, als sei sie nicht mehr so unbeschwert wie früher und als sorge sie sich schneller um alles Mögliche. Seit dem 19. Dezember 2016 ist es besonders schlimm. Gemeinsam mit ihrer kleinen Tochter hatte sie ebenjenen Weihnachtsmarkt auf dem Breitscheidplatz besucht, auf den eine Stunde später der Anschlag verübt wurde, der insgesamt zwölf Menschen das Leben kostete. In den Nachrichten verfolgte sie die Debatten um Geflüchtete und nahm deren Leid wahr, jedoch auch erhöhte Gewaltrisiken durch eingereiste potenzielle Terroristen. Sie bemerkte, dass sie ständig ihre Umgebung scannte und misstrauischer war als früher. Bei muslimischen Symbolen empfand sie neuerdings leichte Befremdung. Dabei besagt die Statistik – so hatte sie seriösen Medien entnommen –, dass die Wahrscheinlichkeit, in Deutschland bei einem Terroranschlag zu sterben, weitaus geringer ist, als etwa beim Essen zu ersticken. Und meistens musste sie sich nur einen kleinen Ruck geben, um die dunklen Gedanken zu vertreiben. Andererseits gibt es nun einmal tatsächlich immer mehr Terror ...

»Dann kam es zu dieser einen Situation im Flugzeug nach München. Ich wollte meine Schwester besuchen – endlich Zeit für mich, ohne mein geliebtes, doch in letzter Zeit auch sehr anstrengendes Kind, das um sechs Uhr morgens schon bester Laune und sehr wach ist. Es war der 27. Mai 2017. Das weiß ich deshalb so genau, weil ich mit dem Gemüsehändler morgens über die Vorteile des sogenannten Intervallfastens gesprochen und er mir lachend erzählt hatte, dass er das seit heute mache: Der Ramadan hatte begonnen.

Bereits in der Abflughalle fiel mir ein Mann arabischer Herkunft auf. Er trug einen Vollbart und hielt die Augen geschlossen. Im Flugzeug saß er auf der anderen Seite des Ganges, eine Reihe vor mir. Trotz des dunklen Teints wirkte er ungesund auf mich; ich weiß noch, dass ich das mit dem Ramadan in Verbindung brachte. Schon vor dem Start beobachtete ich ihn zwanghaft. Ich sah, wie er ein Buch aufschlug, aber nicht las. Ich sah, wie er den Gurt mehrfach hintereinander öffnete und schloss, und zwar ganz unauffällig. Nachdem die Crew sich für den Start hingesetzt hatte, bemerkte ich, dass seine Lippen sich lautlos bewegten – wie im Gebet. Und plötzlich war ich mir sicher, dass dieser Mann, am ersten Tag des Ramadan, auf diesem Flug nach München, etwas vorhatte, was nicht gut war.

Beim Start war mir schon elend zumute, und auch nachdem wir die Reiseflughöhe erreicht hatten, blieb ich in Alarmbereitschaft.

Kurz vor dem Landeanflug, nur eine Stunde später, holte der Mann ein kleines Gerät aus seinem Rucksack hervor. Irgendein Ding, das er in den Händen hielt und in einem bestimmten Rhythmus drehte. Was genau es war, konnte ich nicht erkennen. Fernzündung für eine Bombe? Ja. Er würde die Bombe beim Landeanflug auf München zünden, um größtmöglichen Schaden anzurichten und möglichst hohe Aufmerksamkeit zu erzeugen. Natürlich blieb ein Rest Zweifel an meiner Prognose, aber es war wirklich nur ein Rest – meine Intuition sagte mir, dass da etwas nicht in Ordnung war. Schließlich winkte ich eine Flugbegleiterin herbei und flüsterte ihr zu, dass der Mann da vorne offenbar ein technisches Gerät in der Hand habe. Das mache mich nervös – sollte man nicht alle elektronischen Geräte ausschalten?

Die Flugbegleiterin war zwar etwas verdutzt, ging jedoch zum vermeintlichen Terroristen und sprach kurz mit ihm. Er zeigte ihr dieses Teil – es war ein Spielzeug, ein Fidget Spinner. Sie scherzte noch ein wenig mit ihm. Aus meiner Blässe wurde Schamesröte. Ich sah die Flugbegleiterin zurückkehren, winkte ab und murmelte etwas vor mich hin. Sie zwinkerte mir zu und flüsterte im Vorbeigehen: ›Das Ding hilft ihm gegen seine Flugangst!‹ Mein ›Terrorist‹ wandte sich um. Unsere Blicke trafen sich. Ja, da war Angst in seinem Blick. Und eine Spur von – Verachtung?«

Halten wir zunächst fest: Julia litt unter einer ganz spezifischen Angst vor Terror. Diese äußerte sich aber nicht irgendwo – in einem Café oder in der U-Bahn –, sondern in einem Flugzeug. Was kein Zufall ist.

Neben einer gewissen Schnittmenge mit anderen Typen bestand bei Julia die Hauptursache der Angst in einer Form des stereotypen Denkens, das im Moment der Angst selbst so weltoffene Menschen wie Julia erfassen kann. Das Zusammentreffen von stammesgeschichtlicher Fremdenangst, massenmedialer Berichterstattung und räumlich nahem Miterleben von Terror förderte ihre Neigung zu einem verengten, rein intuitiven Denksystem, das sich u. a. durch einen Schnellzugriff auf implizite Vorurteile kennzeichnet.

Inzwischen hat Julia sich intensiv damit befasst. Da sie unmittelbar erlebt hat, wie ein Vorurteil widerlegt wurde, hat sich ihre Terrorangst relativiert, bevor sie unbewusst zementiert werden konnte. Insofern ist sie eine eher untypische Repräsentantin des Flugangst-Typus D. Ein anderer Vertreter hätte das Ereignis vielleicht verdrängt oder als reine Stressreaktion abgehakt; hätte Vorurteile geleugnet oder zumindest unreflektiert belassen und sich so fatalerweise ausschließlich auf das Bauchgefühl gestützt und etwa stark relativierende Statistiken zum Thema entweder nur oberflächlich wahrgenommen, als irrelevant eingestuft oder grundsätzlich infrage gestellt.

Falls Sie sich in Typ D wiedererkennen, empfehle ich zur besonders gründlichen Lektüre folgende Kapitel:
- Seite 111: 3. Irrweg Alarmismus – Ausweg Statistik
- Seite 152: 6. Irrweg Stereotype – Ausweg Neugier
- Seite 220: 9. Irrweg medizinisches Halbwissen –
    Ausweg psychologisches Faktenwissen

Scheinriesin Angst

Sich mit der Angst zu befassen, sich ihr zu nähern und sie genau zu betrachten – das sind die alles entscheidenden Schritte zu ihrer Bekämpfung. Angst, und eben auch jede Art der Flugangst, ist eine Scheinriesin; ähnlich wie Herr Tur Tur aus Michael Endes *Jim Knopf und Lukas der Lokomotivführer* ein Scheinriese ist. Kennen Sie ihn (noch)? Eine tragische Figur, die mir als Kind das Herz gebrochen hat: einfühlsam und hilfsbereit, aber gefürchtet und einsam, weil er von Weitem so riesenhaft wirkt, und je weiter man vor ihm wegrennt, desto riesenhafter wird er sogar noch. Erst wenn man auf ihn zugeht, schrumpft er auf normale Größe.

Bastian, Felix, Julia und ich sind zunächst einmal vor ihm davongerannt, wodurch er noch gigantischer, bedrohlicher und bestimmender wurde. Doch je weiter wir uns unserer Angst nähern, desto mehr schrumpft sie – schließlich auf normale Größe. Und dann können wir sogar erkennen, dass die Angst, wie Herr Tur Tur, hilfreiche und empathische Seiten hat: So manches Mal in unserem Leben hat sie uns gute Dienste erwiesen – als Leibwächterin.

Unsere bisherigen Schritte: Vergewisserung, keine Sonderlinge zu sein, nur weil wir uns im Flugzeug noch unbehaglich oder ängstlich fühlen; Überzeugung, dass Unbehagen und Angst kein Schicksal bleiben müssen; Erkenntnis, dass wir ein schönes Ziel brauchen, um die Motivation für die weiteren Wege aufzubringen – die Auswege aus dem Labyrinth der Angst. Beispiele für Irrwege, die dorthin führen, haben wir in den Fallbeispielen kennengelernt.

Nun sind wir allemal »ready for planning«. Hatten Sie nach dem Einführungskapitel nur Träume, so dürfen Sie sich nach Abschluss von Teil I bereits Pläne erlauben – und: Nach der Lektüre des nächsten Kapitels, des Kernkapitels dieses Buches, sind Sie ...

...Ready for Booking...

TEIL II
Ich muss wissen!

Ausgerechnet Physik?

So, nun geht es richtig los: Ab sofort lernen wir systematisch, was wir zur Bekämpfung der Flugangst brauchen. In diesem Teil geht es um das »wahre Wissen« – um nichts weniger als unsere Befreiung, denn: Wissen ist Macht.

Psychologen wühlen bekanntlich gern in der Kindheit herum. In der Tat ist der Blick in die ersten Jahre eines Individuums für die Erklärung seiner Ängste meist sehr aufschlussreich. Doch in unserem Fall gehen wir darüber hinaus, sozusagen in die Kindheit der Menschheit.

Als *Bibi Blocksberg*-Hörerinnen waren meine Freundin M. und ich der festen Überzeugung, über magische Kräfte zu verfügen. Für das entsprechende Training brachten wir sehr viel Zeit auf – viel mehr als beispielsweise für das Lernen unserer jeweiligen Musikinstrumente. Ganze Nachmittage lang saßen wir zusammen und dachten uns Zaubersprüche aus: »Ene mene molke, ich sitz auf einer Wolke!« »Ene mene Superknall, wir sausen durch das Weltall!« Poetisches Talent war zwar nicht erkennbar, sehr wohl aber die frühe Motivation zu fliegen. Wir übten ausdauernd, vor allem auf dem Trampolin im Garten.

Mit zunehmendem Alter wurde unsere Welt allerdings entzaubert. Wir vernachlässigten unser Training zusehends. Während M. lernte, das Flugzeug als vergleichsweise enttäuschende Alternative zu akzeptieren, um mit ihren Eltern einmal im Jahr irgendwohin zu fliegen, blieb das Fliegen für mich ein Traum (aus erwähnten Gründen).

Merkwürdigerweise traf mein frühes Interesse am Fliegen – der Ehrgeiz, es zu lernen – in der Schule auf keinerlei theoretische Entsprechung. Im Gegenteil: Meine Ignoranz gegenüber den Naturwissenschaften war verblüffend. Mathe hasste ich bereits ab der zweiten Klasse, und Physik und Chemie waren Folter für mich. Öde Inhalte vermittelt von uninspirierten Lehrern mit Zopfpullundern, Brillen und Vollbärten (die damals nicht hip waren).

Vielleicht entsprachen die Naturwissenschaften einfach nicht meinen Begabungen. Leidensgenossen von damals teilten jedoch meine Meinung, dass unsere Lehrer in jenen Fächern offenbar von wenig pädagogischem Ehrgeiz erfüllt waren. Sie versuchten nicht einmal, uns zu begeistern. Meiner Erinnerung nach haben wir uns mit den wirklich spannenden Dingen nie befasst: Wieso fliegt ein Vogel? Wieso eine Hummel? Und wieso ein Flugzeug?

Ob nun wegen der Bärte, mangelnder Begabung oder allgemeiner Ignoranz – Menschen wie ich haben nicht selten unglaublich wenig Ahnung von Physik. Im schlimmsten Fall ist ihr diesbezügliches Grundverständnis auf einer frühkindlichen Entwicklungsstufe stehen geblieben. Sie nutzen ihre Energie lieber für Angelegenheiten, die musische oder sprachliche Fähigkeiten erfordern, ästhetisches Empfinden oder poetisches Gespür, Empathie oder anderes. Leute wie unsereins werden daher eher selten Handwerker oder Ingenieurinnen und brauchen für alle technischen Herausforderungen, die über einen Glühbirnenwechsel hinausgehen, einen Fachmann.

Doch auch durchschnittlich naturwissenschaftlich begabte Menschen haben im Bereich der Flugphysik erstaunliche Wissenslücken – oder können die vorhandenen Kenntnisse in bestimmten Situationen nicht mehr abrufen. Genau diese »Luftlöcher« sind bei den allermeisten Flugängstlichen eine wesentliche Angstursache; nicht einmal Physikgenies sind davor gefeit.

Ich war selbst höchst skeptisch, ob ein erweitertes physikalisches

Verständnis mir das Fliegen tatsächlich geheurer machen könnte. Schon allein, weil Statistiken ebenso wenig in der Lage gewesen waren, mich dauerhaft zu beruhigen – und das, obwohl ich sie durchaus für wahr hielt. Meine Logik sah ungefähr so aus: »Wenn ich schon das Wichtigste über das Fliegen weiß, nämlich, dass die Wahrscheinlichkeit eines Absturzes verschwindend gering ist*, aber es hilft mir nicht die Bohne: Warum sollte mir dann anderes flugzeugspezifisches Wissen helfen?«

Heute ist mir klar, dass dieses Wissen um Wahrscheinlichkeiten nicht zu meinem klammheimlichen, sprich unbewussten Grundgefühl passte: dass Flugzeuge zwar offensichtlich abheben und oben bleiben, allerdings wider die Natur ...

Noch die aussagekräftigsten Statistiken bleiben bloße Zahlen für denjenigen, der ein fliegendes Flugzeug im tiefsten Inneren für ein unerklärliches, geradezu magisches Phänomen hält. Ganz tief in uns sitzt eine stammesgeschichtlich uralte Stimme, die uns zuflüstert: »Ein siebzig Tonnen schweres Ungetüm erhebt sich vom Erdboden? Mehr noch: steigt auf elftausend Meter Höhe und fliegt Tausende Meilen weit? Das kann nur durch einen äußerst unfallanfälligen Kraftakt wider die Naturgesetze funktionieren!«

Eben nicht: Wir brauchen ein wenig Wissen über Flugphysik und Flugtechnik, um von dem magischen Trip herunterzukommen. Es war erstaunlich, wie beruhigend allein die Erklärung auf mich wirkte, dass der vermeintliche Wackelkontakt auf meinem Rückflug von Bulgarien in Wahrheit auf der völlig planmäßigen Änderung des Stromkreislaufs beruhte.

Selbst ich als ehemalige Hexe musste also einsehen, dass eine umfassende Entzauberung erforderlich war; die magische Grundannahme musste einer wissensbasierten Grundlage weichen.

---

* Was ich damals so genau noch nicht wusste: mindestens unter einem zehntausendstel Prozent (ausführlich dazu siehe S. 111 ff).

> Aufgrund zwingender Naturgesetze fliegt ein Flugzeug von siebzig Tonnen Gewicht Tausende von Meilen.

Entsprechendes physikalisches Faktenwissen muss in unser Gehirn eingespeist und fühlbar werden. Wenn wir endlich verstehen, warum ein Flugzeug fliegt; wenn wir zum ersten Mal das ungemein befriedigende Erlebnis haben, die Geräusche an Bord – besonders beim Start und bei der Landung – richtig einordnen und sogar vorhersagen zu können, dann wird unsere Wahrnehmung zurechtgerückt. Und ein Aha-Erlebnis reiht sich ans andere.

Infolgedessen liest der aufgeklärte Mensch die altbekannten Statistiken als logische, vorhersehbare Konsequenz – beinahe so, wie die Bahnen der Planeten nach Nikolaus Kopernikus' bahnbrechender Erkenntnis plötzlich nicht nur erklärbar, sondern auch vorhersagbar waren.

EXKURS 6
Die kopernikanische Wende

Weil Menschen die Bewegungen der Himmelskörper schon sehr lange dokumentierten, konnten die Astronomen der Antike Planetenbewegungen weitgehend richtig voraussagen. Allerdings sind viele von ihnen fast verzweifelt, weil unklar blieb, wie sich die Planeten bewegten. Die falsche Grundannahme lautete, dass die Erde das Zentrum des Planetensystems sei. Sie entwarfen immer wieder komplizierte Planetenbahnen, die aber immer neue Fragen aufwarfen und neue Kunstgriffe zur Erklärung notwendig machten.

In dem erhellenden Buch *Sternenklar* von Ulrich Wölk wird das als Versuch beschrieben, eine Platte abzuspielen, bei der das Loch aber nicht mittig ist, sondern stark verrutscht.

Es muss ein unglaublicher Effekt gewesen sein, als Kopernikus das Loch an der richtigen Stelle bohrte. Nachdem das geozentrische Weltbild vom heliozentrischen abgelöst worden war (in dem also die Sonne das Zentrum des Planetensystems bildet), konnte man die Sternenbewegungen vorhersagen, diese Vorhersagen verstehen und daraus neue ableiten.

Insgesamt geht es also um nichts Geringeres als eine grundlegende Reform unserer tief sitzenden Gefühle und Gedanken, wenn wir in ein Flugzeug steigen – es geht um innere Aufklärung. Der geisteswissenschaftliche Begriff der Aufklärung bedeutet, durch rationales Denken alle den Fortschritt behindernden Strukturen zu überwinden. Da diese machtvolle Denkströmung des gleichnamigen Zeitalters (etwa 1650 bis 1800) die Gesellschaften der westlichen Welt revolutionierte, vermag sie erst recht einen Wandel unserer individuellen inneren Welt einzuleiten. Unsere Sicht auf das Fliegen wird befreit von mittelalterlichen, vielleicht noch viel älteren Gedanken und Gefühlen – Gefühlen, wie wir sie schon als Babys in uns trugen. Diese archaischen Hirnstrukturen sind es, die uns glauben machen, dass Fliegen etwas Unerklärliches sei.

Den meisten Menschen, die nicht solche Totalausfälle in Physik sind wie ich, wird sehr wohl klar sein, dass es Naturgesetze sind, die da wirken, und einigen sogar, um welche es sich im Einzelnen handelt. Manche mögen vielleicht einwenden, gerade weil sie sich mit der Technik gut auskennen, wüssten sie genau, was schieflaufen kann (zum Beispiel bei inkompetenter Steuerung). Bevor wir uns aber Gerüchten, Hörensagen oder Mythen, kurzum Halbwissen über Unfallursachen unter spezifischen Bedingungen (betrunkene, suizidale oder inkompetente Piloten, Gewitter, Nebel etc.), zuwenden, sollten wir folgenden Punkt festhalten: Erkenntnis und Wissen sind notwendig, aber eben nicht ausreichend für die Aufrechterhaltung eines aufgeklärten Geistes.

Aller Klugheit und Aufgeklärtheit zum Trotz können wir Menschen immer wieder in frühere Stadien unserer Entwicklung zurückfallen, also durch alte Hirnstrukturen gelenkt werden anstatt durch Vernunft. Gerade wenn wir gestresst sind, kann das (uns biologisch eben nicht selbstständig mögliche) Fliegen ein magisches, beängstigendes Phänomen sein – wider besseres Wissen.

Stark vereinfacht gesagt, gibt es nämlich zwei Systeme in unserem Gehirn, die im besten Fall gut zusammenarbeiten, im schlechtesten aber kontraproduktiv wirken: zum einen das entwicklungsgeschichtlich uralte Erfahrungssystem. Es arbeitet intuitiv, vorbewusst, gefühlsbetont, mühelos und extrem schnell. Umgangssprachlich bezeichnen wir dieses System als »Bauchgefühl«. Im Bauch bemerken wir Gefühle oft besonders deutlich, dort entsteht diese Empfindung, etwas Unbekanntes und Unverständliches und daher latent oder deutlich Bedrohliches zu erleben. Im Gegensatz dazu steht das analytisch-rationale System, welches wir bewusst einschalten müssen (umgangssprachlich: unser Kopf). Dieses System raubt erheblich mehr Energie, arbeitet abstrakter und viel langsamer. Zwar versichert es uns glaubwürdig, dass ein Flugzeug sehr wohl fliegen kann, und manchen von uns vermag es sogar zu erläutern, wie. Bei akuten Angstgefühlen kann man allerdings nur begrenzt und auf Umwegen darauf zugreifen. Was das Tempo betrifft, ist es dem »Bauchsystem« zunächst einmal unterlegen; doch mit genau diesem blitzschnellen System arbeitet die Angst.

So steuert die Angst aus dem Bauch heraus, wohin die Reise geht (bzw. lieber nicht). Nichts gegen das Bauchgefühl an sich, im Gegenteil. Im Flugzeug allerdings ist es der schlechteste Ratgeber der Welt.

Man kann es nicht oft genug wiederholen: Mit Rückschritten in die innere Steinzeit (oder auch nur ins innere Mittelalter) müssen wir generell jederzeit rechnen. Einige Hundert Jahre Aufklärung sind eben relativ wenig verglichen mit rund zwei Millionen Jahren Menschheitsgeschichte. Doch überlassen wir den alten Strukturen nicht das Cockpit im Hirn! Das »Bauchsystem« lässt sich durchaus überlisten, indem erst das »Kopfsystem« trainiert wird – und anschließend das Bauchsystem durch Erfahrung überzeugt werden kann. Wir müssen den Kopf systematisch mit Wissen und dann den Bauch mit Erfahrung füttern. Indem wir die Aufklärung in uns wirken lassen, werden wir freier und glücklicher – denn um nichts Geringeres geht es bei Angstbekämpfung.

Zu diesem Zweck ist es aber notwendig, dass wir zunächst die archaischen Strukturen in uns kennenlernen. Worin genau bestehen sie? Und sind sie womöglich auch zu etwas gut?

> »Fliegerische Aufklärung« ist eine Revolution
> für das Denken und Fühlen von Flugängstlichen.

Angst als lästiger Gast

Angst ist nicht nur in ihrer Erscheinungsform als vorübergehende Empfindung bekannt, sondern kann sich zu einer Störung mit Krankheitswert auswachsen. Glücklicherweise werden Angststörungen heutzutage erheblich schneller von Ärzten erkannt als früher, wodurch eine Überweisung zum Psychotherapeuten wahrscheinlicher wird. Was wenige Menschen wissen: Die Wirksamkeit von Psychotherapie ist höher als die vieler medikamentöser Behandlungsmethoden und sogar von Operationen. Trotzdem sind viele Menschen Tabletten gegenüber nach wie vor deutlich aufgeschlossener als gegenüber »Psychokram«. Kein Wunder, erfüllen Medikamente nur allzu mühelos unsere Loswerden-Wünsche. Scheinbar!

So oder so: Der Mensch war, ist und bleibt wohl ein Wesen, das von Angst begleitet wird, und aktuell erlebt das Thema erneut Hochkonjunktur: Auf dem Buchmarkt sind ungefähr neuntausend Ratgeber mit dem Begriff »Angst« im Titel erhältlich.

Angst ist eine janusköpfige Regung. Meist gefürchtet, bewirkt sie aber auch Gutes. Sie schützt uns, kann uns das Leben aber auch zur Hölle machen. Mit ständiger Angst können wir nicht gut leben, ohne ihr punktuelles Eingreifen aber auch nicht überleben. Wie sagt man so schön? Die Dosis macht das Gift. Sicher ist: Ohne die Alarmfähigkeit der Angst und die entsprechende Reaktion hätte unsere Spezies ein rasches Ende gefunden, im Maul des Säbelzahntigers zum Beispiel. Ohne Angst hätte auch der heutige Homo sapiens nur eine sehr geringe Lebenserwartung: Er hätte nie gelernt, eine viel befahrene Straße vorsichtig zu überqueren, große Höhen extrem vorsichtig zu erklimmen und vor vermummten Menschen mit Maschinengewehren davonzulaufen.

Andererseits versagt die Angst heutzutage leider in vielen Situationen, die tatsächlich unser Leben bedrohen. Sie kann darüber hinaus unseren Lebensradius einschränken. Zunächst, indem unser mit Angst vorbelastetes Denken, so wie wir es im Flugzeug und vielleicht auch anderswo erlebt haben, künftig in immer mehr Situationen in Schreckensfantasien ausufert. Je nach Angst-Typ sehen wir dann den voll besetzten, stecken gebliebenen Fahrstuhl, ein Feuerinferno in einem Tunnel, einen Herzinfarkt inmitten von Fremden, den qualvollen Erstickungstod, einen Terroristen und das erdwärts rasende Flugzeug ...

Im nächsten Schritt schränkt die Angst unseren Handlungsradius ganz konkret ein, und schließlich vermeiden wir scheinbar gefährliche Situationen komplett: Wir fliegen nicht mehr, steigen nicht mehr in Fahrstühle oder fahren nicht mehr durch Tunnel. Oder wir besuchen plötzlich ungern Konzerte, auf die wir uns früher gefreut hätten, und achten vielleicht darauf, dass wir im Theater nahe dem Ausgang sitzen – nur für den Fall, dass man schnell rausmuss.

Kurzum: Angst kann die Vernunft blockieren, das Denken verengen und Aggressionen schüren. Nicht von ungefähr gehört der Appell an Ängste zu den am meisten Erfolg versprechenden rhetorischen Elementen im Wahlkampf-Repertoire von gewissen politischen Parteien.

Niemand hat gern Angst, und erleben wir sie doch, versuchen wir nicht selten, sie zu verdrängen – was aber keine hilfreiche Strategie darstellt. Wenn die anstrengende Schwiegermutter zu Besuch ist, hilft es ja auch wenig, wenn wir so tun, als sei sie gar nicht da; sie würde wohl umso nachdrücklicher auf ihre Anwesenheit aufmerksam machen. Anstatt sie zu ignorieren, wäre es also aussichtsreicher, zu überlegen, wie wir für die Dauer ihres Besuchs besser mit ihr zurechtkommen. Oder gar: wie wir die Besuchszeiten künftig einschränken könnten.

Verdrängen und Ignorieren führt also wahrscheinlich dazu, dass die Angst noch aufdringlicher wird. Vielleicht nehmen wir sie, wenn wir uns sehr anstrengen, nicht bewusst wahr. In diesem Fall wird sie jedoch nicht einfach verschwinden, sondern vermutlich psychosomatische Beschwerden verursachen. Sie will uns schließlich schützen, sie meint es ja nur gut mit uns.

Nichtsdestoweniger: Tatsächlich hat die Angst uns eine Menge zu sagen. Statt also darauf zu hoffen, sie loszuwerden, wäre es aussichtsreicher, sie als gegeben zu akzeptieren. Wenn sie da ist, ist sie da – das kann uns missfallen, ist aber eine Tatsache. Besser »Oh, da ist sie ja wieder, ich erlebe gerade Angst« als »Oh nein, ist das etwa Angst, das darf nicht wahr sein, ich muss sie ignorieren«. Letzteres verstärkt nur die Angst vor der Angst.

Um nun ihre Besuchszeiten einschränken zu können, müssen wir ihr zuerst auf die Spur kommen.

Angst als Leibwächterin

Nehmen wir die Personifizierung der Angst spaßeshalber einmal buchstäblich: eine Zeitgenossin, die unstrittig nützliche Stärken hat, meistens aber als lästige, übereifrige Impulsgeberin glänzt und unangenehme Gefühle verursacht; die darüber hinaus eine unweigerliche Präsenz in allen möglichen und vor allem unpassenden Momenten zeigt. Ungefähr so, als begleitete mich eine nervöse, schon recht betagte, aber höchst agile Dame mit kugelsicherer Weste, Reflektoren an den Ärmeln und Knieschonern – und zwar nicht nur in den Abenteuerurlaub, sondern auch zum Grillfest, zum Kinoabend oder zur Vernissage. Wenn nun eine solche Person sich nicht einfach abschütteln lässt, sollte ich sie, um besser mit ihr auszukommen, näher kennenlernen; folglich ihr Wesen und ihre Ziele begreifen, außerdem mehr über ihre Herkunft und ihr Verhalten herausfinden.

Geben wir unserer Zeitgenossin doch an dieser Stelle einen Namen: Hedwig.*

Wie bereits angedeutet, wird Hedwig in einem extrem schnell arbeitenden System geboren: dem limbischen System, eine der entwicklungsgeschichtlich am frühesten entstandenen Hirnregionen. Wir bekommen es also mit einer relativ alten Machtstruktur zu tun. (Unsere Großhirnrinde ist im Vergleich ziemlich jugendlich.) Mithilfe dieses limbischen Systems vermögen wir reflexartig auf Gefahren (oder was wir dafür halten) zu reagieren. Innerhalb von Millisekunden werden dann – unter Zuhilfenahme des Sympathikus im autonomen Nervensystem – alle physiologischen Veränderungen

---

* Seit dem entsprechenden Tipp eines Bekannten pflege ich (in meiner Eigenschaft als Arachnophobikerin) Spinnentiere, denen ich in meiner Wohnung begegne, zu benamsen. (»Hallo, Wilma!«) Der angstmindernde Effekt der Namensgebung ist, soweit ich weiß, eher aus der psychologischen Praxis als aus der Forschung bekannt.

vollzogen, die schließlich das Gesamtgebilde Angst in Erscheinung treten lassen:
- erhöhte Wachheit durch hormonelle Aktivierung (Dopamin, Noradrenalin, Acetylcholin), auch die Pupillen weiten sich beispielsweise (jedes Detail der Situation wird daher überdeutlich wahrgenommen)
- erhöhte Herzfrequenz, erhöhter Blutdruck (»Herzklopfen«)
- gesteigerte Atmung
- gesteigerte Reflexe

Damit einher gehen erhöhte Muskelanspannung und weitere Körperreaktionen wie Schweißausbrüche, Zittern, Schwindelgefühl, Harndrang u. Ä.

Was der Sympathikus da auffährt, fühlt sich zwar keineswegs »sympathisch« im Sinne von angenehm an, aber die Evolution erhob eben nicht unser Wohlbefinden, sondern unser Überleben zu ihrer höchsten Maxime: Ausschließlich diesem Ziel diente der erhöhte energetische Aufwand. In kürzestmöglicher Reaktionszeit stellten sich bei einem Angriff oder sonstiger Gefahr alle Körperfunktionen auf Kampf oder Flucht ein (»fight-or-flight«). Auf diese hocheffiziente Weise war der Organismus unserer Ahnen für alle Optionen bereit. Ein eindeutiger Selektionsvorteil. Etwaige Brüder und Schwestern, die trotz Raubtiergebrülls ganz entspannt aus ihrer Höhle geklettert sind, haben ihren Mut mit dem Leben bezahlt. Überlebt haben die mit der Leibwächterin Angst.

Jeder hat in seinem Leben schon die Erfahrung gemacht, dass Angst nicht immer in stärkster Ausprägung zu sehen oder zu fühlen ist; manchmal spürt man nur diffuse Alarmbereitschaft. Angespanntheit, trockener Mund, leicht erhöhte Herzrate: schwache Varianten ein und desselben physiologischen Mechanismus. Das Spektrum reicht von leichtem Unbehagen bis hin zur Panikattacke.

Je heftiger der Pegel ausschlägt, desto konsequenter nutzt der Organismus jegliche vorhandene Energie für den Kampf-oder-Flucht-Modus. Aufgaben wie etwa gründliche Verdauung werden dann vernachlässigt – nicht selten kommt es deshalb bei Aufregung zu einem flauen Gefühl im Bauch oder sogar zu Durchfall. Auch Vorgänge wie intensives Nachdenken sind dann zweitrangig. Das rationale, analytische Denksystem wird während akuter Angst nicht automatisch genutzt, weil unser Gehirn in diesem Zustand auf »Notstrom« umschaltet. Die Situation eingehend zu analysieren, komplexes Wissen abzurufen und anzuwenden, würde einfach zu viel Energie und Zeit kosten. Sprich: womöglich das Leben.

Das sagt zumindest Hedwig. Und genau das ist ja die Aufgabe einer gewissenhaften Leibwächterin. Unter ihrer Regentschaft wählen wir daher das leichter verfügbare intuitive Bauchsystem. (Exkurs 7 verdeutlicht, wie schnell dieses System arbeiten kann.)

EXKURS 7
Das Tempo des limbischen Systems

Der US-amerikanische Psychologe und Neurowissenschaftler Joseph LeDoux ist gegenwärtig der bedeutendste Angstforscher weltweit. Er hat herausgefunden, dass unsere Angstreaktion deshalb so extrem schnell vonstattengeht, weil das limbische System bei Wahrnehmung eines entsprechenden Reizes Angst produziert, noch bevor er von der Großhirnrinde genauer analysiert worden ist. Das bedeutet: Wir zucken zusammen oder brechen in Schweiß aus, bevor wir exakt wissen, warum. Ganz offensichtlich existiert eine Art implizite Wahrnehmung und implizites Gedächtnis.

Diese schier unglaubliche Geschwindigkeit des limbischen Systems erlebe ich bei mir selbst oft sehr eindrucksvoll, wenn ich mit einer Mischung aus Angst und Ekel auf Spinnen reagiere. Bevor ich eine große schwarze Spinne überhaupt als solche erkenne – bevor mir meine Großhirnrinde meldet: »Vor deinem Bett läuft gerade eine große schwarze Spinne entlang!« –, bin ich bereits zusammengezuckt. Allerdings passiert mir das Gleiche, wenn ein schwarzer Wollfussel im Zugwind über den Boden gleitet. Das eminente Tempo des »Warnomats« funktioniert also nur auf Kosten der Genauigkeit.

Um nicht vor jedem Fussel in Panik zu geraten, brauche ich andere Teile des Gehirns, in denen gründlicher analysiert und gegebenenfalls Entwarnung gegeben wird. Für diese Genauigkeit ist unter anderem der Hippocampus zuständig, der Lerninhalte im Großhirn sichert und eingehende Daten (zum Beispiel: Spinne bzw. Fussel) präzise auswertet und mit bisherigen Erinnerungen abgleicht.

Entweder wird vermeldet: »Fussel – keine Spinne.« Dann kann die Leibwächterin ihren Einsatz beenden; der Blutdruck sinkt, die Muskeln entspannen, und der Herzschlag normalisiert sich. Oder die Analyse kommt zum Ergebnis: »Achtung, Spinne!« In diesem Fall ist die Leibwächterin weiterhin aktiv (weil ich die Spinne auch mit meinem Großhirn als Gefahr bewerte). Der Blutdruck bleibt hoch, und es heißt: »fight-or-flight«. In meinem Fall erst Flucht und dann Kampf: Zimmer verlassen und Staubsauger holen.

Die Lehre aus der Geschichte: Eine eingehende, reflektierte Analyse aller wesentlichen Informationen mit dem Ergebnis »Vor dieser Spinne brauchst du nicht zu flüchten« hat natürlich immer noch nicht stattgefunden. Das würde nämlich erst passieren, wenn ich bereit wäre, mich eingehend mit meinem Spinnenekel zu befassen.

Unsere biologische Grundausstattung hat sich im Laufe der Jahrtausende nicht signifikant verändert. Heutzutage geraten die meisten Menschen allerdings vergleichsweise selten in derart existenzielle Bedrohungssituationen wie die erwähnten Höhlenschwestern und -brüder. Gefährliche Raubtiere oder Giftspinnen jedenfalls kommen in Osnabrück oder Hamburg wohl nur noch im Zoo vor.

Schön wäre es, wenn wir Hedwig einfach nach Bedarf konsultieren könnten; viel zu oft jedoch kommt uns unsere übermäßig vorsichtige Leibwächterin ungelegen. Schlimmer noch, sie kann uns in eine fixe Idee, eine Phobie oder einen scheinbar unentrinnbaren Teufelskreis treiben. Und das auch, wenn und obwohl ihre Dienste nicht gebraucht werden oder sogar kontraproduktiv sind.

Warum etwa begleitet uns Hedwig in einem Flugzeug, das es den weitaus größten Teil der Menschheitsgeschichte noch nicht gegeben hat?* Warum im sichersten Verkehrsmittel, das es derzeit überhaupt gibt (kein Vergleich mit einem Auto)? Bedient von exzellent ausgebildeten Pilotinnen (kein Vergleich mit ganz alltäglichen Autofahrern), die als Einstellungsvoraussetzung zudem überdurchschnittliche Fähigkeiten aufweisen müssen? Umgeben von Mitreisenden, die streng auf alle möglichen und unmöglichen Waffen überprüft wurden (kein Vergleich mit einem Stadtbummel)?

Derlei »Kopf«-Argumente sind zweifellos gut, richtig und wichtig. Leider lässt sich Hedwig im Ernstfall nur schwerlich von ihnen beeindrucken. Für unser Bauchgefühl gibt es in einem Flugzeug nämlich jede Menge Reize, die rein intuitiv mit Gefahr verbunden werden: sogenannte Schlüsselreize oder Trigger.

---

* Die ersten Flugversuche unternahm Otto Lilienthal im Jahr 1891.

Getriggerte Angst

Schon unsere Ahnen bewerteten bestimmte Reize als potenzielle Hinweise auf Gefahr, die sie in – mindestens – leichten Alarm versetzten. Außer wilden Tieren gab es natürlich auch andere Bedrohungsszenarien, in denen geschärfte Sinne, plötzliches Erstarren, unverzügliche Flucht oder Kampf mit maximaler Muskelkraft sinnvoll waren:

- unbekannte Geräusche, ungewohnte Bewegungen in der Umgebung
- große Höhe
- unbekannte Zustände (z. B. wackelnde Umgebung bei Erdbeben)

Leicht vorzustellen, wie das archaische Alarmsystem unserer Vorfahren reagiert hätte, wenn folgende Aspekte zum Tragen gekommen wären:

- Erfahrung kontraintuitiver physikalischer Gesetze (z. B. fest abgeschlossener Raum mit vermeintlich begrenzter Atemluft, extreme Geschwindigkeit)
- keine Einflussmöglichkeit hinsichtlich der eigenen Fortbewegung
- zwangsweise mit anderen, fremden Menschen eingesperrt sein
- Einschränkung der Bewegungsfreiheit, Enge (z. B. durch Anschnallen)
- keinerlei Fluchtmöglichkeit

Folglich sind für uns – aus entwicklungsgeschichtlichen Gründen – die einschlägigen Bedingungen an Bord eines Flugzeugs alarmierende Trigger: Die meisten Menschen erleben etwa räumliche Enge und eingeschränkte Bewegungsfreiheit als unangenehm.* Noch eindrücklicher ist unsere Reaktion auf Höhe; dass bei einem Flug zunächst innerer Alarm herrscht, ist also völlig natürlich. Es wäre recht seltsam, als aufmerksame Erwachsene beim Jungfernflug keinerlei Grummeln im Bauch zu verspüren.

Unsere Neigung, auf bestimmte Reize empfindlicher zu reagieren als auf andere, hat also stammesgeschichtliche Gründe. So wie es leichter ist, eine Phobie vor Spinnen zu entwickeln als etwa eine vor Katzenbabys, ist es auch viel leichter, eine Flug-Phobie zu entwickeln als beispielsweise eine Rollator-Phobie.

> Angst hat uns schon oft Leib und Seele gerettet.
> Doch eine Leibwächterin ist keine gute Fluglehrerin.
> Deshalb müssen wir zunächst lernen, dass die Situation an Bord ungefährlich ist, und unsere Fehlinformationen systematisch korrigieren.

Erlernte Angst

Einige Trigger sind also schon in uns angelegt, andere erlernen wir mit der Zeit – und bewerten sie erst dann als gefährlich. Unser Hirn wird vor allem durch Erfahrungen programmiert, oft sogar bereits durch einmalige. Ähnlich wie bei der Regung Ekel: Einige Dinge essen wir intuitiv nicht, weil uns schon der Geruch warnt (verdorbenes Fleisch); andere meiden wir, nachdem uns davon ein einziges Mal

---

* »Eng«, »schmal« heißt auf Lateinisch »angustus«. Der etymologische Anklang an das deutsche Wort »Angst« ist unverkennbar.

sehr übel wurde (bei mir persönlich: Sambuca). Aus dem Biologieunterricht ist dieses Phänomen vielleicht noch bekannt unter dem Begriff Konditionierung.

Unser Gehirn ist äußerst motiviert und kompetent darin, die Bedrohlichkeit von Vorfällen zu prüfen (wobei es natürlich auch andere Quellen als den eigenen Körper nutzt) und die Ergebnisse penibel und nachhaltig zu katalogisieren. Im Fall von Gefahr wird dann Hedwig alarmiert.

Ob unsere entwicklungsgeschichtliche Disposition ungebrochen wirksam wird, hängt daher ganz entscheidend von unseren Erfahrungen ab. Wenn wir etwas wiederholt als nicht bedrohlich erlernt haben, können wir auch angestammte Neigungen überwinden. Sind wir schon als Baby und Kleinkind regelmäßig mit entspannten Erwachsenen geflogen, haben wir uns schlicht daran gewöhnt. Wir verstehen ja gar nicht genau, was passiert: Wir sind in irgendeinem Raum mit Erwachsenen, die bisher noch immer für unsere Sicherheit gesorgt haben, was soll da also schon schiefgehen? Wackelt die Umgebung ein bisschen: na und? Im Kinderwagen ist das nicht anders. Und da sowieso jeden Tag neue Geräusche zu lernen sind, werden die an Bord ebenfalls gelernt. Auch die geringe Bewegungsfreiheit erscheint einem Baby nicht bedrohlich. Im Flugzeug sitzen wird als ganz normale Situation abgespeichert, wie Auto fahren. (Wer als Kind dagegen nie in einem Auto mitgefahren ist, sondern erst als Erwachsener, dürfte auch das mit hoher Wahrscheinlichkeit anfangs als mehr oder weniger Angst einflößend einstufen.)

Doch selbst wenn ich mich an das Autofahren oder Fliegen gewöhnt habe, könnte ich die Angst davor neu erlernen. Etwa, wenn ich eine sehr unangenehme Erfahrung damit mache – oder eine solche auch nur beobachte.

Als Fahranfängerin bin ich – mit dem Auto meiner Mutter – bei Blitzeis mit rund 70 km/h über den einzigen Hügel meiner Heimatstadt (sein imposanter Name: Klauenberg) gefahren. Als ich hügelabwärts leicht bremste, drehte sich der Honda Civic einmal um die eigene Achse, schlitterte dabei auf die andere Straßenseite und kam genau zwischen zwei Bäumen zum Stehen. Äußerlich war nichts passiert – innerlich hingegen einiges. Der Schreck saß mir so tief in den Gliedern (bzw. im Gehirn), dass ich noch jahrelang, wann immer ich über den Klauenberg fuhr, an dieses Erlebnis denken musste: Ich umklammerte das Lenkrad geradezu, drosselte das Tempo und atmete schneller. Erst nachdem ich immer wieder dort entlanggefahren und immer wieder nichts passiert war, stellte sich wieder eine anhaltende Entspannung ein.

Nie aber werde ich bei Blitzeis zu schnell fahren. Und nicht nur ich – denn die Kollegin, die mir folgte und der Pirouette meines Pkws als unfreiwillige Zuschauerin beiwohnte, war nicht weniger geschockt. Jahre später hat sie mir erzählt, dass sie an diesem Abend mit ihrem Mann bei einem Schnaps in der Küche saß und überlegte, wie man seine Kinder dazu bringt, vernünftig Auto zu fahren. Vielleicht ja durch das Erzählen dieser Geschichte?

Umgebungsreize, die in einer solch unangenehmen, hier tatsächlich lebensgefährlichen Erfahrung vorhanden waren (Temperatur um den Gefrierpunkt, Regen, Hügel, Auto), werden ganz genau im Gedächtnis abgespeichert – und in ähnlichen Situationen abgerufen. So wird Angst erlernt: indem vormals neutrale Reize neuronal mit dem Alarmsystem verbunden werden.

Wie bei mir im Auto auf dem Klauenberg, so kann es bei anderen im Flugzeug zu unangenehmen Ereignissen gekommen sein, die als gefährlich abgespeichert wurden. Vielleicht hat man starke Turbulenzen miterlebt, oder das Flugzeug musste wegen eines Sturms, anstatt landen zu können, wieder durchstarten. Kannte man bis dahin nur ruhige Flüge, hat man nun auf jeder Party eine Gruselgeschichte zu erzählen (»Es herrschte Grabesstille an Bord, nur Stoßgebete waren zu hören«) und findet mit hoher Wahrscheinlichkeit aufmerksames Publikum – mit dem man dann gegebenenfalls gemeinsam in die Irre läuft. Denn Turbulenzen sind ungemütlich, aber nicht gefährlich.

Die Irrwege der Angst – und die Auswege

Als einleuchtendes Bild für den Vorgang der erlernten Angst mag der Trampelpfad durch eine hohe Wiese dienen. Seit es in der Nähe meiner ehemals einsamen Joggingstrecke eine neue Wohnsiedlung gibt, werden Waldboden und Wiesen dort von viel mehr Joggern als früher platt getreten. Aus den ehemals verwachsenen, immer wieder aufs Neue überwucherten Geheimpfaden sind ziemlich breite Wege geworden.

Ganz ähnlich funktioniert es auch im Hirn: Je häufiger und intensiver ich etwas erlebe, denke oder tue, desto nachhaltiger lerne ich und stärke die jeweiligen Nervenbahnen: egal, ob es sich dabei um die Perfektionierung des Schlagzeugspiels, der italienischen Sprache, des Zehnfingersystems auf der Computertastatur handelt – oder eben um die Perfektionierung der Angst. Und je häufiger und intensiver eine so einprägsame Gefühlsregung eine gewisse Situation bestimmt, desto nachdrücklicher wird der neuronale Pfad planiert, der von dieser Situation mit all ihren spezifischen Reizen zu diesem Gefühl führt – bis das Gefühl die Situation definiert. Unsere Leibwächterin schlägt dann bereits im Vorfeld einer solchen Situation Alarm, oft genug mit lebensbewahrenden Auswirkungen: bei Blitzeis langsam fahren. Wie es in einem alten Sprichwort heißt: Gebranntes Kind scheut das Feuer.

Manchmal aber kommt es zu vorschnellen Verknüpfungen. Beispielsweise hätte sich nach meinem Dreher auf dem Klauenberg die Verknüpfung von »Auto« und »Gefahrensituation« grundsätzlich verstärken können. Wahrscheinlicher wäre das gewesen, wenn ich schon einmal einen Verkehrsunfall miterlebt hätte. Oder ein Freund mit dem Pkw zu Schaden gekommen wäre. Dann hätte das Gehirn vom Reiz »Auto« ausgehend wiederholt einen neuronalen Weg zur Angst zurückgelegt, sodass daraus vielleicht ein Trampelpfad oder, um im Bild zu bleiben, eine asphaltierte Straße geworden wäre – und ich generell vor dem Autofahren Angst zu empfinden gelernt hätte.

Da all das bei mir nicht gegeben war; da ich schon am nächsten Tag in den Wagen steigen und ohne Eisglätte den gleichen Weg zur Arbeit fahren konnte (bzw. musste); da auch in den nächsten Monaten auf genau diesem Weg nichts Alarmierendes passierte, hatte eine dauerhafte synaptische Koppelung von »Autofahren« mit »Angst« glücklicherweise keine Chance. Ein neuronaler Trampelpfad bleibt also nur dann bestehen oder wird gar zu einer Straße, wenn darauf ständiger Verkehr stattfindet. Wenn nicht, kann er auch wieder zuwuchern.

Faszinierenderweise lernen wir aber nicht nur durch persönliche Erlebnisse, sondern auch durch eindrückliche Beobachtungen, und zwar mithilfe der sogenannten Spiegelneuronen: wie die Kollegin im Auto hinter mir. Während wir verfolgen, was einer anderen Person widerfährt, wird eine Resonanz im Gehirn erzeugt – dort wird gespiegelt, was die andere Person erlebt. Die Beobachtung, wie jemand sich verletzt, löst deswegen auch bei uns ein unangenehmes Gefühl aus. Ich muss eine Erfahrung also nicht einmal selbst machen, um einen neuronalen Trampelpfad weiter auszutreten: Schon die Beobachtung kann ausreichen.

So funktioniert auch das soziale Erlernen von Flugangst. Wenn wir von frühester Kindheit an wahrnehmen, dass der erste und wichtigste Mensch in unserem Leben das Fliegen ablehnt, wird diese Tatsache emotional in uns abgespeichert. Dass wir spätestens in der Pubertät alles ganz anders machen wollen als unsere Eltern, kann ein Motor für Veränderung sein, aber gelernt ist erst einmal gelernt.

Meine Mutter hat gar nicht viel dazu gesagt. Das Wenige war allerdings sehr deutlich. Sobald jemand aus der Familie die Frage aufbrachte, ob wir nicht doch mal in den Urlaub fliegen sollten, kam ein knappes, aber kristallklares: »Könnt ihr machen. Ich bleib dann zu Hause. Auf keinen Fall setze ich mich in ein Flugzeug.« Begleitet von einem Gesichtsausdruck, der für extrem ernste Situationen reserviert war. Damit war das Thema dann vom Tisch. (Andererseits: Wer weiß, wie es sich auf mich ausgewirkt hätte, hätte meine Mutter sich überreden lassen? Womöglich hätte die Beobachtung einer Panikattacke ihrerseits an Bord eines Flugzeugs einen noch eindrücklicheren Lerneffekt gehabt.)

Außerdem teilen wir nicht nur die Erfahrungen und Gefühle von Müttern, Freunden oder entfernten Bekannten, sondern darüber hinaus von Protagonisten in Nachrichten, Filmen, Fernsehserien etc.: Erfahrungen und Emotionen in Bildern und Geschichten also, und daher bestens geeignet, um sich möglichst viele Details merken zu können. Zum Beispiel bei einer Flugzeugkatastrophe. Mischt sich eine einprägsame Absturzszene aus einem Spielfilm mit anderen alarmierenden spiegelneuronalen Erfahrungen oder Bildern (etwa Nachrichten über einen realen Flugzeugabsturz), kann eine neuronale Verbindung entscheidend gestärkt werden, sodass der bloße Gedanke ans Fliegen unsere Hedwig in Aufruhr versetzt. Letztlich ist es dann kaum noch entscheidend, ob eine Szene tatsächlich erlebt wurde, ob sie bloß die Erinnerung an eine Sequenz in *Lost** darstellt, ein Bild oder eine Fantasie beim Lesen eines Artikels über den Germanwings-Piloten.

---

* Legendäre amerikanische Fernsehserie in sechs Staffeln (2004 bis 2010), in der es um die Überlebenden eines Flugzeugabsturzes auf einer einsamen Insel geht.

EXKURS 8
Filme in Flugzeugen

Fluggesellschaften wissen selbstverständlich um die Macht der Bilder. Dass Filme, in denen ein Flugzeugabsturz vorkommt, nur stark geschnitten im Bordkino zu sehen sind, dürfte kaum verwundern. (Fast alle Fluglinien schneiden ein ganz bestimmtes Zitat aus *Rainman* heraus: Darin erklärt der Titelheld nämlich, die einzige Fluglinie ohne einen einzigen Absturz in ihrer Geschichte sei Qantas Airways. Raten Sie mal, welche Linie das Zitat nicht herausschneidet.)

Auf meiner Traumreise zu den Seychellen (türkisfarbenes Wasser, so weit das Auge reichte) sah ich *World War Z* und fühlte mich plötzlich doch wieder ein wenig angespannt – Jahre nach der Überwindung meiner Flugangst. In jenem Science-Fiction-Thriller von 2013 stürzt ein Flugzeug ab, weil ein Zombie sein Unwesen treibt. Einen Zombie hatten wir nicht an Bord, aber Logik gehört bekanntlich nicht zu den Stärken unserer Leibwächterin. Allein die Darstellung des Flugzeugwracks – komplett herausgeschnitten war die Szene mit Feuer und kreischenden Passagieren – rief Hedwig auf den Plan (die allerdings, verglichen mit früher, in dieser Situation nur noch halb motiviert erschien). Vermutlich hätte für einen kleinen Rückfall die Kombination der Situation »im Flugzeug sitzen« mit »Spannung« (Brad Pitt hat nur wenig Zeit, die Welt vor besagten Zombies zu retten) schon ausgereicht. Wenn ich einen Thriller anschaue, ist mein Alarmsystem ohnehin aktiv, und sitze ich während dieser Alarmaktivierung in einem Flugzeug, trainiere ich, ob ich will oder nicht, die Verknüpfung von Flugzeug und Alarm.

Solange man also im Hinblick auf das Fliegen noch kein Vollprofi ist, sollte man sich im Flugzeug besser an lustige oder langweilige Filme halten – und folgende Titel meiden: *Cast Away, Final Destination, Stirb langsam 2, Die unglaubliche Reise in einem verrückten Flugzeug* etc.

Angst erlernen wir demnach durch Erlebnisse, Beobachtungen, Filmszenen, Erinnerungen und Vorstellungen, in denen neutrale Situationen mit tatsächlich bedrohlichen Szenarien verknüpft werden. Welche dieser neutralen Situationen im Einzelnen mit welchen Bedrohungsszenarien in Verbindung gebracht werden, kann ganz unterschiedlich sein. Zum Beispiel:

neutrale Situation:	im Flugzeug sitzen
Bedrohungsszenario:	Absturz (= Alarm)

neutrale Situation:	Turbulenzen: wackelndes Flugzeug
Bedrohungsszenario:	drohender Absturz (= Alarm)

neutrale Situation:	enger Raum
Bedrohungsszenario:	Ersticken (= Alarm)

neutrale Situation:	schnell pochendes Herz
Bedrohungsszenario:	Herzinfarkt (= Alarm)

neutrale Situation:	ernster Gesichtsausdruck beim Piloten
Bedrohungsszenario:	Pilot ist suizidal (= Alarm)

Es ist wie beim Vokabelnlernen: Je öfter wir die fraglichen Vokabeln wiederholen, desto wahrscheinlicher ist es, dass wir sie im Gedächtnis behalten. Zwar merken wir uns die falschen Vokabeln für »Alarm« – aber das ist unserem Gehirn leider egal. Was am häufigsten trainiert wird, prägt sich rigoros ein.

Auf diese Weise entstehen immer mehr falsche neuronale Verknüpfungen, immer mehr Irrwege, auf denen kein Gras mehr wächst, weil Hedwig dort ständig mit eingeschaltetem Martinshorn auf und ab jagt – in Situationen wohlgemerkt, in denen wir sie gar nicht brauchen, weil keine echte Bedrohung vorhanden ist. Diese Angst-Pfade bilden schließlich ein verworrenes Netz: eine manchmal nur unpräzise, oft aber definitiv falsche innere Landkarte, die nirgendwo anders hinführt als in die Irre; und definitiv nicht hinaus aus dem Labyrinth der Angst.

Um auf unserem Weg zum Ziel Orientierung und Sicherheit zu erlangen, benötigen wir also eine präzisere, korrekte innere Landkarte. Dazu müssen wir die Trampelpfade – die Irrwege – verlassen und neue, bessere Wege aufsuchen: die Auswege aus dem Labyrinth der Angst. Diese müssen wir dann immer wieder beschreiten, um in unserem Hirn frische und Erfolg versprechende neurologische Verknüpfungen zu schaffen.

1. Irrweg Bauch – Ausweg Kopf

Die Hauptstraße unter den Irrwegen ist wohl die Intuition, das viel zitierte Bauchgefühl. So manch weiterer Irrweg kann als Abzweig davon beschrieben werden.

Wie bereits erwähnt, bewerten wir Situationen manchmal analytisch-rational (Kopfsystem), manchmal intuitiv (Bauchsystem). Gelegentlich schwanken wir zwischen den Systemen: bei der Frage, ob wir in der Stadt oder auf dem Land leben wollen; ob wir Kinder bekommen sollen (bzw. mit wem!); ob jetzt gerade, weil das Flugzeug gehörig wackelt, die Gefahr eines Absturzes droht. In letzterem Fall neigen – allein aus genannten stammesgeschichtlichen Gründen – die Unerfahrenen unter uns dazu, die Antwort zunächst mithilfe des Bauchsystems zu finden.

Die Küchenpsychologie rät ja auch gern, man möge sich im Zweifelsfall auf seine Intuition verlassen: »Wenn du dir nicht ganz sicher bist: Hör auf deinen Bauch!« Das kann genau richtig sein – oder genau falsch. Denn weder das Kopf- noch das Bauchsystem ist gut oder schlecht an sich, sondern lediglich mal mehr, mal weniger angemessen. Eine veritable Regel, wann man welches System befragen sollte, empfiehlt der Psychologe Gerd Gigerenzer: Haben Sie sehr viel Wissen auf einem Gebiet – sind also Experte –, sollten Sie sich im Zweifel bei der Beurteilung einer Situation auf den Bauch verlassen. Haben Sie aber eher wenig bis keine Ahnung, sollten Sie den Kopf zurate ziehen (siehe Exkurs 9).

EXKURS 9
Wie Sie in Tippspielen Ihre Gewinnchancen erhöhen

Gerd Gigerenzer ließ erfahrene Handballspieler die Aufzeichnung eines Bundesligaspiels ansehen. Bei einer sich zuspitzenden Offensivaktion stoppte er das Video und fragte die Experten, was der ballführende Spieler ihrer Meinung nach machen soll. Intuitiv antworteten sie etwa »nach links abgeben«. Anschließend sollten sich dieselben Experten noch einmal fünfundvierzig Sekunden Zeit nehmen, um die Situation genauer zu analysieren; dann wurden sie erneut um eine Einschätzung gebeten. In dieser Dreiviertelminute entdeckten manche rechts noch eine gute Option oder entschieden sich für einen Torwurf. In rund vierzig Prozent der Fälle kam es nach der Bedenkzeit zu einer Meinungsänderung. Die erste Wahl jedoch, die intuitive Entscheidung, erwies sich überwiegend als die richtige. Durch Nachdenken wird wohlfundierte Intuition eben nicht besser – vielmehr tritt Verunsicherung ein.

Auch die aktuelle Tippspiel-Forschung tendiert in diese Richtung: Laien sind bei Fußball-Tippspielen nachweislich oft besser als Experten. Letztere wissen zwar extrem viel, messen jedoch manchen Einzelinformationen zu viel Bedeutung bei – aber nur, wenn sie Zeit zum Nachdenken haben. Experten tippen nämlich dann besser als Laien, wenn sie trotz (bzw. wegen) ihrer Expertise möglichst intuitiv vorgehen. Der ganzheitliche Zugang auf das komplexe Wissen scheint so optimiert zu sein, während zu viel Analyse ein Übergewicht auf Details legt.

Wenn Sie also sehr viel wissen, denken Sie nicht zu lange nach – lieber keine Statistiken studieren, sondern intuitiv tippen! (Wenn Sie allerdings im Gegensatz zu allen anderen keine Ahnung haben: Motivieren Sie die Experten, vor Abgabe ihrer Tipps Statistiken zu wälzen ...)

Intuition ist nichts Magisches, Mystisches oder Esoterisches. Intuition ist ein beeindruckend schneller und oft sehr wertvoller Denkstil. Intuition greift – genau wie unser analytisches Denksystem – auf Lebenserfahrung und gesammeltes Wissen zurück, darüber hinaus auf abgespeicherte Informationen (ob sie stimmen oder nicht, ist dabei allerdings egal). Lediglich die Vorgehensweise ist eine andere: Statt Einzelheiten nacheinander abzurufen, betrachten wir im intuitiven Modus sehr viele Erfahrungen, Erinnerungen und Bilder gleichzeitig sowie in ihren möglichen – und manchmal auch unmöglichen – Verbindungen. Die Bewertung einer Situation erfolgt quasi aus der Vogelperspektive. Es ist so, als schaue man auf eine schon fertige Landkarte, um sich grob zu orientieren: Himmelsrichtung? Gebirge? Gewässer? Infrastruktur?

Doch auch Laien können ihrer Intuition gelegentlich trauen; in vielen Bereichen des Alltags sind wir nämlich alle Experten. So ist Autofahren – beispielsweise bei Schaltvorgängen – eine weitgehend intuitive Fertigkeit (allerdings musste man sie vorher erlernen). Wer ein Instrument spielt, musste auch erst üben, um die Töne zu treffen – kann dann aber bekannte Lieder intuitiv abrufen. Ferner schätzen wir den seelischen Zustand unseres Gegenübers oft intuitiv richtig ein; etwas in seinem Ausdruck macht uns stutzig (zum Beispiel ein falsches Lächeln, siehe Exkurs 10). In Studien wurde zudem gezeigt, dass Menschen sich in einem guten Gespräch dem Gegenüber anpassen; sich mimisch und gestisch intuitiv synchronisieren, sich beispielsweise gleichzeitig vorbeugen, zurücklehnen oder die Beine übereinanderschlagen.

In puncto Kommunikation, Empathie und authentischen Ausdrucks unserer Gefühle sind wir auf Intuition angewiesen und verfügen daher über sehr viel Erfahrung, also Expertenwissen. Auch Humor funktioniert nur durch die intuitive Betrachtung einer Situation; langwierige Situationsanalyse und darauf abgestimmte (De-)Konstruktion funktionieren einfach nicht. Wenn man einen Witz erklären muss, ist er nicht mehr witzig (weshalb man auf Nachfragen auch mit Augenrollen reagiert).

Kompliziert wird es natürlich, wenn wir in großen Lebensfragen unsicher sind. Zum Beispiel bei der Partnerwahl. So erzählte ein Professor von mir, einst habe der große Benjamin Franklin einen Mann beraten, der zwischen zwei Frauen stand: Er solle für beide eine »Vorteilsliste« anfertigen. Der Mann tat, wie ihm geheißen, und in dem Moment, da er die längere Liste bei der ersten registrierte, war er sich vollkommen sicher, dass die zweite die Richtige sei …

Dieser Professor gab uns daher einen Rat für schwere Entscheidungen mit auf den Weg, der sogar wissenschaftlich untermauert worden ist: Wir sollten alle Informationen sammeln, die verfügbar und für uns wichtig sind (Kopfsystem) – irgendwann aber unseren oft widersprüchlichen Emotionen nachspüren (Bauchsystem). In der Realität läuft die analytische und emotionale Betrachtung natürlich oft im Wechsel ab. Das ist anstrengend, führt aber zum Erfolg: Plötzlich kann man die fragliche Entscheidung aus der Vogelperspektive betrachten; plötzlich weiß man, was stimmig ist. Wer ausschließlich seinen vermeintlichen Sehnsüchten folgt, landet womöglich in einer (Partnerschafts-)Realität, die er überhaupt nicht erwartet hat – obwohl sie teilweise sehr wohl absehbar war. Wer seine Sehnsüchte kennt und noch dazu relevante Informationen bedenkt, ist mit seiner Entscheidung letztlich zufriedener.

Wer sich also als intuitiven Menschen beschreibt, der darf sich glücklich schätzen, diesen Denkstil so oft erfolgreich nutzen zu können. Andererseits ist es in dem Fall vielleicht besonders schwierig, die Intuition in bestimmten Situationen als unpassende Methode links liegen zu lassen. Vielleicht hilft es, sich bewusst zu machen, dass eine Analyse selbstverständlich kein Ersatz für Intuition ist; doch für etliche Situationen ist sie einfach besser geeignet, um nicht auf Irrwege zu geraten.

Der analytische Denkmodus konzentriert sich eher auf die Einzelheiten unseres Wissens, geht punktuell in die Tiefe. Verglichen mit dem intuitiven System erkennt das analytische viel besser Details, Unterschiede, Widersprüche und Missverhältnisse zwischen einzelnen Erfahrungen und Wissensinhalten. Es kann Logik von Assoziation unterscheiden und zulässige von unzulässigen Zusammenhängen trennen. Analysiert wird sozusagen direkt vor Ort anstatt mittels Landkarte; anhand eines solchen Modus können wir also ausgezeichnet Vermessungstätigkeiten für neue Landkarten ausführen und unsere innere Kartografie optimieren. Eine gute innere Landkarte sollte möglichst vollständig sein, außerdem präzise und verständlich, damit wir uns in der jeweiligen Umgebung verlässlich orientieren können.

Folglich ist Intuition für die Einschätzung einer Situation im Flugzeug ein vollkommen unpassender Denkmodus – ausgenommen Piloten und ambitionierte Hobbyflieger, die als Experten ihre Intuition einzusetzen wissen. Flugunbehagliche Laien führt dieser schnelle, überblicksartige Denkstil auf einen Irrweg oder gar auf mehrere Irrwege zugleich. Denn Intuition greift auf das Netzwerkwissen zu, welches sofort verfügbar ist – und in Ermangelung von Faktenwissen sind das bei Fluglaien all die schlechten Erfahrungen, Horrorgeschichten und Angstformeln, die bereits erwähnt wurden. Diese ergeben ein neuronales Netz der Angst: ein himmelschreiendes, weil mehr oder weniger spontan zusammengestümpertes inneres Handbuch der Fliegerei, das wir allerdings automatisch benutzen. Was uns zu äußerst motiviert mitdenkenden, doch leider sträflich inkompetenten Co-Piloten macht.

Ideal ist also grundsätzlich, beide Denksysteme zu kombinieren: Will ich bewerten, welche Route mich schnell und effizient zum Ziel führt, ist es besser, einen Blick auf die Landkarte zu werfen, als vor Ort jeden einzelnen Weg zu prüfen. Aber: Orientiere ich mich auf einer schlechten Landkarte voller Irrwege, werde ich den besten Weg nicht finden – und komme womöglich nie dort an, wo ich eigentlich hinwill. In diesem Fall sollte ich mich doch erst einmal vor Ort orientieren, um meine Karte korrigieren und aktualisieren zu können. Und dafür brauche ich den analytischen Denkmodus, damit die Größenverhältnisse stimmen, Wege und Ziele korrekt verzeichnet, Sackgassen erkennbar, veraltete Wege ausgebessert und neue eingezeichnet werden. Genau das geschieht, je mehr Expertenwissen man sich aneignet – also auch während der Lektüre dieses Textes.

Man muss natürlich keinen Pilotenschein machen. Es geht in den folgenden Kapiteln eher um das fundamentale Verständnis, dass ein Flugzeug nicht aufgrund von Magie, sondern aufgrund von Naturgesetzen fliegt; dass Luft nicht nichts ist; dass die Technik meines erst drei Jahre alten Laptops, der häufig abstürzt, nichts mit der Technik im Flugzeug gemeinsam hat und vieles andere mehr.

Und schließlich wird man nicht mehr misstrauisch oder gar panisch, sondern empathisch bei dem gescheiterten Versuch einer Flugbegleiterin zu lächeln: weil man ihr ansieht, dass sie vielleicht persönliche Sorgen plagen – und nicht etwa die Gewissheit, dass gleich ein Unglück geschieht. Denn Flugbegleiter gehören zu der Gruppe von Menschen, die auch dann lächeln müssen, wenn ihnen gar nicht danach ist – was auf Dauer sogar krank machen kann (siehe Exkurs 10).

EXKURS 10
Lächel-Stress bei Flugbegleitern

Im Deutschlandfunk widmete sich eine Folge der Feature-Reihe »Zeitfragen« dem Phänomen des Lächelns. In unserer Servicegesellschaft wird es als Selbstverständlichkeit erwartet – gerade auch im Flugzeug.

Meistens können wir »echtes« Lächeln von »falschem« sehr gut unterscheiden. Beim echten Lächeln spielen die Muskeln um die Augen herum mit, beim falschen aber nur der Jochbeinmuskel (Zygomaticus) – und das erkennen wir auch ohne bewusste Analyse. Unsere Intuition ist meisterhaft im blitzschnellen Erkennen von Emotionen in der Mimik. Angesichts eines gefälschten Lächelns erleben wir eine unangenehme Dissonanz, weshalb Lächelzwang die Servicequalität von Dienstleistungen keineswegs erhöht. Studien besagen außerdem, dass dieser Zwang bei betroffenen Personen zu einer höheren Herzrate und schnelleren emotionalen Erschöpfung führt. Für die Psyche ist es offenbar grundsätzlich gesünder, wenn dem äußeren Ausdruck auch ein wahres Gefühl entspricht.

Kann es folglich keine professionelle Freundlichkeit im Service geben? Sollten wir uns an einen dauerhaft authentischen Gefühlsausdruck gewöhnen – also etwa an Flugbegleiter, die ihre Gäste beschimpfen, wenn sie Tomatensaft* verschütten? Allerdings scheint es durchaus möglich zu sein, echte oder echt wirkende Freundlichkeit auch gegenüber aggressiven, lamentierenden, anzüglichen und/oder betrunkenen Fluggästen aufrechtzuerhalten. Die US-amerikanische Soziologin Arlie Russell Hochschild beobachtete bei Flugbegleiterinnen der Delta Airlines eine erfolgreiche Technik: »Deep Acting«. Dieser zufolge fühlen sich die Flugbegleiterinnen – wie Schauspielerinnen – in eine Szene ein. Zum Beispiel stellen sie sich intensiv vor, es handele sich bei den klagenden Personen um ängstliche Erstflieger. Das befähigt sie, auch bei unangenehmem und enervierendem Passagierverhalten viel freundlicher zu reagieren, als würden sie nur »Surface Acting« betreiben – also oberflächlich freundlichen Dienst nach Vorschrift. Allerdings scheint eine Sache wesentlich zu sein, um für diese Einfühlung überhaupt Kapazitäten aufbringen zu können: gute Arbeitsbedingungen. Wer sich wohlfühlt und mit seiner Arbeit identifiziert, hat sogar Freude daran, auch mit einem herausfordernden Passagier fertigzuwerden. Wer von Vorgesetzten schlecht behandelt wird oder dauerhaft Überstunden machen muss, ist eher froh, wenn er wenigstens den Dienst nach Vorschrift bewältigt.

Sollte ein Flugbegleiter uns nach einem langen Flug einmal aufgesetzt anlächeln, bedeutet das also keineswegs die Vertuschung einer herannahenden Katastrophe – sondern höchstwahrscheinlich einfach nur Erschöpfung.

---

* Warum wird Tomatensaft scheinbar nur an Bord eines Flugzeugs getrunken? Ein Erklärungsmodell finden Sie im Anhang (Internetlink).

Klar: Faktenwissen ist nicht alles. Aber ohne Faktenwissen ist alles nichts. Denn, ganz banal: Wenn ich nichts Hilfreiches weiß, fällt mir auch nichts Hilfreiches ein. Je konsequenter ich wilde Assoziationen und Trugschlüsse durch echtes Wissen ersetze, desto mehr reale (und damit völlig neutrale) Inhalte und Bilder werden in mein neuronales System eingespeist. Selbst wenn die Panikformeln nicht sofort und restlos aus dem Bewusstsein verschwinden: Sie repräsentieren nicht mehr das ausschließliche Wissen. Es entstehen neue synaptische Verknüpfungen, welche die Situation »Im Flugzeug sitzen« angemessen wiedergeben. Das Denken im Angstmodus wird dementsprechend nach und nach durch das Denken im Realitätsmodus ersetzt, damit die Intuition einem die Realität nicht länger falsch, unvollständig oder sonst wie irreführend vorkonstruiert (siehe Exkurs 11).

EXKURS 11
Konstruierte Wirklichkeit

Für völlig unerschrockene Laien, die im Flugzeug kein Unbehagen verspüren, gibt es kein Problem: Sie vertrauen sich den Experten an und versuchen gar nicht erst, alles zu verstehen, was an Bord so vor sich geht. Sie denken unter normalen Umständen also einfach gar nicht über die Fliegerei nach – weder intuitiv noch analytisch.

Allerdings verdeutlicht genau das auch, warum es nach angstfreien Flügen plötzlich doch zu einer Angstattacke kommen kann: Sobald wir während des Flugs etwas erleben, was uns irgendwie unangenehm oder seltsam erscheint, beginnen wir nachzudenken und versuchen, eine Erklärung dafür zu finden. Selbst wenn wir keine Ahnung haben, erstellen wir blitzschnell eine innere Landkarte zur Orientierung – aus unserem angesammelten Angstwissen. Denn die Intuition verleiht uns nicht nur die Fähigkeit, sehr schnell Zusammenhänge und Muster zu erkennen, sondern auch, aktiv zu konstruieren.

Beispielhaft für diesen Vorgang sind Bilder, in denen wir Formen zu erkennen glauben, die überhaupt nicht dargestellt sind – wie in folgender Grafik:

Abb. 2 Wie viele vollständige Dreiecke sehen Sie?

Wir sehen auf Anhieb im Hintergrund drei schwarz ausgefüllte Kreise, in der Mitte ein Dreieck mit Spitze nach oben und darauf eines mit Spitze nach unten. Tatsächlich ist kein einziges Objekt genau so abgebildet. Bereits 1923 hat der Hauptbegründer der Gestalttheorie, der Psychologe Max Wertheimer, einige Gesetze formuliert, die erklären, warum wir in besonders starkem Maße Zusammenhänge erkennen. Wir sehen also oft nicht objektiv das, was da ist – sondern das, was wir für plausibel halten. Und zwar je nachdem, welche Erfahrungen wir gemacht, welche Filme wir gesehen haben und worauf wir unsere aktuelle Aufmerksamkeit lenken, sprich: in welchem Modus wir gerade denken.

Babys betrachten ihre Umwelt zum Beispiel sehr stark im »Gesichtsmodus«. Sie reagieren deshalb schneller und interessierter auf runde Gegenstände mit zwei Punkten nebeneinander und einem Strich darunter als auf andere Formen; Babys suchen sozusagen intuitiv überall Gesichter.

Das ist evolutionär von Vorteil: Es lohnt sich aus fürsorgetaktischen Gründen, den Blick der Mutter zu suchen, um ihr zu zeigen: Ich erkenne dich!

In diesem konstruktivistischen Stil arbeitet auch unsere Intuition. Wenn nun allerdings Hedwig unseren Algorithmus bestimmt, entdeckt unser Gehirn in jedem nachdenklichen Gesichtsausdruck einer Flugbegleiterin Katastrophen und wertet alles, was nicht niet- und nagelfest ist, als unheilvolles Signal.

Ich muss also wissen, denn Wissen ist Macht – und zugleich Selbstermächtigung. Damit meine innere neuronale Landkarte immer vertrauenswürdiger wird und ich nicht nur das Geschehen an Bord, sondern auch in meiner Psyche und meinem Körper realistischer beurteilen kann, benötige ich Informationen aus folgenden wissenschaftlichen Disziplinen:
- allgemeine Psychologie (wir sind schon mittendrin)
- Medizin (z. B. hinsichtlich Körperreaktionen bei Angst; dazu haben Sie schon ein wenig erfahren – mehr folgt)
- klassische Physik und Flugzeugtechnik

> Frisch erworbenes Faktenwissen aus Psychologie, Medizin und Physik erschafft neue neuronale Wege im Gehirn – und lässt die Irrwege der Angst verkümmern.

Die Erstellung neuer Landkarten kann mitunter ein wenig anstrengend sein, weil sie eben nicht aus dem Bauch heraus gelingen will. Es ist zwar falsch, auf altbekannten Pfaden zu laufen, leider aber viel einfacher. Deswegen existieren die neuen neuronalen Wege eine Weile neben den alten Irrwegen. Man muss Erstere öfter beschreiten, damit sie breiter und fester werden, während Letztere zuwachsen;

und da das Gras auf einem bisher ungenutzten Pfad am Anfang noch hochsteht, ist es zunächst etwas mühsamer, auf ihm zu gehen.

An dieser Stelle eine Motivationshilfe: Ein guter Grund für jede mentale Anstrengung besteht darin, dass strukturiert erworbenes Wissen deutlich stärker wirkt als durch Hörensagen aufgeschnapptes Halbwissen. Der schönste Grund aber, warum es sich lohnt anzufangen: Das Verständnis eines ganz bestimmten Aspekts, Satzes oder Bildes kann den Durchbruch bedeuten. Ein solcher Aha-Effekt vermag dann derart zu beflügeln, dass Sie innerhalb kürzester Zeit präzise Landkarten entwickeln. Wann und wo dieser Effekt auftritt, lässt sich nicht vorhersagen. Aber dass er sich zeigt, wenn man am Ball bleibt – das ist empirisch ziemlich wahrscheinlich.

2. Irrweg »Babyphysik« – Ausweg Realphysik

Da Sie vermutlich weder Flugzeugingenieur noch Pilotin sind, ist dieses Kapitel für Sie höchstwahrscheinlich das wichtigste überhaupt.

Unsere Hedwig, als Warnerin und Mahnerin inzwischen wohlvertraut, macht gelegentlich Rückschritte, hinab auf eine frühere Entwicklungsstufe, von der aus wir uns die Welt durch unverfälschte Gefühle und somit im rein intuitiven Denkmodus erklären: Naturwissenschaft aus dem Bauch heraus. Hedwig spürt also, wie Dinge funktionieren. Selbstverständlich hält sie sich auch in Physik für kompetent, genauer: in Fluiddynamik. Noch genauer: in Aerodynamik, die das Verhalten von Körpern in kompressiblen Fluiden, also Gasen (z. B. Luft), beschreibt. Eine physikalische Subdisziplin, die unter anderem erläutert, warum einige Lebewesen und Objekte fliegen können und andere nicht. Natürlich führt uns Hedwig auch in diesem Fall auf einen Irrweg – hinein in den Irrgarten der Angst. Kein Wunder, denn hier steht ihr noch ein Babyphysiker zur Seite.

Lange Zeit glaubte man, Babys wüssten bei ihrer Geburt rein gar nichts, sondern seien ein unbeschriebenes Blatt. Das erwies sich als falsch, was durch immer trickreichere Forschung mit Säuglingen bestätigt wird. Babys wissen tatsächlich schon beeindruckend viel, auch über Physik.

Ein berühmtes Experiment – die »visuelle Klippe« – verdeutlicht, dass Menschen schon im Krabbelalter Abgründe wahrnehmen und sie ab einer bedrohlichen Höhe meiden. Die Versuchsanordnung: Ein Schacht wird durch dickes Glas überbrückt, das für Babys unsichtbar, also »nichts« ist. Nun lockt die Mutter von der anderen Seite der »Schlucht« mit Lieblingsspielzeug, Süßigkeiten und vor allem mit ihrer Mutterliebe. Das erstaunliche Ergebnis: Schon ab einem Alter von etwa sechs Monaten waren die kleinen Probanden meist nicht mehr dazu zu bewegen, über den Abgrund zu krabbeln. Sie »wussten«: Wenn ich mich weiterbewege, stürze ich in ein Loch! Trotz des Urvertrauens der Mutter gegenüber blieben die Babys, wo sie waren.

Aus entwicklungspsychologischer Sicht waren solche Experimente eine ziemliche Sensation, und aus dem unbeschriebenen Blatt wurde ein kompetenter Säugling, der allerhand basales Wissen mitbringt und versteht – und damit bereits gut vorbereitet ist auf die Welt, die ihn erwartet.

Für das Thema Flugangst ist die visuelle Klippe nun aus zweierlei Gründen interessant: erstens als Musterbeispiel dafür, dass unsere Ängste die besagte, in Millionen Jahren entstandene, oft sehr sinnvolle biologische Grundlage haben. Die Lebenserwartung eines Menschen, der keinerlei Angst vor Höhen hat, wäre äußerst gering.

Im längsten Teil der Menschheitsgeschichte musste man sich mit physikalischen Feinheiten zum Thema Höhe auch nach der Kleinkindphase nicht auskennen – es reichte, Höhen instinktiv zu meiden, bei grenzwertigen mit Bedacht zu klettern. »Glasscheiben über Abgründen« spielten keine Rolle. Geschweige denn Flugzeuge. Es ist also eine Folge des genetischen Instinkts und somit vollkommen natürlich, bei Höhen ein »mulmiges Gefühl« zu bekommen.* Und dieses natürliche Instinktwissen wird also auch aktiviert, wenn wir ein Flugzeug betreten, das in kürzester Zeit in größte Höhen steigt. Dann erhebt ein »Babyphysiker« in uns seine Stimme (»Unter mir klafft ein Abgrund, und wenn ich da hineinfalle, bin ich tot!«), und selbst wenn Mama oder die Liebste oder alle meine besten Freunde mich da hineingelockt haben – der Urinstinkt, über einem tödlichen Abgrund zu schweben, ist zunächst einmal stärker als alle Macht der Liebe oder auch nur der Vernunft.

Zweitens verdeutlicht die »visuelle Klippe«, dass ein derart kompetenter Säugling zwar durchaus beeindruckend, aber nicht mit einem kompetenten Erwachsenen zu vergleichen ist; ein Babyphysiker ist nun einmal kein Physiker. Zwischen Natürlich und Richtig, zwischen Instinktwissen und erworbenem Wissen gibt es eben einen entscheidenden Unterschied. Zum Glück lernen wir nach dem Babyalter noch ein wenig dazu – zum Beispiel, dass Glas nicht nichts ist.

Und Sie ahnen, worauf ich hinauswill: Das gilt nicht nur für Glas – auch Luft ist nicht nichts. Nur haben viele Menschen zeit ihres Lebens nicht allzu viele Erfahrungen mit dieser Tatsache gemacht. In die neuronalen Landkarten konnten also keine entsprechenden Erfahrungswerte einfließen.

Auch wenn wir aus dem Kleinkindalter heraus sind, bleibt Luft für die meisten von uns eine wackelige Angelegenheit. Einen Ball kann man weit und hoch werfen, und auf einem Trampolin kann man hoch springen. Aber: »Runter kommen sie alle.«

Immerhin: Ein Drachen kann sich ziemlich lange oben halten.

---

* Der bekannte Ratgeberautor Allen Carr fand diesen Gedanken so wichtig, dass er in seinem Buch *Endlich frei von Flugangst* die Menschen, die im Flugzeug nie Angst gehabt zu haben behaupteten, als »Lügner oder Narren« beschimpfte.

Sobald der Wind aber dreht oder man ihn falsch lenkt, saust er im Sturzflug herab. Ein Papierflieger segelt immerhin ein bisschen, aber sein Flug ist sehr kurz. Aus alldem schlussfolgert der Babyphysiker: In der Luft kann sich eigentlich nichts halten, was nicht gerade ein Vogel ist und mit den Flügeln schlagen kann. Ein Aufenthalt in der Luft, zumal in großer Höhe, ist damit grundsätzlich eine eher alarmierende Situation.

Ist man als Kind viel geflogen, hat man sich allerdings höchstwahrscheinlich daran gewöhnt und die Situation als harmlos, ja in positivem Sinne aufregend abgespeichert – wenn der Betreffende sich zum Beispiel sogar einmal vom Piloten erklären lassen durfte, wie das Ganze funktioniert. Dann bestand die Chance, den inneren Babyphysiker durch einen informierten Teenager zu ersetzen, der mehr als ein Naturgesetz kennt und bereits erlebt hat.

Wenn Sie dieses Glück hatten, ist das schon eine beneidenswert gute Grundlage. Vermutlich ist Absturz in diesem Fall auch nicht Ihr Angstschwerpunkt, und falls doch (vielleicht aufgrund starker Turbulenzen während eines Fluges), haben Sie einen erheblichen Lernvorsprung. Alle anderen können hier nun entspannt aufholen ...

Nach meinem »Urtraum« vom Meer hatte ich beschlossen, den Eid hinsichtlich der Flugabstinenz zu brechen, um in den Genuss von türkisfarbenem Meerwasser zu kommen. Mit meinem besten Freund wählte ich für dieses Vorhaben – allen narzisstischen Impulsen zum Trotz – ein sehr durchschnittliches Reiseziel aus: Mallorca. Zu diesem Zeitpunkt war ich allerdings noch nicht weit genug für die eigenständige Angstüberwindung und hatte Valium im Handgepäck.

An Bord lag eine Broschüre aus, die einen weiteren wichtigen Schritt für die Bewältigung meiner Flugangst ermöglichte: Dieses Heftchen definierte Luft tatsächlich als Materie und erläuterte die Wirkungsweise äußerst anschaulich und überzeugend. Anhand von Grafiken bekam ich eine erste Vorstellung davon, dass Luft nicht nichts ist. Ich ahnte allmählich, dass es in der Luft keine sogenannten Löcher gibt (ebenso wenig wie im Wasser), sondern Wellen und Wirbel, die zum Beispiel von Bergen beeinflusst werden – und von vielen anderen physikalischen Phänomenen. Die erste beeindruckende Illustration, die mir nachhaltig im Gedächtnis blieb, sah wie folgt aus:

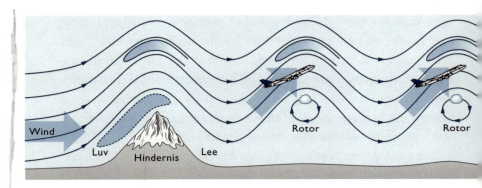

Abb. 3 Die Struktur der Luft

Ebenso wie Wasser verfügt Luft über eine Struktur. Ein Flugzeug fliegt also durch eine Art Wellenlandschaft, so wie ein Schiff durch die Wellen des Wassers gleitet und dabei mal mehr, mal weniger ins Schaukeln gerät. Wie auf einem Schiff bei starkem Wellengang kann man also auch im Flugzeug durchgeschüttelt werden und sich dadurch tatsächlich verletzen, was allerdings durch schlichtes Anschnallen zu vermeiden ist. (Nur das ist die reale Gefahr von Luftlöchern.) Durch sie hindurchfallen ist allerdings unmöglich, denn die darunterliegenden Wellen fangen einen unweigerlich wieder auf; Luftlöcher sind somit der fühlbare Beweis, dass Luft nicht nichts ist.

> Wie Wasser hat Luft Wellen und Wirbel. Wie Schiffe fürs Wasser, so sind Flugzeuge für die Luft gebaut.

Für ein grundsätzliches Verständnis, dass Luft nicht nichts ist, ist es hilfreich, das physikalische Prinzip des Auftriebs genauer zu betrachten. Die speziellen natürlichen Eigenschaften der Luft helfen ja nicht nur dabei, dass – wie soeben geschildert – das Flugzeug in zehntausend Metern Höhe wie auf Wellen getragen wird. Vor allem ist Luft der Grund, warum ein Siebzig-Tonnen-Koloss nach oben befördert werden kann. (Auf einem Himmelskörper ohne Atmosphäre – wie beispielsweise dem Mond – würde das nicht funktionieren.)

Als Kind war meine Flugerfahrung auf das Trampolinspringen beschränkt. Ein eher ungünstiges physikalisches Flugmodell; man wird aufwärtskatapultiert, fällt aber wieder herunter. Schwerkraft! (War ja nicht so, dass ich gar kein physikalisches Gesetz kannte. Es war nur das beinah einzige.) Und genau das Gleiche – so unkte mein innerer Babyphysiker – könnte doch beim Fliegen mit dem Flugzeug passieren: dass die Schwerkraft, die ja wie beim Trampolinspringen nur kurzfristig überwunden wird, plötzlich zurückkehrt.

Zwar wirkt selbstverständlich auch bei einem Flugzeug die Schwerkraft, nur sind andere Kräfte – die einem im Alltag seltener begegnen – unausweichlich stärker: Auftrieb und Schub. Sie sind die vermeintlich »magischen« Mächte, welche die vielen Tonnen Gewicht unweigerlich aufwärtstreiben und -schieben.

Die Tragfläche eines Flugzeugs ist leicht gewölbt. Im Querschnitt sieht sie so aus:

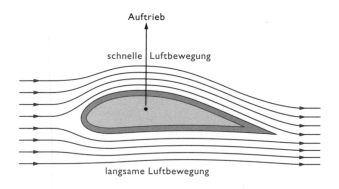

Abb. 4 Querschnitt Tragfläche

Betätigt der Pilot am Boden den Gashebel, strömen über, unter und neben seiner Maschine Luftpartikel entlang. Vor allem auch über und unter den Flugzeugflügeln, den Tragflächen. Aufgrund eines Naturgesetzes, das der Mathematiker und Physiker Daniel Bernoulli bereits im 18. Jahrhundert entdeckt hat, flitzen Luftpartikel desto schneller an einem Hindernis entlang, je länger der Weg ist, um dieses Hindernis zu passieren. Da nun die Strecke über den Flügel hinweg aufgrund dessen Wölbung länger ist als die Strecke entlang der geraden Unterseite, müssen (Naturgesetz!) die Luftpartikel oben zwangsläufig schneller sein als die Partikel an der Unterseite der Flügelkante. Und nun das letzte Element der Gleichung: Der physikalische Druck auf die Umgebung ist schwächer, je schneller sich die Luftpartikel bewegen. Das bedeutet, dass oberhalb der Tragfläche weniger Druck herrscht als unterhalb. Kombiniert der erwachsene Physiker diese einzelnen Elemente, ergibt sich zwingend: Durch den Unterdruck oberhalb der Tragflächen wird das Flugzeug aufwärtsgesaugt – zumal von unten Überdruck herrscht.

Glaubt man oft nicht. Beziehungsweise glauben Hedwig und der innere Babyphysiker das nicht. Noch nicht. Die beiden muss man mit Erfahrung überzeugen. Daher hier schon ein erstes, sehr simples Experiment, das dieses faszinierende Prinzip verifiziert (Zeitaufwand: zwei Minuten).* Schneiden Sie einen Streifen Papier zurecht und halten Sie ihn sich im Ansatz waagerecht unter die Unterlippe. Bevor Sie weitermachen, überlegen Sie, ob Sie eine Vorhersage treffen können. Was passiert wohl Ihrer Meinung nach, wenn man den Papierstreifen senkrecht anpustet? Stellen Sie sich vor, was ein Babyphysiker nahelegen würde – und was sich aus der Erwachsenenphysik folgern lässt. Und los ... Ist das Ergebnis nicht faszinierend? Ich bin nach wie vor begeistert, auch wenn ich ein paar Anläufe gebraucht habe, um ein Gefühl für Flugphysik zu bekommen.**

Ein noch einfacheres, praktisches Beispiel: Halten Sie als Beifahrer die Hand aus dem Fenster des fahrenden Autos. Zunächst ganz flach, dann leicht gewölbt und schräg gegen den Fahrtwind – und schon spüren Sie den Auftrieb am eigenen Leib. Hätte man also sehr große und stabile Riesenhände, würde das Auto unweigerlich abheben – und zu einem Flugzeug werden (siehe Exkurs 12).

EXKURS 12
Auftrieb bei Autos

Auch ohne Riesenhände haben Autos stets mit Auftrieb zu kämpfen, und zwar umso mehr, je schneller sie fahren: Schließlich sind sie ja in der Grundform ebenso an ihren Oberflächen geschwungen und unten gerade. Bei sehr hohen Geschwindigkeiten wird der Auftrieb tatsächlich zum Problem, weil es dem Fahrzeug – quasi permanent kurz vorm

---

* Ein paar weitere Versuchsanordnungen (und Belege dafür, dass sogar bei Physikgenies in manchen Situationen ein Babyphysiker am Werk ist) finden Sie in Teil III, »Kleine physikalische Experimente«.
** Flugphysik ist natürlich noch etwas komplexer. Denjenigen, die neugierig geworden sind, empfehle ich das Buch *Warum sie oben bleiben: Ein Flugbegleiter für Passagiere. Vom Start bis zur Landung* von Jürgen Heermann (2011).

Abheben – an stabiler Straßenlage mangelt. Für Fahrerinnen eines alten Renault Twingo wie mich, die schon bei 140 km/h in einen Geschwindigkeitsrausch geraten, ist der Auftrieb zugegebenermaßen nicht besonders relevant; für Rennfahrer hingegen sehr. Die Konstrukteure der Formel-1-Boliden nutzen die Aerodynamik daher genau umgekehrt: indem sie auf dem Fahrzeug einen umgekehrten Flügel montieren. Dieser Flügel ist nicht oben, sondern unten gebogen, sodass die Luft unterhalb schneller strömt; dadurch wird der Anpressdruck erzeugt, der für die bestmögliche Straßenlage sorgt.

> Ein Flugzeug ist zum Fliegen gebaut: Auftrieb, Schub und Unterdruck saugen es förmlich aufwärts – und halten es oben. Aufgrund dieser Naturgesetze fliegt es Tausende von Meilen.

Turbulenzen

In der Reisebiografie des ein oder anderen Menschen mögen sich fehlgeleitete Intuition nebst Flugangst nicht gleich beim Jungfernflug zeigen. Es gibt nicht wenige Passagiere, die jahrelang absolut entspannt geflogen sind und denen es vollkommen gleichgültig war, warum und wie ein Flugzeug überhaupt fliegt. Es brachte sie einfach rasch von A nach B (oder gar bis nach Z). Eines Tages werden sie jedoch von Turbulenzen derart durchgeschüttelt, dass die bis zu diesem Zeitpunkt stets schlummernde Hedwig geweckt wird. Seither ist sie bei jedem weiteren Flug mit von der Partie und lauscht den intuitiven Erklärungsversuchen des Babyphysikers. Die beiden sind sich vollkommen einig, dass es sich bei Turbulenzen um höchst gefährliche Löcher in der Luft handeln muss. Was, wenn ... ja, was überhaupt? Absturz durch einen Abgrund im Himmel?

So weit gehen die Überlegungen dann aber meist gar nicht mehr. Das Gerüttel und Absacken in der Luft – einem Gasgemisch, das so gar nicht nach Materie aussieht – reichen vollkommen aus, um im gesamten limbischen System Alarmstufe Rot auszulösen. Hier ist wieder der erwachsene Aufklärer in uns gefragt. Was genau sind eigentlich Turbulenzen? Sind sie wirklich gefährlich? Und wenn ja, in welchem Ausmaß?

Turbulenzen sind »Unebenheiten« in der Luft. So wie es Seegang gibt; so wie Straßen Schlaglöcher oder Spurrillen aufweisen können, ist auch Luft mal mehr, mal weniger ebenmäßig strukturiert. Luftströme sind von Wirbeln und Kräuselungen geprägt – Löcher haben sie jedoch nie. Sackt man in unregelmäßig gekräuselter Luft mal ein paar Meter ab, fühlt es sich ein bisschen so an, als würde man über ein Schlagloch im Asphalt fahren – daher womöglich die umgangssprachliche Bezeichnung »Luftloch«. Natürlich spürt man auch im Flugzeug jede Unebenheit des Untergrundes.*

Angesichts dieser Erkenntnis könnte Hedwig durchaus schon einmal durchatmen. Doch den Babyphysiker überzeugt das noch lange nicht. Während er unruhig aus dem Flugzeugfenster blickt, wispert er Hedwig zu: »Ist Wackeln nicht das Gegenteil von Stabilität? Na gut, dann rüttelt es eben. Aber sieh dir mal die Tragfläche an, wie die wackelt! Was, wenn sie bricht?«

Der erwachsene Physiker hingegen weiß, dass die Flügel wackeln müssen – damit sie eben nicht brechen. So wie Skier biegsam sind, damit sie auf einer Buckelpiste oder in rasant gefahrenen Kurven

---

* In einem Renault Twingo merkt man ein Schlagloch mehr als in einem Range Rover Evoque. Auch in einer Cessna ist das Wackeln deutlicher spürbar als in einem Jumbojet: Die Massenträgheit nimmt zu, je größer das Flugzeug ist und je ausladender seine Flügelspannweite.

nicht sofort zerbersten, sondern mitschwingen und sich dem Untergrund anpassen, sind auch Flugzeugflügel flexibel. Sie vermögen, sich problemlos bis zu vier Meter nach oben und vier Meter nach unten zu biegen und reagieren so perfekt auf jeden Luftwiderstand. (Übrigens sind Flugzeuge so konstruiert, dass sie bis zu 150 Prozent einer Rüttelbelastung aushalten, die durch Turbulenzen überhaupt auftreten kann – also 50 Prozent mehr als nötig.)

Versuchen wir also, wenn wir wieder einmal durchgerüttelt werden, den vernünftigen Kräften in uns Glauben zu schenken: Es gibt keine Löcher in der Luft, und Flügel müssen wackeln. Hedwig hält uns aber nach wie vor auf Trab: »Gut und schön«, raunt sie, »aber warum ist zusätzlich zu all der Unruhe und dem Gewackel plötzlich die Geräuschkulisse so unstet? Immer wieder heulen die Motoren auf, dann wieder werden sie leiser – nur, um anschließend stärker aufzuheulen denn je!« In der Tat: Sind die Turbinen defekt? Ergibt sich der flugunfähige Koloss nun doch der Schwerkraft? Das kennt man ja aus Filmen: Wenn der Maschinenlärm eine Oktave höher steigt, ist die Katastrophe nicht mehr weit!

Selbstverständlich ist das genaue Gegenteil der Fall: totale Normalität. Die unstete Geräuschkulisse signalisiert nichts weiter, als dass die Piloten glücklicherweise ihren Job machen. Inwiefern? Dazu müssen wir ein wenig ausholen.

Die Luft kräuselt sich aufgrund verschiedener Einflüsse. Zum Beispiel bewegt sie sich viel, wenn sie Wolken bildet: Wasser verdunstet, steigt auf, kondensiert und verbindet sich mit Staubpartikeln. Wolken sind – vereinfacht gesagt – sichtbar gewordene Produkte unebener, gekräuselter Luftmassen.

Eine andere Ursache besteht in aufsteigender Hitze, in Aufwärtsbewegungen der Luft durch ihre Erwärmung – sogenannten Aufwinden. Dieses Phänomen nennt man Thermik. Segelflieger, Gleitschirmsegler und Vögel nutzen die Thermik, um an Höhe zu gewinnen. Wie stark sich die Luft erwärmt, hängt vom Wetter, aber auch vom Untergrund ab – Beton und Stein werden wärmer als Wasser oder Wald. (Das hat jeder schon erlebt: wenn man zum Beispiel in heißen Sommernächten von der Stadt aufs Land fährt. Oder mit nackten Füßen vom Steinboden aufs Gras läuft.) Auch Gebirgslandschaften beeinflussen, an welcher Stelle ein stärkerer oder schwächerer Aufwind entsteht. Thermik macht sich häufig dann bemerkbar, wenn das Flugzeug beim Landeanflug – zum Beispiel vom Meer kommend, über einen Wald und ein Wohngebiet hinweg, hinunter zur Landebahn – unterschiedlich starke Aufwinde durchquert.

Bei derlei Luftbewegungen durch Thermik oder Wolkenbildung tun die Piloten also nichts anderes, als sich den Umständen anzupassen: Sie geben entsprechend unterschiedlich Schub. Nichts weiter hat der ungleichmäßige Maschinenlärm zu bedeuten.

Im Übrigen sind Turbulenzen durch die geschilderten Luftkräuselungen meist relativ gut vorhersehbar, sodass die Passagiere rechtzeitig aufgefordert werden können, sich anzuschnallen, und der Service eingestellt wird, bevor der Sekt, Kaffee oder Tomatensaft womöglich ganz eigene Turbulenzen nach sich zieht. Zwecks Passagierkomfort und stabilen Getränkeumsatzes umfliegen die Piloten die Turbulenzen, wenn möglich – zum Beispiel durch Änderung der Reiseflughöhe, damit der Effekt der Thermik nicht mehr spürbar ist:

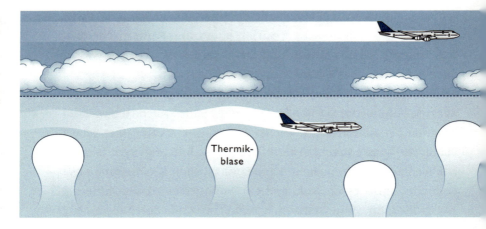

Abb. 5 Der Thermik ausweichen

Allerdings kann es mitunter auch aus dem sprichwörtlichen heiteren Himmel ordentlich wackeln – wenn sogenannte Klarluftturbulenzen auftreten. Diese Clear Air Turbulences (CAT) entstehen über Gebirgsketten oder im Bereich von unterschiedlichen Starkwinden, sogenannten Jetstreams. Diese wiederum sind weniger gut vorhersehbar als Turbulenzen in Wolken. Allerdings weiß man (wenn auch nicht präzise, wann), wo die Jetstreams besonders gern auftreten; und das ist sehr praktisch, um den entsprechenden Rückenwind zu nutzen. Von Nordamerika nach Europa zum Beispiel, denn von Westen nach Osten herrscht ein relativ stabiler Jetstream.

Derartige überraschende Turbulenzen sind jedoch überhaupt kein Grund zur Sorge: Für ein Flugzeug ist plötzliches Wackeln ebenso wenig kritisch wie vorhersehbares – es fliegt einfach wackelnd weiter. Für seinen Korpus nicht das geringste Problem. Für unseren könnte es allerdings eines werden, falls wir nicht angeschnallt sind.

In den tieferen Schichten unserer Psyche mögen wir (überraschendes) Wackeln von Natur aus nicht besonders, weil das in freier Wildbahn meist kein gutes Zeichen war (Erdbeben? Büffelherde? Vulkan?). Unser Körper ist zudem nicht dafür gebaut, plötzlich gewaltig durchgeschüttelt zu werden und womöglich mit dem Kopf an eine nicht sehr nachgiebige Flugzeugdecke zu stoßen. Auch wenn es selten zu schweren Verletzungen kommt: Unangeschnallt ist die Gefahr nicht zu leugnen. Deshalb hier der einzige Tipp, den Sie befolgen müssen, um einen Flug körperlich unversehrt zu überstehen: Schnallen Sie sich unbedingt an. Eben wegen solcher unvorhergesehener Turbulenzen lautet die Empfehlung der meisten Fluggesellschaften, während des gesamten Fluges angeschnallt zu bleiben.

Die Piloten bleiben übrigens immer mit dem Beckengurt angeschnallt. Wenn es wackelt, legen sie zusätzlich Schultergurte um und prüfen, ob eine Veränderung der Flugroute oder Höhe nötig ist. Ansonsten tun sie – nichts. Abwarten und Tee trinken.

Beziehungsweise besser nicht: Turbulenzen gelten natürlich für alle Menschen mit Getränken an Bord. Allerdings wackelt es vorne tatsächlich ein bisschen weniger als hinten. Nur als Komfort-Tipp nebenbei. Und am wenigsten übrigens in der Nähe der Tragflächen.

Sehr starke Turbulenzen

Zugegeben, sehr starke Turbulenzen können auch in angeschnalltem Zustand sehr unangenehm sein; das zu leugnen wäre unredlich.

Aber erstens ist »unangenehm« etwas anderes als »gefährlich«, zweitens kommen solche Turbulenzen recht selten vor. Und drittens wird die Bezeichnung »sehr stark« meist recht subjektiv verwendet. Auf einem Flug fragte ich mich einmal, wie stark man das aktuelle Wackeln wohl auf einer Skala von 1 bis 10 einordnen würde. Meine persönliche Einschätzung lag bei 6. Ich fragte den Flugbegleiter. Der überlegte kurz und kam auf 3. Die empfundene Wackelstärke wird also erheblich durch Erfahrung und Wissen verändert.

Bei sogenannten Luftlöchern gaukelt einem der Körper, der ja in der Tat nicht zum Fliegen ersonnen wurde, außerdem gern maßloses Absacken vor. In Wahrheit sind es oft nur ein paar Meter: 3 bis 10, sehr selten auch mal 30. Gewiss, das wäre ganz schon hoch für, sagen wir, ein Sprungbrett im Freibad. Für eine Achterbahn hingegen gang und gäbe. »Superman«, eine Achterbahn in Kalifornien, übertrifft locker noch das größte Luftloch: Dort rasen die Insassen 100 Meter senkrecht in die Höhe und wieder in die Tiefe. (Wobei sie übrigens 6,5 Sekunden Schwerelosigkeit erleben.) Zum reinen Vergnügen, wohlgemerkt.

Zurück zum Flugzeug: Verglichen mit »Superman« sind die wenigen Meter objektiv doch sehr überschaubar, selbst (sowieso eher unwahrscheinliche) zweistellige Meterzahlen. Angesichts der begrenzten Fall-Erfahrungen einer durchschnittlichen Zeitgenossin wie etwa ich fühlt es sich jedoch an, als stürze man endlos in die Tiefe. (»Leider!«, weint der Babyphysiker. »Hurra!«, jubelt der Achterbahnfahrer.) Die gefühlte Stärke der Turbulenzen bei uns Laien wird natürlich von Hedwig und Co. mitbeurteilt.

Im Auto dagegen toleriert man Wackeln je nach Straßenzustand, man nimmt es womöglich nicht einmal bewusst wahr – obwohl man es sogar intuitiv einplant. Oder würden Sie einen Becher Kaffee vor dem Start einfach auf Ihr Armaturenbrett stellen? Wahrscheinlich nicht, selbst im luxuriösesten SUV (ganz zu schweigen von einem Twingo). Dafür sind einfach viel zu häufig Erschütterungen zu erwarten – selbst auf der geschmeidigsten Autobahn. Im Auto stimmt unsere Intuition also mit den realen Gegebenheiten überein: weil wir das bestens kennen. Im Flugzeug aber erwarten wir strengstens, dass es niemals wackelt und unser Tomatensaft friedlich auf dem Tischchen steht. Was er übrigens meistens tut, da es ja in 99 Prozent der Flugzeit gar keine Turbulenzen gibt.

Diesen Hinweis gab übrigens der sympathische Flugkapitän Chesley Sullenberger in einem Interview. »Captain Sully« ist 2009 durch seine Notwasserung eines Airbus A320 auf dem Hudson River berühmt geworden. Beide Triebwerke der Maschine waren beim Start durch Vogelschlag ausgefallen – ein unglaublicher Zufall. Abgesehen von den unglücklichen Wildgänsen ist niemandem etwas passiert.*

3. Irrweg Alarmismus – Ausweg Statistik

Wie bereits angedeutet, will ich von den Risiken des Fliegens natürlich nicht schweigen. Selbstverständlich existieren – wie bei jeder Fortbewegungsart – auch beim Fliegen Risiken. Vogelschlag etwa oder menschliches Versagen, Terror und Ähnliches. Das ist völlig richtig. Falsch ist nur die Schlussfolgerung – die sich uns Laien mangels besseren Wissens aufdrängt –, derlei Risiken seien hoch.

Schon außerhalb eines Flugzeugs sind die meisten von uns überhaupt nicht gut darin, Risiken richtig einzuschätzen, und besonders schlecht sind wir darin, sie intuitiv einzuschätzen. Kein Wunder: Korrekte Risikobewertung ist oft eine komplizierte Angelegenheit, die präzise Analysen erfordert. Ginge zum Beispiel eine Versicherungsgesellschaft nach ihrem Bauchgefühl, wäre sie innerhalb kürzester Zeit pleite. Ohne ausgebildete Versicherungsmathematiker sind keine Erträge zu erzielen.

---

* Rein theoretisch könnten Sie »Sully« (verkörpert von Tom Hanks) im gleichnamigen Film von Clint Eastwood kennenlernen. Ja, Sie könnten sich sogar eine Computersimulation ansehen, die mit den Aufzeichnungen des Funkverkehrs unterlegt wurde. Die Ruhe, mit der die äußerst verzwickte Lage besprochen und letztlich gelöst wurde, fasziniert und beeindruckt mich immens. Wie gesagt, Sie könnten sich beides ansehen; empfehlen möchte ich es Ihnen aber erst für den Zeitpunkt, da Hedwig sich nicht mehr für Ihr Wohlergehen zuständig fühlt.

Und doch mischt bei uns Laien das Bauchgefühl stets eifrig mit, gerade im Flugzeug. Befeuert wird es von Phänomenen wie dem folgenden: Gebe ich bei Google »Flugsicherheit« ein, erhalte ich ca. 373 000 Ergebnisse. Das Schlagwort »Flugzeugabsturz« liefert allerdings etwa viermal so viele (ca. 1 480 000, Stand Juli 2019). Was ungefähr meinem Risikoempfinden entspricht. Und unter Hedwigs Ägide wird dieses Empfinden erst recht zu einer äußerst fragwürdigen Angelegenheit.

Um blitzschnelle Ergebnisse liefern zu können, arbeitet die Intuition mit Faustregeln, die uns das Leben nicht selten vereinfachen – allerdings alles vereinfachen, auch ein so komplexes Thema wie Risikoeinschätzung.

Jene sträflich schlicht gestrickten Faustregeln zeichnen sich zum Beispiel dadurch aus, dass im Handumdrehen Ursache und Wirkung vertauscht werden. So lautet eine davon nicht etwa nachvollziehbar: »Etwas ist nachweislich riskant, und deshalb fürchte ich mich davor.« Sondern: »Wovor ich mich fürchte, ist deshalb riskant.« Oft funktionieren solche Faustregeln wie grobe Wahrnehmungsschablonen, denn unser Gehirn findet bzw. erfindet Ursache-Wirkungs-Prinzipien geradezu zwanghaft – auch dort, wo de facto keine sind. Hört man im Flugzeug etwa Geräusche wie ein Kolbenfresser, fantasieren wir uns sofort etwas entsprechend Katastrophales zurecht – gerade dann, wenn wir die wahre, harmlose Ursache (Fahrwerk wird eingezogen) nicht kennen.

Urteile ich im Angstmodus, lauern also praktisch überall Horrorszenarien, und unwillkürlich lausche ich dem inneren Raunen: »Mag ja sein, dass Fliegen in den letzten Jahren viel sicherer geworden ist. Aber die Dinge verändern sich doch, und zwar nicht nur zum Guten – oder? Gibt es da nicht diese Doku, die eindrucksvoll zeigt, dass auch fragwürdige Entwicklungen in der Luftfahrt zu verzeichnen waren? Außerdem hat man gerade in jüngster Vergangenheit von besonders schlimmen Ereignissen in der Luft gehört. Und gab es da nicht mal einen Typen, der seine Papiere gefälscht hatte und jahrelang als ›Pilot‹ unterwegs war? Weiß nicht jeder, wo er damals die Bilder der brennenden Twin Towers gesehen hat? Und was ist mit der Germanwings-Katastrophe?«

Und so weiter und so fort ... Doch bevor wir unseren inneren Alarmismus als vollkommen unangemessen entlarven, noch ein paar weitere jener irreführenden Faustregeln der Intuition. Zum Beispiel: »Was ich kenne, mag ich.« Oder: »Was ich nicht kenne, ist mir suspekt.«

Zu dieser nachvollziehbaren, aber auch ärgerlich simplen Neigung der menschlichen Psyche zu derartigen Wahrnehmungsschablonen gibt es eine Menge Studien. Demnach mögen Menschen zum Beispiel Wörter und Namen lieber, in denen die Buchstaben des eigenen Namens auftauchen. (Ich etwa trinke sehr gern einen bestimmten Kräutertee mit dem Heilkraut Verbena – auch wenn ich mir natürlich sicher bin, dass das am Geschmack liegt.) Ja, sogar Zahlen, in denen das eigene Geburtsdatum vorkommt.

Dass wir Bekanntes als positiv wahrnehmen, fängt in unserer Entwicklung so früh wie nur irgend möglich an: Die Musik, die bereits der Fötus gehört hat, ist für eine positive Stimmung des Babys förderlich. (Das gilt übrigens sogar für Hühnerküken.) Und zwar egal, ob Mozart oder Motörhead – Hauptsache, bekannt.

Das Bekannte kommt uns einfach generell wenig bedrohlich vor. Deswegen unterschätzen wir vertraute Risiken (wie etwa im Straßenverkehr) und halten sie für umso weniger schlimm, je häufiger wir ihnen ausgesetzt sind: Wir haben uns einfach daran gewöhnt. Und desto gleichgültiger wird uns, wie die Risiken sich real darstellen. (Ähnliches gilt leider auch für Zigaretten, siehe Exkurs 13.)

Der weltberühmte israelisch-US-amerikanische Psychologe (und Träger des Nobelpreises für Wirtschaftswissenschaften) Daniel

Kahneman hat zu intuitiven Faustregeln intensiv geforscht. In einem Interview drückte er das Ergebnis wie folgt aus: »Was vertraut ist, erscheint uns gut. Das hat die Evolution tief in uns verwurzelt. Wenn ich etwas immer wieder antreffe, und es hat mich nicht gefressen, darf ich mich sicher fühlen. Deshalb mögen wir, was wir kennen.«

Um das oben angesprochene Muster (bekannt = ungefährlich, unbekannt = gefährlich) ein wenig zu differenzieren, hier eine Handvoll wissenschaftlich gut belegter Faustregeln auf einen Blick:

Alles, wozu mir eindrucksvoll schreckliche Bilder einfallen, ist gefährlich.

Alles, was ich nicht mag, ist gefährlich.

Alles, was ich nicht kontrollieren kann, ist gefährlich.

Alles, was mich unmittelbar persönlich betrifft, ist gefährlich.

Alles, was da ist, ich aber nicht sehen kann (zum Beispiel Strahlung), ist gefährlich.

Außerdem beurteile ich als eher ungefährlich, was in ferner Zukunft liegt, sowie, was ich freiwillig mache und nicht verändern will. Gesundheitsrisiken zum Beispiel sind für viele Menschen schön weit weg. Solange wir uns noch gut fühlen, halten die meisten von uns sich für unterdurchschnittlich gefährdet, ernsthaft krank zu werden. Außerdem schätzen wir Situationen als nicht sehr riskant ein, wenn wir sie entscheidend steuern zu können meinen. Im Auto zum Beispiel scheint man alles unter Kontrolle zu haben. (Kontrolle – oder, genauer: Pseudokontrolle – ist neben der Gewöhnung ein weiteres Argument, zum Beispiel für Raucher; siehe wiederum Exkurs 13.) Auch Nähe und Distanz zu einer Situation mit Angstpotenzial bestimmt das persönliche Risikoempfinden.

So konnte ich es selbst zu Zeiten der schlimmsten Flugangst vergleichsweise gut ertragen, wenn meine Liebsten ohne mich im Flugzeug unterwegs waren. Zwar brauchte ich sofortige Entwarnung nach der Ankunft. Doch die Nervosität währenddessen war nicht halb so stark, wie wenn ich selbst im Flugzeug saß. Was bedeutet das nun wieder? Ein weiterer Beweis totaler Egozentrik? Mangelnde soziale Bindung? Verena first? Ich behaupte das Gegenteil: Dieser Unterschied gilt sogar, wenn einem das Leben der Liebsten wichtiger ist als das eigene.

Der Unterschied liegt, wie bereits erwähnt, in der größeren Distanz zur Angstsituation an sich (und damit größerer Distanz zum bauchgesteuerten Alarmsystem). Stecke ich nicht selbst drin, hat Hedwig nicht so viele Möglichkeiten, die körpereigenen Alarmknöpfe zu drücken. Deswegen kann ich die Situation aus einer physiologisch weniger belasteten Sicht betrachten, ohne Hormoncocktail im Bauch. Der Kopf kann daher verhältnismäßig ungestört arbeiten, also viel eher korrekt analysieren: Alles wird höchstwahrscheinlich gut gehen.

Die unmittelbare emotionale und physische Betroffenheit verstellt uns also den Blick. Ganz ähnlich wie in größeren Zusammenhängen: Auch für Astronomen ist es schwieriger, unsere eigene Galaxie (die Milchstraße) zu erforschen, als eine fremde. Vereinfacht gesagt, vernebelt ihnen zu viel interstellarer Staub die Sicht.

Eine andere trügerische Faustregel richtet sich auf die vermeintliche Wahrscheinlichkeit eines Ereignisses. Sie lautet »Was mir schnell einfällt, ist wahrscheinlicher« und wird oft mit anderen Faustregeln gekoppelt. So folgert etwa der innere Babyphysiker ebenso schlicht wie schlecht: »Ein Naturgesetz, dem zufolge tonnenschwere Dinge in der Luft bleiben, kenne ich nicht, und weil ich es nicht kenne, mag ich es auch nicht. Außerdem fällt mir dazu nichts ein – stattdessen aber sofort jede Menge zu abstürzenden Gegenständen. Insofern sind schwere Dinge in der Luft höchstwahrscheinlich dazu bestimmt abzustürzen.« Alles, wozu ein Bild – ein Gedanke, eine Assoziation – schnell verfügbar ist, erscheint also als wichtiger, stabiler, wahrscheinlicher oder wahrer als alles andere: Bild schnell da – deshalb wahr. Eine Regung, die uns immer wieder begegnen wird; in der Psychologie ist sie als »Verfügbarkeitsheuristik« bekannt.

Diese oft trügerische Faustregel möchte ich die »Bild-Regel« nennen.

EXKURS 13
Exemplarisch: die Risikoeinschätzung von Rauchern

Die Schädlichkeit des Rauchens ist mittlerweile allgemein be- und als Tatsache anerkannt (sogar von der Tabakindustrie selbst), und durch unermüdliche entsprechende Aufklärung hat sich der Bevölkerungsanteil der Raucher merklich reduziert. Ein gutes Beispiel dafür, dass vernünftige Argumente definitiv etwas bewirken und bewegen können.

Können, nicht müssen. Selbst aufgeklärte Menschen geben den Tabakkonsum nicht auf – im vollen Bewusstsein der erheblichen Gefahr für Leib und Leben.

Sobald sie allerdings einen echten Anreiz dafür entdecken, können viele Menschen plötzlich eine hohe Motivation für das Nichtrauchen entwickeln. Und sich der Täuschungen bewusst werden, denen sie – eben aufgrund der erwähnten Faustregeln der Intuition – bisher bei der Einschätzung ihres eigenen Risikos erlegen sind:

- »Ungefährlich ist, was ich mag.«
  Rauchen schüttet im Belohnungszentrum des Gehirns Dopamin aus, woraus ein sogenanntes gutes Gefühl entsteht. »Das«, so die Intuition, »kann doch wohl nichts Schlechtes sein.«
- »Ich kontrolliere die Situation, deswegen ist sie nicht gefährlich.«

Raucher können ein Lied davon singen, warum sie alles unter Kontrolle haben und daher auf sie persönlich die Durchschnittszahlen nicht zutreffen. Oder mehrere Lieder – ich hatte diverse auf meiner Hitliste. Ein paar Titel: Ich habe gute Gene! Eine Schachtel wird es fast nie! Genuss erleben kann nicht ungesund sein!

- »Ungefährlich ist, was ich immer wieder antreffe und mir nicht schadet.«
Alle bisherigen Zigaretten haben mich bisher nicht umgebracht. Erst nach (unübersichtlich vielen) Jahren zeigen sich die oft wahrhaft grausigen Folgen[*] ...
- »Gefährlich ist, wozu mir schreckliche Bilder einfallen!«
Die sofort verfügbaren Bilder von Rauchern beschränken sich oft viele Jahre lang auf fitte junge Menschen – oder, besonders perfide, in Einzelfällen auch auf fitte alte Raucher. Die sogenannte anekdotische Evidenz (»Mein Opa hat geraucht wie ein Schlot und ist 85 geworden!«) wie auch das jederzeit präsente Bild des Altkanzlers Helmut Schmidt, der trotz seines lebenslangen, immensen Tabakkonsums fast 97 Jahre alt wurde, sind einfach intuitiv überzeugender als die schnöden Zahlen zu den Risiken des Rauchens.

Um echte Angst vor den Folgen des Nikotinkonsums zu entwickeln, brauchen die meisten Raucher deswegen Jahre – und nicht selten ein sehr konkretes Schreckensszenario, etwa eine daraus folgende schwere Erkrankung, sei es bei einem nahestehenden Menschen oder am eigenen Leibe.

---

[*] Ich meine mich an ein Bonmot des berühmten Philosophen, Soziologen und Kommunikationsforschers Paul Watzlawick zu erinnern. Sinngemäß lautet es: »Wenn die Menschen den Schmerz verschieben könnten, würden sie sich erheblich häufiger mit dem Hammer auf den Daumen hauen.«

Und schließlich eine letzte heikle Faustregel: »Wenn viele Menschen gleichzeitig sterben, vermeide die Situation« (sogenanntes Schock-Risiko). Wie fatal sich ein solcher Fehlschluss auswirken kann, zeigte sich etwa nach dem Terroranschlag auf das World Trade Center. Direkt danach sind so viele Menschen auf das Auto umgestiegen, dass es 1600 Verkehrstote mehr gab, als statistisch zu erwarten gewesen wären.* Kurzum: Menschen sind gestorben, weil sie nicht sterben wollten.

So wie ein Impfgegner mehr Angst vor Konservierungsmitteln hat (negatives Image, mag man nicht, wird von der Industrie ohne persönliche Kontrolle zugeführt) als vor Viren (kennt man, hat man schon einmal überstanden, stärken vermeintlich die Abwehr). Und wie erschütternd wenig ist von der individuellen Lebensretterin Angst erst zu erwarten, wenn es um die Verhinderung existenzieller Menschheitsbedrohungen geht, die einen selbst (vielleicht noch) nicht unmittelbar betreffen. Auch dafür braucht es die leider viel langsamer arbeitende Vernunft.**

Fliegen als riskant einzuschätzen, ist also ein natürlicher, intuitiver Gedanke, der aus den obigen trügerischen Faustregeln und Wahrnehmungsschablonen unseres inneren Urmenschen resultiert. Wer sich mit der Materie Luft und Vorgängen an Bord eines Flugzeugs nicht auskennt, wer Fliegen bisher ohnehin nicht so toll fand, wer vielmehr jederzeit schreckliche (Medien-)Bilder zum Thema abzurufen vermag – der wird ein Flugzeug aus oben genannten Gründen zunächst einmal als für ihn persönlich gefährlich einschätzen.

Ganz schön egozentrisch, diese Art der Risikoeinschätzung, nicht

---

 * Vor allem die Menschen in der Nähe New Yorks. Je weiter entfernt der Wohnort, desto weniger Einfluss auf das Passagierverhalten war erkennbar.
** Der Philosoph Günther Anders spricht in diesem Zusammenhang von »Überschwelligkeit«: Menschliche Fähigkeiten wie Wahrnehmung und Fühlen konnten seiner Theorie zufolge mit dem Tempo des Denk- und technologischen Entwicklungsvermögens nicht Schritt halten.

wahr? Aber die ist uns ohnehin zu eigen: eine gewisse allumfassende Egozentrik. Und auch Ethnozentrismus. Denn welche Risiken uns vertraut sind, hängt stark von der jeweiligen Kultur ab. In einem Interview berichtete der bereits erwähnte Psychologe Gerd Gigerenzer einmal, wie er beim Weihnachtsbesuch in den USA den Gastgebern erzählte, am heimischen Tannenbaum echte Wachskerzen zu schätzen. Die anwesenden Amerikaner hielten das für wahnsinnig riskant. Weniger wahnsinnig fanden sie allerdings, ihrem Sohn eine Winchester unter den Weihnachtsbaum zu legen. Durch die Kultur wird eben bestimmt, was wir kennen; und was wir kennen, erscheint ungefährlich.

> Faustregeln vereinfachen die Welt. Genau deshalb sind sie so trügerisch. Nur weil man etwas nicht mag, muss es noch lange nicht gefährlich sein.

Der verführerische Zauber des Zufalls

Eine weitere Faustregel-Variante ist ein besonders geschickter Schachzug unserer Psyche. Selbst wer der Statistik Glauben schenkt und weiß, welch extremer Zufall es wäre, ausgerechnet im Flugzeug zu sterben, vernimmt mitunter Einflüsterungen Hedwigs: »Haben wir nicht schon unendlich viele merkwürdige Zufälle erlebt? Warum sollte nicht auch dieser eintreten?«

Wir halten einen ganz speziellen Zufall für gar nicht unwahrscheinlich, weil die Begegnung mit dem Zufall an sich nicht ungewöhnlich ist. Unser Gehirn ist eben dafür konstruiert, in allem – inklusive Zufällen – sofort eine Weltordnung zu erkennen (wiederum Stichwort: Wahrnehmungsschablone). Der bereits erwähnte Daniel

Kahneman berichtete einmal, dass er mit seiner Frau im Urlaub an der fernen Küste Australiens zufällig einen amerikanischen Bekannten namens Jon traf. Zwei Wochen später waren Kahneman und Frau in einem Londoner Theater – und wer saß direkt neben ihnen? Jon. Und obwohl dieser zweite Zufall eigentlich umso größeres Erstaunen hätte auslösen müssen, fühlte er sich bereits beinahe vertraut an. Auch wenn der Kopf es besser wusste – das Bauchsystem verlieh Jon einen nahezu schicksalhaften Stempel: »der Bekannte, den wir immer im Ausland treffen«.

Das Phänomen »Zufall« ist uns durch derlei skurrile Anekdoten, Geschichten und Bilder sehr präsent, und deswegen überschätzen wir den ganz speziellen Zufall in seiner Wahrscheinlichkeit enorm.

Ich zum Beispiel finde folgende Geschichte höchst eindrücklich und unglaublich, aber auch einfach hinreißend: Mein Cousin T. stand einmal unter einer Palme in Ghana. Bei ihm war ein Mann schwarzer Hautfarbe, der aber, wie sich im Gespräch herausstellte, nicht etwa aus Ghana stammte, sondern, wie er sogleich erzählte, aus dem Schwarzwald. Daraufhin mein Cousin: »Ein Schwarzer aus dem Schwarzwald, ausgerechnet hier?« Woraufhin ihm eine Kokosnuss auf den Kopf fiel.

Eine Kopfnuss Gottes? Die Rache der Political Correctness? Oder nicht doch einfach: Zufall hoch zwei?

Der Knackpunkt beim Zufall besteht darin, dass es einerseits sehr wahrscheinlich ist, die interessantesten Zufälle im Leben zu entdecken – andererseits gleichzeitig unwahrscheinlich bleibt, dass ein ganz spezielles unwahrscheinliches Ereignis vorhergesagt werden kann. Für unsere Wahrnehmung gilt: Je toller die Geschichte (wie zum Beispiel die von der Kokosnuss), desto sinnträchtiger wirkt der unwahrscheinliche Vorfall. In Wirklichkeit wird umgekehrt ein Schuh daraus: Die Unwahrscheinlichkeit der Umstände erzeugt erst einen Sinn und eine tolle Geschichte – und solche Geschichten merken wir uns dann besonders gut!

Der Zufall ist ja immer erst im Rückblick erkennbar. Nachdem er eingetreten ist, bemerken wir ihn fasziniert. Doch wie grotesk und absurd es ist, ein ganz spezielles unwahrscheinliches Ereignis für wahrscheinlich zu halten, wird augenfällig, wenn man die Gegenprobe macht: Versuchen Sie, folgenden ganz speziellen Zufall vorauszusagen: »Eines Tages wird dir, übrigens in Ghana, eine Kokosnuss auf den Kopf fallen, und zwar genau dann, wenn« ... usw. Und schon klingt das Ereignis grotesk und absurd.* Es gibt unendlich viele Geschichten zum Zufall und ebenso viele Möglichkeiten, ihn im Alltag zu entdecken; je kreativer und aufmerksamer man ist, desto mehr Zufälle werden offenkundig.**

Unsere Wahrnehmung von Zufällen funktioniert wie folgt: Sie werden aufgeblasen und zu einer Sensation mit magischer Anziehungskraft. Eine Sensation, die uns auch noch selbst zugestoßen ist. Woraus wir schlussfolgern (eine weitere Faustregel): Dann können einem wohl auch andere unwahrscheinliche Sensationen zustoßen. Deswegen spielt man schließlich Lotto.

Und deswegen setzt man sich vielleicht nicht ins Flugzeug. Aber:

Der Zufall ändert seine Gesetze nicht, nur weil ich heute fliege.

Der Zufall wird also – genau wie Bilder von Abstürzen – von unserer trügerischen Intuition besonders eindringlich präsentiert: bildreich,

---

* Deshalb halten sich Wahrsagerinnen, Astrologen u. Ä. auch an allgemeinere Formulierungen: »Jemand wird in Ihr Leben treten.«
** Der Wissenschaftsjournalist Stefan Klein hat dem Zufall ein tolles Sachbuch gewidmet (*Alles Zufall*, 2004), in dem u. a. wahrlich unglaubliche, aber wahre Geschichten nacherzählt werden, alles »Werke« des Zufalls.

grell, mit grob vereinfachenden Schlagzeilen, unzulässigen Vergleichen und Verallgemeinerungen. Unser Gehirn merkt sich Bilder und spektakuläre Geschichten einfach besser als komplexere Betrachtungen. Und dieser Modus lässt sich nicht so leicht abschalten.

Wir brauchen also Strategien, die nicht den Zufall beschwören. Gute, vernünftige Argumente für den Verstand, die allerdings bauchgerecht aufgearbeitet, präsentiert und Horrorbildern aktiv entgegengestellt werden; beispielsweise Merksätze und Vergleiche.

Nun kann es passieren, dass uns bestimmte Zahlen oder Vergleiche zwar theoretisch bewusst sind, glauben aber mögen (oder können) wir sie erst mit der richtigen Motivation. Im Folgenden möchte ich interessantes Material liefern, das diese Motivation fördern und dabei unterstützen kann, den Irrweg der intuitiven Risikoeinschätzung zu verlassen – und den Ausweg aus dem Labyrinth der Angst zu beschreiten. Und zwar mithilfe nüchterner, aber unbestreitbarer Statistik sowie eines kleinen Experiments.

Autofahren ist sehr viel gefährlicher als Fliegen

Nicht dass Sie demnächst fliegen können – dafür allerdings nicht mehr Auto fahren. Aber ich vertraue auf die gewaltige Macht der Gewohnheit. Das Risiko im Straßenverkehr ist uns derart selbstverständlich geworden, dass wir es jeden Tag aufs Neue eingehen, und zwar ohne groß darüber nachzudenken. Insofern darf ich es riskieren, ein paar einschlägige Überlegungen in dieser Hinsicht zu präsentieren.

Fragen wir uns also zunächst einmal Folgendes: Wie hoch ist das Risiko eigentlich real, im Straßenverkehr zu sterben? Tatsächlich einigermaßen überschaubar. Im Jahr 2017 zum Beispiel sind in Deutschland 3177 Menschen im Straßenverkehr zu Tode gekommen, EU-weit 25 300. Im EU-weiten Luftverkehr: 0.

2017 war das erste Jahr mit einer derart radikalen Eindeutigkeit. Aber auch wenn man die letzten Jahrzehnte bis 2018 weltweit betrachtet (und sogar den Frachtverkehr mit einbezieht), ist die Tendenz unwiderlegbar – und zwar bei steigenden Passagierzahlen:

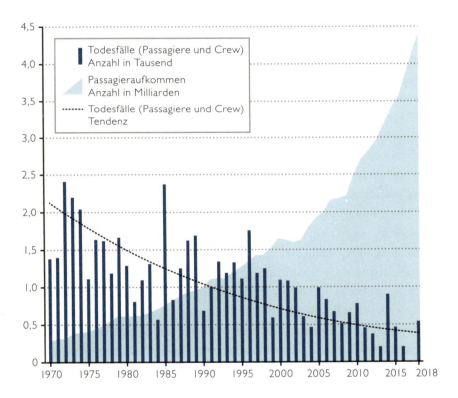

Abb. 6 Anzahl der Todesfälle in der kommerziellen Zivilluftfahrt und Entwicklung des weltweiten Passagieraufkommens
(Stand 1. Jan. 2019)

Obwohl das Passagieraufkommen jährlich steigt, sinkt die Zahl der tödlich Verunglückten ebenso kontinuierlich; einfach, weil immer mehr Gefahrenquellen systematisch beseitigt werden. Statistisch betrachtet ist die Wahrscheinlichkeit für den individuellen Fluggast, bei einem Flugzeugunfall ums Leben zu kommen, folglich verschwindend gering.

Wobei die Statistik komplex ist, zumal sie unterschiedliche Sachverhalte ausdrückt. Denn welche Flüge soll man berücksichtigen? Alle Flüge der Welt? Den durchschnittlichen Fluggast dürfte eher der kommerzielle Luftverkehr mit einem großen Passagierflugzeug interessieren (weniger mit kleinen Privatmaschinen o. Ä.). Und was genau interessiert mich: das Risiko eines Flugzeugunfalls generell? Oder nur das eines Unfalls mit Todesopfern? Und beziehe ich alle Fluggesellschaften mit ein oder nur jene, die bestimmten Sicherheitskriterien entsprechen? Und will ich die Wahrscheinlichkeit für einen Flug wissen oder für soundso viele Flugstunden oder Flugkilometer, die ich in meinem Leben mit einer sicheren Landung beschließen werde?

Betrachten wir doch die naheliegendste Frage – die nach der Wahrscheinlichkeit, als Fluggast in der kommerziellen Luftfahrt beim nächsten Flug aufgrund eines Flugzeugunfalls zu sterben. Dazu vergleichen wir die Anzahl der Flüge und die Anzahl der Flugzeugunfälle mit Todesopfern der letzten Jahre (siehe Tabelle nächste Seite).*

Nehmen wir das schlechteste Jahr: 2013. Unter 36,3 Millionen Flügen gab es 14 Unfälle mit Todesopfern. Man hätte also theoretisch rund 2,6 Millionen Flüge absolvieren müssen** (darunter in Frachtmaschinen), um eines der verunglückten Flugzeuge zu erwischen.

---

 * Diese Zahlen der IATA (International Air Transport Association) beziehen sich auf die kommerzielle Luftfahrt (Passagier- und Frachtverkehr) mit Flugzeugen ab 5700 kg.
** Berechnung: 36 300 000 : 14 = 2 592 857. Die Wahrscheinlichkeit ist also derart gering, dass sie selten in Prozent ausgedrückt wird, weil allzu abstrakt: Sie liegt deutlich unter einem zehntausendstel Prozent (Berechnung: 14 : 36 300 000 = 0,0000004, in Prozent: 0,00004 %, in Worten: vier hunderttausendstel Prozent). Noch geringere Zahlen ergeben sich aus den anderen Jahren.

Jahr	Flüge (in Millionen)	Flugzeugunfälle insgesamt	Flugzeugunfälle mit Todesopfern
2013	36,3	86	14
2014	36,5	77	12
2015	36,9	67	4
2016	39,0	64	8
2017	41,3	46	6
2018	46,1	62	11

Noch anschaulicher wird dieses Rechenexempel bei folgendem Experiment – vielleicht für Leser, die Buchstaben lieber mögen als Zahlen. Suchen Sie sich bitte einen ganz bestimmten Buchstaben oder ein ganz bestimmtes Satzzeichen auf dieser Buchseite aus, zum Beispiel das nächste Komma, und merken Sie es sich. Dann bitten Sie jemanden, genau dieses Zeichen zu erraten.

Und? Hat's geklappt? Aber möglich wäre es gewesen. Und zwar mit einer Wahrscheinlichkeit von 1 : 1260, was die Gesamtzahl der Zeichen auf dieser Seite ist.

Allerdings haben wir damit noch nicht annähernd die Wahrscheinlichkeit abgebildet, mit der Sie 2013 in ein verunglücktes Flugzeug gestiegen wären. Selbst wenn Sie sich aus dem gesamten Buch (433 000 Zeichen) ein Zeichen aussuchten, das eine andere Person erraten müsste, hätten wir die Wahrscheinlichkeit noch lange nicht erreicht. Da Sie ja auf 2,6 Millionen Flüge bzw. Zeichen kommen müssen, müssten Sie sich aus sechs Exemplaren dieses Buches ein ganz bestimmtes Zeichen aussuchen (z. B. Exemplar 4, Seite 108, Zeile 7, Zeichen 25), und eine andere Person müsste exakt dieses Zeichen erraten! Erst dann hätten Sie fast die gleiche Wahrscheinlichkeit erreicht, mit der Sie in einem schlechten Jahr in einen Unglücksflieger gestiegen wären (und vielleicht noch überlebt hätten).

Und falls Hedwig – wider alle Vernunft, vorsichtshalber – etwa wie folgt nachfragt: »Und was ist mit Terror?« Dann antworten wir: »Der ist in den Zahlen schon enthalten.« Und das Gleiche gilt natürlich für suizidale Piloten etc.

Vermutlich wird sie dennoch (einfach, weil es ihr Job ist) bedenklich dreinschauen und nörgeln, was zum Kuckuck denn eigentlich dagegenspräche, schön gemütlich zu Hause zu bleiben. Und darauf wiederum antworten wir ihr: Nicht viel – außer, dass uns einiges entgehen könnte. Aber wenn wir uns sicherer fühlen wollten als in einem Flugzeug oder auf einem Weihnachtsmarkt, dann sollten wir erstens lieber nicht zu Bett gehen (zumindest sterben allein in Deutschland bei Stürzen aus dem Bett jährlich 200 Menschen) und zweitens besser regungslos auf dem Sofa sitzen bleiben, denn das Risiko eines tödlichen Unfalls bei Haushaltstätigkeiten ist im Vergleich zum Terror mehr als 2000-mal höher.

Im Übrigen gibt es auch außerhalb eines Flugzeugs, im ganz alltäglichen Alltag, viele gute Gründe, sich buchstäblich nicht terrorisieren zu lassen (siehe Exkurs 14).

EXKURS 14
Terroranschläge im Alltag

Genau die gleichen statistischen Rechenaufgaben wie fürs Fliegen kann man zwecks Realitätscheck natürlich auch für Terroranschläge im Alltag vornehmen: Wie beim Statistischen Bundesamt (und auf Wikipedia) nachzulesen, kamen in Deutschlands bisher schlimmstem Terrorjahr (2016) 26 Menschen ums Leben. Verkehrstote im selben Jahr: 123-mal so viele (3214).

Kurz nach der Amokfahrt eines Kleinbusses in Münster fühlte eine Kollegin von mir sich in dem Entschluss bestärkt, aufs Land zu ziehen. Schließlich habe es in Deutschland in jüngster Zeit ja »mehr Terroranschläge gegeben als früher«, erinnere doch jeder Besuch auf einem Weihnachtsmarkt durch die aufgestellten Hürden und das Wachpersonal an die Adventszeit 2016. Auch wenn diese Argumente vielleicht nicht mit Zahlen begründbar seien, so meine Kollegin (sie ahnte meine Einwände), nehme sie ihr ungutes Bauchgefühl eben ernst.

Eine Erklärung für ihr steigendes allgemeines Bedrohungsgefühl könnte sein, dass wir in eher »haltlosen Zeiten« leben – so eine These des Risikoforschers Ortwin Renn. In der Moderne heutiger Ausprägung existiert weder ein vorgezeichnetes berufliches Leben noch eine klare, durch eine individuell wichtige Institution legitimierte Weltanschauung. Der Preis für diese Freiheit ist Unsicherheit, und dieser folgt eben nicht selten ein Gefühl von Unbehagen oder Angst. Je mehr Freiheit, desto niedriger die Angstschwelle. Je niedriger die Angstschwelle, desto stärker die Neigung, eine der intuitiven Faustregeln anzuwenden.

Damit ist ein Hauptziel des Terrors erreicht: Destabilisierung. Menschen Angst einzujagen und ihr Verhalten ganz konkret zu beeinflussen. Jede Amoktat eines Einzelnen (wie die des Mannes im Münsteraner Kleinbus) spielt den Terroristen zusätzlich in die Hände, denn das Bauchsystem unterscheidet Amokläufe und Terror nicht, sondern speichert sie pauschal als »allgemeine Gefahr in Zeiten des Terrors« ab.

Die Medienpräsenz eines wie auch immer motivierten Anschlags ist jeweils derart eindrucksvoll, dass das Bauchsystem hier wirklich kaum eine Chance hat, die realen Dimensionen terroristischer Gefahren korrekt abzubilden. Zumal der Terror meist dort passierte, wo viele Menschen sich vergnügten: auf Konzerten, zum Beispiel, oder einem Weihnachtsmarkt. Derartige Bilder und Botschaften bleiben daher sehr lange virulent, und die Erinnerung daran ist mit einem Fingerschnippen aufzurufen – das perfekte Futter für die Bild-Regel. Und diese Faustregel wirkt: Aus einer Langzeitstudie der R+V Versicherung über »Die Ängste der Deutschen 2017« ging hervor, dass die Angst vor Terroranschlägen mit über siebzig Prozent auf Platz eins lag.

> Ausgerechnet beim Fliegen zu sterben ist extrem unwahrscheinlich.

Was aber, wenn es Dinge zwischen Himmel und Erde gibt, die man eben nicht ausrechnen kann – die rätsel-, doch auch irgendwie seltsam regelhaft sind?

Willkommen auf einem hochinteressanten, geradezu verwunschenen Irrweg ...

4. Irrweg magisches Denken – Ausweg Vernunft

Das Magische hat es mir seit jeher besonders angetan – schon im Kindes-, aber auch bis ins Erwachsenenalter hinein. Und nachweislich nicht nur mir.

Viele Menschen stellten sich als Kind (oder auch später noch) merkwürdige Aufgaben. Zum Beispiel: nicht auf die Linien zwischen den Gehwegplatten treten. Oder: die Straßenlaterne erreichen, bevor das Auto einen überholt hat. Oder: zählen (Schritte, Treppenstufen, Ecken in einem Raum ...).

Als zehnjährige angehende Hexe war ich Expertin in solchen Übungen. Eine Zeit lang hatte es mir die Zahl Drei angetan. Ich musste Dinge dann immer drei Mal tun: zum Beispiel drei Mal vom Dreimeterbrett springen. War ich aus irgendwelchen Gründen noch ein viertes Mal gesprungen, musste ich noch zwei Mal springen, um die Dreierserie wieder zu vollenden. Gab es Süßigkeiten, galt das Gleiche: Ich nahm mir drei nimm2-Bonbons.

Wenn Sie jetzt den Kopf schütteln, dürften Sie charakterologisch weitgehend gefeit sein vor etwas, das wir beim Fliegen ganz und gar nicht gebrauchen können: magisches Denken. Wahrscheinlich sind Sie außerdem eher unempfänglich für Aberglauben oder Esoterik. Fallen Ihnen hingegen sofort ähnliche Geschichten aus Ihrem Leben ein, dann wissen Sie, warum ich das tat: weil ich es tun *musste*. Um zu verhindern, dass unangenehme oder sogar schlimme Ereignisse eintreffen, wie zum Beispiel Totalversagen in der anstehenden Mathematikarbeit.

Das glaubte ich wirklich. Zumindest meine innere Magierin glaubte es (die niemand Geringeres ist als – Sie ahnen es bereits – Hedwig, diesmal mit Zauberhut). Ein anderer Teil von mir hielt es natürlich für höchst unwahrscheinlich, dass die Anzahl verspeister Bonbons den hin und wieder aus heiterem Himmel befürchteten Unfalltod meiner Eltern verhindern könnte. Trotzdem hörte ich auf die innere Magierin – vorsichtshalber. Denn »wenn es eben doch so sein sollte, dass die Drei eine magische Zahl ist? Ist doch kein Aufwand! Los – nimm drei!« Mit Erwachsenen konnte man so etwas selbstverständlich nicht ernsthaft besprechen: »Was du dir da wieder zurechtfantasierst. Nun schlaf schön!«*

---

* Apropos »Schlaf schön«: Auch Floskeln können zu Zaubersprüchen werden. Eine meiner Interviewpartnerinnen berichtete, dass sie als Kind zu geliebten Menschen beim Abschied auf jeden Fall »Auf Wiedersehen!« sagen musste – aus Angst davor, dass sie sie andernfalls niemals wiedersähe.

Die skurrile Idee, rituelle Handlungen oder Formeln hätten Einfluss auf große Geschehnisse, ist bei Kindern weit verbreitet. Glücklicherweise waren Ausnahmen gestattet, denn so konnte ich mir, sollte die Tür doch zufallen, bevor die letzte Treppenstufe erreicht war, rasch eine Zusatzregel ausdenken: es einfach noch einmal versuchen, zum Beispiel. Oder besonders viele Dreierserien ausüben. (Übrigens wurde aus der magischen Drei irgendwann die magische Fünf – weil fünf Familienmitglieder. Sodass durch Pflege der Zahl Fünf ein schützender Bannkreis um die Familie gezogen werden konnte. Jede nicht eingehaltene Fünf bedrohte das Leben eines Familienmitglieds. Der Wecker stand also nicht auf 7 Uhr, sondern auf 07:05 Uhr.)

Wem schon dieses vergleichsweise harmlose Verhalten bedenklich vorkommt, kennt offenbar die Erzählung des amerikanischen Schriftstellers David Sedaris mit dem Titel *Die Mackenplage* nicht: Darin muss der Protagonist sich mit dem Schuh an die Stirn hauen, die Schritte von der Schule nach Hause zählen, dabei diverse Briefkästen anlecken und Strommasten anfassen (und bei jedem Fehler wieder zurück zur Schule, um von vorn zu beginnen). Es gibt Menschen, die nicht mehr arbeiten können, weil ihr Alltag von einer Unzahl Rituale kontrolliert wird. Dann spricht man von einer Zwangsstörung. Bei den meisten Kindern hingegen bleibt der faule Zauber eine Phase.

Während ich auf der sonnigen Veranda über meine magische Vergangenheit nachdachte, öffnete Nachbarin C. in der Etage über mir das Fenster und wies darauf hin, dass die Sonne nur deswegen jetzt noch auf die Veranda scheine, weil in diesem Sommer ein bestimmter, Schatten spendender Baum abgestorben war. Und daran sei übrigens sie, C., schuld. Ob ich mich noch erinnern könne, wie oft sie darüber geschimpft habe, dass er im Weg sei? Sie hatte keine rostigen Nägel in den Stamm geschlagen oder Gift versprüht, sie meinte damit ihren schieren Wunsch, der Baum möge fort sein.

Nun ist C. ein sehr kreativer, ahnungsvoller Mensch, deswegen ist es nicht so abwegig, dass sie Baum-Voodoo für möglich hält. Aber: Ist das nicht bemerkenswert? Ich sitze hier und sammle magische Erinnerungen, und genau in dem Moment erzählt meine Nachbarin mir von ihrem schwarzmagischen Anschlag. Kann das wirklich Zufall sein?

Schauen wir uns weiter um. Eigentlich begegnet uns das magische Denken oft, wenn nicht sogar ständig. Haben Sie schon mal Fußballspieler vor wichtigen Spielen beobachtet? Die Bekreuzigungen, Amulette und Glückssocken sind fast langweilig gegen so manches Ritual: Der ehemalige ivorische Abwehrspieler Kolo Touré ging in einem Champions-League-Spiel während der Saison 2008/09 nach dem Anpfiff zur zweiten Halbzeit nicht aufs Feld, weil einer seiner Mitspieler noch in der Kabine behandelt wurde – und Touré der Ansicht war, er selbst müsse immer als Letzter aufs Spielfeld gehen. Lieber nahm er in Kauf, dass seine Mannschaft zu neunt spielen musste. Sportler in Wettkämpfen sind besonders abergläubisch, aber auch Prüflinge, Theaterdarsteller, Roulettespieler …

Am häufigsten begegnet uns natürlich die Überzeugung, nach welcher schwarze Katzen von links oder die Zahl Dreizehn nichts Gutes bedeuten. Und dieser ganz konventionelle Aberglaube ist – Aufklärung hin oder her – immer noch weit genug verbreitet, dass in den Flugzeugen mancher Airlines die 13. Sitzreihe fehlt (und oft auch die 17., denn die gilt zum Beispiel in Brasilien und Italien als Unglückszahl).

Selbst ansonsten sehr vernünftige Menschen greifen in angespannten Situationen gelegentlich aufs magische Denken zurück. Beim Kofferpacken fällt der flugunbehaglichen Zeitgenossin vielleicht der Ring in die Hände, den ihre Mutter ihr geschenkt hat – und sofort ist sie wieder da, Hedwig mit Zauberhut: »Du solltest ihn tragen, er kann dich beschützen!« Der innere Vernünftler sagt dazu:

»Schaden kann es ja nicht, ist auch ganz hübsch.« Und nachdem ich am Morgen des Abflugs um 07:05 Uhr aufgestanden bin, höre ich im Radio des Taxis welches Lied? *Leaving on a Jet Plane* von John Denver. Der Text ist schon schlimm genug (besonders hellhörig werde ich bei dem Wort »sterben«), und zu allem Überfluss ist der Sänger 1997 bei einem Flugzeugabsturz umgekommen.

Und natürlich lauern dann auch an Bord überall Zeichen, die mithilfe des Magie-Algorithmus gelesen werden wollen. Das Baby dahinten zum Beispiel. Warum weint es gerade jetzt, es war doch bis eben – außerhalb des Flugzeugs – noch bester Laune? Spürt es etwas, mit seiner unmittelbaren, intuitiven Art, der Welt zu begegnen?

Wir abergläubischen, flugängstlichen Passagiere fühlen uns von bösen Omen regelrecht umzingelt – unweigerlich, jedes Mal. Doch warum stellen wir so oft Zusammenhänge und Kausalitäten her, wo gar keine sind? Erkennen Muster, die de facto nicht existieren? Warum tun das zum Beispiel gerade Kinder, Sportler in Wettkämpfen, Menschen in Prüfungssituationen und vor öffentlichen Auftritten? Und warum nutzt der Mensch seine Vernunftbegabung nicht konsequenter, um echte von eingebildeten Zusammenhängen zu unterscheiden? Aus einem eigentlich sehr nachvollziehbaren Grund: um in unkontrollierbaren Situationen den beruhigenden Anschein von Kontrolle zu erzeugen.

Als Kleinkinder leben wir noch völlig in der Illusion, Erwachsene seien allmächtige Wesen, die alles unter Kontrolle haben, immer und überall. Wir sind abhängig von ihnen, fügen uns zwangsläufig in ihre gottähnliche Gewalt, und im besten Fall vertrauen wir ihnen. Wir finden es zwar auch großartig, kleine Dinge zunehmend selbst tun und beeinflussen zu können – letztlich aber sind die Erwachsenen ziemlich lange die Helden, denen wir nacheifern, da sie ja offenbar alles können, was sie nur wollen. Bei zunehmender Gehirnentwicklung merken wir aber, dass auch sie nicht selten fehlbar, unsicher und ängstlich sind. Was in der Pubertät ein oft befreiender Gedank wird, bedingt im früheren Kindesalter zunächst Enttäuschung. Hatte man uns nicht einmal versprochen, dass wir keine Angst haben müssen und am Ende immer alles wieder gut wird? Und nun müssen wir feststellen, dass wir auf so viele Dinge in diesem merkwürdigen Universum nur begrenzten oder sogar keinen Einfluss haben: auf das Verhalten unserer Mitmenschen, auf den Zeitpunkt unseres Todes oder den unserer Liebsten (oder den unserer Bäume).

Zumutungen sondergleichen. Es ist also nachvollziehbar, wenn wir uns als Kinder, sobald wir diese Ungeheuerlichkeiten umfassend begreifen und gleichzeitig immer mehr eigene Fähigkeiten entwickeln, in Magie üben. Denn dadurch haben wir vielleicht einen Einfluss auf die schrecklichen Ereignisse, die das Leben manchmal bereithält – und das Gegenteil kann sowieso niemand beweisen. Und »es schadet doch nicht«, oder?

Die Motivation, möglichst viel selbst zu beeinflussen, entsteht im Säuglingsalter. Babys sind total begeistert davon, durch Handeln Reaktionen zu provozieren. Wir suchen und finden also schon früh das Ursache-Wirkungs-Prinzip: zwischen dem, was wir tun, und dem, was dann passiert. Wir erkennen sehr schnell Kontingenzen – so nennt man es im Fachjargon –, wenn wir zwei Merkmale oder Ereignisse als stark miteinander verbunden erleben. Wir sind regelrecht versessen auf Kontingenz. Ein selbst entdecktes Prinzip bestätigt zu sehen, macht schon Babys froh und glücklich. (»Wenn ich gegen die Rassel boxe, erzeuge *ich* dieses herrliche Rasselgeräusch!«) Menschen sind umso zufriedener in ihrer Entwicklung, je mehr Möglichkeiten für positive Kontingenzen sie finden. Sie erleben sich damit als selbstwirksam (»Wenn ich mich anstrenge, schaffe ich das!«) und die Welt als verstehbar und handhabbar (»Ich kann mich und meine Kompetenzen in dieser Welt gut entfalten!«). Wenn uns aber bewusst wurde, dass die Welt kaum vorhersehbar ist, wenn wir uns als nicht wirksam erleben, dann werden wir depressiv und lethargisch.

Evolutionär war Kontingenzsucht ausgesprochen vorteilhaft: Nur so waren wir in der Lage, Zusammenhänge zu erkennen, die uns zum Beispiel zu ersten Wettervorhersagen und Ähnlichem befähigten. Vor allem aber zur Entwicklung von Wissenschaften und revolutionären Erfindungen (z. B.: dem Flugzeug).

Aberglaube wird daher in der Psychologie oft als Nebenprodukt dieser kognitiven Fähigkeit betrachtet – das offenbar evolutionär hilfreich war, da wir auf diese Weise in schwierigen Situationen Kontrolle ausüben zu können meinten. Zwar interpretierten wir in alle möglichen alltäglichen Phänomene mehr Sinn hinein, als wirklich vorhanden war. Doch resultiert ein Gefühl von Kontrolle nicht bloß aus Handlung; die Zeichen zu lesen kann bereits als beruhigende Variante davon erlebt werden.

Die Welt als zufällige, sinnfreie Veranstaltung, in der wir auf die großen Ereignisse keinen Einfluss haben, in der es keine Macht oder Kraft gibt, mit der wir uns eventuell verbinden, die wir nicht einmal verstehen und vorhersagen können, ist beängstigend. Und die wichtigste Gemeinsamkeit von kindlicher Magie, Wettkampfriten, Zwangshandlungen und Aberglauben liegt darin, dass sie ihre maximale Relevanz entfalten, sobald als Treibstoff ausreichend Angst vorhanden ist. Es muss nicht gleich helle Panik sein, latente Unruhe und Verunsicherung reichen. Magische Rituale und Ähnliches gaukeln uns nun Möglichkeiten der Einflussnahme vor – und mindern damit (kurzfristig) diese Angst. So erhalten wir die Illusion der Kontrolle aufrecht und suchen folglich Zusammenhänge, wo ursprünglich keine sind, und zwar so lange, bis wir welche entdecken. Wir bilden damit sogenannte illusorische Korrelationen und sehen, was wir glauben oder erwarten. (Wobei uns vieles entgeht, was wir nicht erwarten; eine wichtige Erkenntnis bei der Reflexion von Vorurteilen. Aber dazu später mehr.)

Magisches Denken ist Verschleierung von Angst.

Doch nicht nur Menschen sind anfällig für Aberglauben – auch Tauben sind nicht frei davon; bereits 1948 entdeckte der berühmte US-amerikanische Psychologe B. F. Skinner dieses Phänomen (siehe Exkurs 15).

EXKURS 15
Skinners abergläubische Tauben

Viele Menschen kennen die berühmtesten Experimente von Skinner, die systematisch erfassten, was Tierhalter und Zirkusdarsteller längst wussten: Tiere lassen sich durch Belohnung dressieren. Tauben wurden in eine Box gesetzt (die sogenannte Skinner-Box), in der es eine kleine Pickscheibe gab. Nach jedem Picken auf die Scheibe fiel ein Futterkorn in die Box, und die Tauben hatten das Muster sehr schnell erkannt.

Aber auch kompliziertere Abläufe ließen sich andressieren: Wurde zum Beispiel nur dann ein Futterkorn herausgegeben, wenn gleichzeitig ein Licht leuchtete, erkannten die Täubchen die Regel dazu ebenfalls recht rasch. Desgleichen, wenn erst nach einer bestimmten Anzahl Pickbewegungen ein Futterkorn in die Box fiel (dreimal picken = Futterkorn). Selbst folgende rätselhafte Aufgabe ist so erlernbar: einmal um die eigene Achse drehen, dreimal auf die Scheibe picken – aber nur, wenn es dunkel ist.

Schließlich wurde einfach alle 15 Sekunden ein Futterkorn in die Box fallen gelassen, egal, was die Taube tat. Und nun passierte etwas Merkwürdiges: Die Tauben suchten weiter nach Verbindungen zu ihrem Verhalten – und fanden sie auch. Wenn das Futterkorn in dem Moment kam, in dem eine Taube gerade eine Drehung vollführt hatte, dann drehte sie sich auch bei der nächsten Runde. Stand eine hingegen gerade auf einem Bein, dann hob sie auch für die nächste Runde erwartungsvoll ein Bein. Zu jeder Anordnung zeigte die jeweilige Taube eindrückliche abergläubische Verhaltensweisen. Manche führten regelrechte Tänze auf – sie drehten sich, liefen Kreise und wechselten dann die Richtung, streckten den Kopf erst schnell, dann langsam ...*

Flugängstliche, Tauben, Kinder und Fußballspieler haben also alle einen inneren Magier, der in bestimmten Situationen das Zepter übernimmt bzw. den Zauberstab schwingt. Intelligenz allein löst den magischen Modus nicht auf; vielmehr wird sie sogar dazu genutzt, besonders komplexe und kreative Regelhaftigkeiten zu erfinden. Und es müssen eben nicht immer Zusammenhänge sein, die mit unserem eigenen Verhalten einhergehen, wir können auch andere Zeichen lesen.

Zur Veranschaulichung das Beispiel »Gefahr witternde Kleinkinder«. Auf so eine Idee kommt niemand, der nichts auf dem Kasten hat. Um eine solche Schlussfolgerung zu ziehen, muss man schon auf ein bestimmtes Hintergrundwissen zugreifen können, und dieses Wissen kann für sich genommen sogar unstrittig wahr sein:
- Tier und Mensch haben die gleichen Wurzeln.
- Tiere haben Sinne, die Menschen nicht (mehr) haben, Zugvögel zum Beispiel den Magnetsinn, oder auch ein Frühwarnsystem bei Gefahren (Ziegen können Vulkanausbrüche vorhersagen).
- Babys können Dinge wahrnehmen, die Erwachsenen

---

* Einige dieser Tänze sind im Internet zu bestaunen. Am besten folgende Suchbegriffe eingeben: »Skinner – superstitious pigeons«.

entgehen (sie können zum Beispiel Laute von Fremdsprachen besser differenzieren); außerdem sind sie in der Lage, Schimpansengesichter zu unterscheiden – Erwachsene nicht (mehr).
- Abgesehen vom Schreien haben Babys weniger kommunikative Möglichkeiten, um ihr Überleben zu sichern.

Und Sie wissen ja, wie das intuitive Denksystem funktioniert: Es listet diese Inhalte nicht detailliert und schön der Reihe nach auf und analysiert im Einzelnen, welche Schlussfolgerungen und Fragen sich daraus ableiten lassen. Nein: Es greift parallel und blitzschnell auf sie zu und verknüpft sie fast gleichzeitig. Und das Ergebnis lautet dann eben: »Babys können eine drohende Gefahr im Flugzeug wittern!« Das ist natürlich schlicht falsch und lässt sich auch nicht aus diesen Fakten ableiten; es ist aber eine kognitive Leistung, die Wissen, Gedächtnis und Kreativität voraussetzt. (Womöglich sind von den in Exkurs 15 genannten Tauben diejenigen auch die schlauesten gewesen, die das komplizierteste Muster erfunden haben, weil sie sich sehr detailliert merken konnten, was sie vor der Futterkorngabe taten?)

Außerdem hilft uns Intelligenz, um ein abergläubisches Verhalten zu rationalisieren, sprich, vermeintlich gute Gründe dafür zu finden – ist der Aberglaube doch manchmal sogar zu unangenehm, um ihn vor uns selbst zuzugeben. (»Der Ring meiner Mutter passt einfach sehr gut zum Kleid!«)

In diesem Moment nutzen Angst und Magie die Vernunft absurderweise aus, sodass uns unser Verhalten weniger irrational vorkommt.

Als wäre es nicht schon kompliziert genug, zeigten frühere Studien zu allem Überfluss, dass Glücksbringer tatsächlich einen positiven Effekt zeigten. So schnitten Amateurgolfer, die laut Ansage des Versuchsleiters mit einem »Glücksball« spielten, besser ab als diejenigen mit einem regulären Ball.* Das lässt sich so erklären, dass die Motivation ansteigt und der Glaube an sich selbst zunimmt. Hat man einen Glücksbringer vergessen, kann der gegenteilige Effekt eintreten, weil man nervös wird und ständig an die Niederlage denkt. Da die meisten Leute, die Glücksbringer benutzen, natürlich auch daran glauben, machen sie folglich positive Erfahrungen damit: eine sich selbst erfüllende Prophezeiung. Und wenn es doch einmal danebengeht, vergisst man das schnell oder sagt sich achselzuckend: Ist ja auch nur ein Glücksbringer, keine Garantie.

Dient der magische Ansatz von Sportlern, Prüfungskandidaten oder Schauspielern der Hinwendung zu etwas Positivem, so die angstbetriebene Magie eher zur Abwendung von etwas Fürchterlichem. Das grundsätzliche Problem ist natürlich, dass schlicht und einfach keinerlei objektive Möglichkeit existiert, den realen Einfluss Unheil verhindernder Rituale zu prüfen. Was wäre gewesen, wenn ich den schützenden Ring nicht getragen hätte? Wenn ich nicht um 07:05 Uhr aufgestanden wäre? Solange man nicht die Probe aufs Exempel macht, wird man es nicht herausfinden.

Aber angenommen, ich hätte den Ring verloren und es wäre dennoch nichts passiert? Dann hätte ich vielleicht einfach noch einmal Glück gehabt. Ein weiteres Problem bei der Unheilabwendungsmagie ist also, dass man im Nachhinein stets Alternativerklärungen finden kann. Und was, wenn der Ring gestohlen, vergessen oder verloren wird – was meine Angst erst recht antreibt? Diese Wahrscheinlichkeit ist viel größer, als das letzte Stündlein ausgerechnet im Flugzeug zu erleben.

Es sieht so aus, als müssten wir uns vom magischen Denken verabschieden, um garantiert ohne Angst fliegen zu können.

---

* Laut *Psychologie Heute* vom Dezember 2017 gelten derlei Befunde heute allerdings als fraglich.

Im Gegensatz zu etwa Tauben sind wir – glücklicherweise – in der Lage, unser eigenes magisches Denken zu beobachten und, wenn wir wollen, zu überwinden. Denn wir können unser Verhalten von einer höheren Ebene aus betrachten (der sogenannten Metaebene). Und das wäre der erste Schritt, sich aus der viel zitierten »selbstverschuldeten Unmündigkeit«* zu befreien: bewusst etwas anderes zu tun. (Diese Option fehlt den armen Täubchen. Andererseits haben die aber auch keine Flugangst.) Allerdings müssen wir das wollen. Und ganz ehrlich: Klingt nicht schon das Schlagwort »Vernunft« unendlich langweilig? Zumindest unendlich viel langweiliger als »magisches Denken«?

Eine Kollegin von mir war nach der Lektüre des Bandes *Handbuch zur Wunscherfüllung* der festen Überzeugung, Parkplätze beim Universum bestellen zu können: »Ich habe das mehrfach erprobt, das kann kein Zufall sein.« Natürlich klappe es nicht immer, aber eben fast immer.

Um zu prüfen, ob das stimmt, müsste man die Erfolgsquote der Parkplatzbestellung bestimmen. Man müsste in mehreren Durchgängen systematisch notieren, wie viel Zeit man braucht, um einen Parkplatz zu finden, und zwar einmal mit und einmal ohne Bestellung beim Universum, und dann die Zeiten vergleichen. Meine Kollegin starrte mich an. Wie langweilig! Wozu? Es funktioniere – »das merkt man doch«.

Nun ist meine Kollegin wie ich Diplom-Psychologin, und in ihrer Studienzeit war sie Tutorin für – ausgerechnet – Statistik. Sie hätte also alle Voraussetzungen, um sich von dieser Vorstellung zu verabschieden. Warum sie es nicht tut? Vermutlich, weil sie daran gar kein Interesse hat. Es ist schlicht und einfach zu befriedigend, Parkplätze

---

* »Aufklärung ist der Ausgang des Menschen aus seiner selbstverschuldeten Unmündigkeit.« Immanuel Kant, 1784.

bestellen zu können. Im Belohnungszentrum des Gehirns wird jeder Parkplatz als Erfolgserlebnis interpretiert und mit einem kleinen Dopamin-Feuerwerk gefeiert. Und Dopamin ist, vereinfacht gesagt, ein Glückshormon. Wer verzichtet schon gern auf Glücksgefühle, auch wenn sie noch so alltäglich und klein sind?

Und welche Geschichte klingt wohl besser? »In den widrigsten Situationen habe ich schon einen Parkplatz gefunden – weil ich es mir ganz stark gewünscht habe!« Oder: »In den widrigsten Situationen habe ich schon einen Parkplatz gefunden – zufällig.«

Besagtes Handbuch über das Universum als Gratis-Glückssupermarkt hat auch eine Frau erwähnt, mit der ich einmal per Mitfahrgelegenheit von Frankfurt nach Osnabrück reiste. Sie wiederum hatte sich aber nicht lange mit Parkplätzen aufgehalten, sondern gleich den Mann fürs Leben bestellt. Und selbstverständlich nicht irgendeinen, sondern – wennschon, dennschon – einen »starken Helden«. Und den hatte sie gerade in Frankfurt besucht, denn, wie sie mir begeistert erzählte, war er ihr prompt geliefert worden (»... und jetzt pass auf: eins neunzig groß«). Nach einer schwierigen Lebensphase hatte sie den Mut gefasst, eine neue Partnerschaft zu suchen. Sie las das erwähnte Buch, bestellte den starken Helden und fuhr kurz darauf in eine sechswöchige Kur. Und nun raten Sie mal ... Zugegeben: Die Geschichte »Eins-neunzig-Held expressgeliefert« klingt einfach spektakulärer als »Kurschatten gefunden«.

Man muss sich derlei tolle Geschichten natürlich nicht nehmen lassen. Es würde völlig reichen, bewusst zu entscheiden, wann magische Geschichten angemessen sind – und wann wir sie überhaupt nicht gebrauchen können, weil sie zu Horrorstorys werden.

Um auf magisches Denken wirklich verzichten zu wollen, ist es immens wichtig, den Wunsch nach Kontrolle und Vorhersehbarkeit ernst zu nehmen. Denn das ist der eigentliche Grund für den ganzen Hokuspokus. Zwar liegt sehr vieles natürlich außerhalb unserer

Kontrolle – es ist aber sehr hilfreich, das als Tatsache des Lebens hinzunehmen. Einiges jedoch können wir durchaus vorhersehen und erklären. Und dafür müssen wir nicht einmal auf Geschichten verzichten, sondern nur das Genre wechseln.

Ein sehr gutes Verfahren für sachliche Vorhersagen besteht darin, sich die typischen Abläufe, Geräusche und Bewegungen im Flugzeug einzuprägen – ganz so, als bereite man sich auf einen kleinen Dokumentarfilm vor. Beim nächsten Flug kann man dann den größten Teil jener Abläufe, Geräusche und Bewegungen vorhersehen und erklären (siehe Kapitel zur Flugsimulation) – und damit ein kleines Dopamin-Feuerwerk auslösen, ähnlich befriedigend wie prompte Parkplatzlieferung. Anstatt ohnmächtige Gedanken hegen zu müssen wie »Oh Gott, was war das für ein Geräusch!« oder »Warum geht es denn jetzt abwärts?«, wissen wir dann nämlich: »Ah, jetzt wird der Schub verringert.« Oder: »Aha, jetzt hat der Stromkreislauf gewechselt.«

Eine ähnliche Vorgehensweise ist, sich auf die eigenen körperlichen Veränderungen und Reaktionen einzustellen, die Sie vielleicht an Bord eines Flugzeugs erwarten, und ihre wahre Bedeutung zu kennen (vgl. dazu ausführlich Kapitel »9. Irrweg medizinisches Halbwissen – Ausweg psychologisches Faktenwissen« sowie außerdem Tipp unten).

> Es ist sehr hilfreich, sich einen langweiligen Dokumentarfilm über die Vorgänge an Bord eines Flugzeuges vorzustellen – und nicht einen Horrorfilm.

5. Irrweg Egozentrik – Ausweg realistische Perspektive

Nicht wenige Zeitgenossen halten sich für außergewöhnlich. Am plakativsten begegnet einem diese Haltung im Showbusiness; schon aus existenziellen Gründen ist sie dort integraler Bestandteil vieler Persönlichkeiten. Oft wird sie sogar ebenso freimütig wie offensiv, manchmal auch in entwaffnender Naivität zur Schau getragen. Wem fallen dazu nicht auf Anhieb etliche Figuren des öffentlichen Lebens ein?

Vermutlich noch häufiger gibt es Menschen, die mit einem solchen Selbstbild zwar nicht unbedingt hausieren gehen, es jedoch insgeheim teilen: »Man muss doch etwas Besonderes sein.« Wie schon im Vorwort gestanden: Ungefähr so lautete wohl auch mein Credo. Das Credo, mit dem ich aufwuchs. Nicht nur ich. Einige Sozialwissenschaftler sind der Ansicht, es sei das in unseren Breiten, in unserer Zeit geradezu grassierende Credo. Belegt ist sogar der »Above-Average-Effekt«: Demzufolge halten sich Menschen sehr oft für überdurchschnittlich in allem Möglichen. Im Kontext unseres Themas handelt es sich um einen – selbstverständlich ganz besonderen – Irrweg, der einige von uns in sorgfältig verborgene Ecken unserer Seele führt.

Offenbar sind viele Menschen hin- und hergerissen zwischen dem Wunsch nach Zugehörigkeit zu anderen und dem Wunsch, eben nicht wie alle anderen zu sein. Die Frage, ob ich tatsächlich nicht nur nicht durchschnittlich, sondern irgendwie besonders bin, würde Hedwig natürlich entschieden beantworten: Welche durchschnittliche Person verfügt schon über eine Leibwächterin? Wenn Hedwig nicht davon überzeugt wäre, dass der Schutz meines Lebens oberste Priorität hat, wenn ich also keine Angst hätte, würde ich an dieser Gleichgültigkeit mir selbst gegenüber relativ schnell sterben.

Eins steht fest: In gewisser Hinsicht bin ich ja tatsächlich etwas ganz Besonderes. Denn in dieser bestimmten Gesamtkomposition von Erfahrungen, Gedanken, Körperzellen bin ich einmalig. Das würden Kirchenväter ebenso wie Biologinnen bestätigen. Wenn jedoch jeder Einzelne etwas Besonderes ist, verliert die Besonderheit natürlich ihren narzisstischen Witz, der ja darin besteht, dass ich mich von der Masse abhebe – eben quasi etwas besonders Besonderes bin unter all den anderen Besonderheiten.

Derart höchstpersönlich empfundene Exklusivität hat zur Folge, dass sich die Betroffenen von Durchschnittszahlen oft nicht besonders angesprochen fühlen – oder nur dann, wenn es ihnen in den Kram passt, ganz entsprechend den trügerischen Faustregeln. Wenn ich also etwa gerne rauche, ist es beruhigend, nicht zum Durchschnitt zu gehören – denn dann betreffen beunruhigende Durchschnittsrisiken (wie zum Beispiel kürzere Lebenserwartung) mich nicht. Wenn ich dagegen etwas sehr ungern mache und daher als riskant einschätze, ist meine Besonderheit sehr beunruhigend, denn: »Mich wird es treffen – bei mir ist ja immer alles anders!« (Sie erinnern sich: Der durchschnittliche Mallorca-Urlauber kommt sein Leben lang sicher auf der Insel an? Schön für ihn. Aber was hat das mit mir zu tun?)

Die allgemeine Entstehungsgeschichte der überzogenen, mitunter gar überspannten Vorstellung von der eigenen Besonderheit ist psychologisch sehr interessant. Allerdings entwickelt man womöglich gar kein gesteigertes Interesse daran, sie einer näheren Betrachtung zu unterziehen. Wer sieht sich schon gern in der Rolle des selbstverliebten Egozentrikers? Also besser unter den Teppich kehren, ins nicht weiter reflektierte Unbewusste.

Nun ist kaum jemand ein lupenreiner egozentrischer Narziss und sonst gar nichts. Allerdings denken viele Menschen in bestimmten Situationen wie ein solcher – vor allem unter Einfluss von Angst.

Dann befällt sie kurzzeitig der Besonderheitswahn. Ein perfider Trick Hedwigs, die einen plötzlich behandelt wie eine Very Important Person und panisch ihre Botschaft funkt: »Mit dir an Bord sind diese Passagiere kein Durchschnitt mehr.«

Und diese größenwahnsinnige »sehr wichtige Person« versteht sich mit ihrer ängstlichen Leibwächterin blendend, auch und gerade, wenn die einen Zauberhut aufhat. So hat sie sich schließlich als ungewöhnlich begabt erwiesen, die tollsten tragischen Geschichten zu ersinnen – und raten Sie mal, mit wem in der Hauptrolle. »Gerade weil ich an Bord bin, die ja immer ganz besonders starke Flugangst hatte und sich nun endlich überwindet, wird dieses Flugzeug unser aller Sarg werden – ich hätte es besser wissen und die Zeichen erkennen müssen. Weil ich an Bord bin, ist dieses Flugzeug einem außergewöhnlichen, unheilvollen Schicksal geweiht.« Unlogisch, aber was für ein melodramatischer Stoff! (Siehe hierzu Exkurs 16, die magisch-tragischen Legenden im Musik- und Showbusiness – falls Sie schon bereit sind für solche Geschichten. Falls nicht, bitte vorerst überspringen.)

EXKURS 16
Absturzgefahr bei prominenten Persönlichkeiten

John Denver habe ich bereits erwähnt; er verdiente viel Geld, schied dann aber aus dem Leben – beides durch *Leaving on a Jet Plane*. Auch die Popsängerin Melanie Thornton stürzte mit einem Flugzeug ab, und zwar bei der Promo-Tour für ihr jüngstes Album *Ready to Fly*. Außerdem hatte sie kurz zuvor in einem Interview noch sinngemäß geäußert: »Das Morgen ist nie sicher. Deswegen müssen wir das Leben genießen.« Auch dass Antoine de Saint-Exupéry mit seinem Flugzeug in der Wüste verschollen blieb, unterstreicht den offensichtlichen Bezug zu seiner Figur des kleinen Prinzen. Ganz zu schweigen von Aaliyah. Eines ihrer Erfolgsalben heißt passenderweise *One in a million*. Schon anno 1959 war dem weltberühmten Rock 'n' Roller Buddy Holly samt zwei Kollegen auf dem Weg zu einem Auftritt ein gechartertes Kleinflugzeug zum Verhängnis geworden. Einige Tour-Mitglieder sollten mit dem Bus nachkommen, der sich nicht beheizen ließ. Überliefert ist, dass der Musiker Waylon Jennings einem der beiden Kollegen, weil der kränkelte, den Platz im Flugzeug überlassen und im Scherz zu Buddy Holly gesagt hatte: »Ich hoffe, euer Flugzeug stürzt ab!« Verständlicherweise plagten ihn jahrelang Gewissensbisse. Übrigens sind die meisten dieser Künstler nicht etwa mit großen Fluggesellschaften geflogen, sondern in kleinen Privatmaschinen. Das Jetset-Leben birgt eben auch gewisse Risiken.*

Dem amerikanischen Sänger R. Kelly waren die Schicksale der Kollegen womöglich bekannt. Jahrelang litt er unter Flugangst und bevorzugte für Reisen nach Europa das Schiff. Es ist wohl kein Zufall, dass einer seiner größten Hits *I believe I can fly* heißt. (Inzwischen kann er es übrigens tatsächlich.)

Gehen wir ihr also auf den Grund, der egozentrischen Idee unserer Besonderheit. Wie ist sie entstanden? Wie kann man wieder in den Durchschnitts-Modus zurückkehren? Und will man das überhaupt?

---

* Nach einer Untersuchung von Dianna Theadora Kenny, Professorin für Psychologie und Musik an der Universität Sydney, sterben die meisten Rock-, Punk- und Metal-Musiker durch (leider unspezifizierte) »Unfälle«. Zudem begeht man im Punk- und Metal-Milieu mit einer Wahrscheinlichkeit von 11 bis 19 Prozent Suizid (zum Vergleich: Gospelsänger 0,9 Prozent). Rapper und Hip-Hopper hingegen werden zur Hälfte ermordet. Am ältesten werden Bluesmusiker, sie erliegen (wohl deswegen) am häufigsten einem Herzinfarkt.

Natürliche Egozentrik

Ein bisschen Größenwahn ist eigentlich normal. Als Kleinkinder sind wir ganz selbstverständlich davon überzeugt, dass die von uns wahrgenommene Welt die Welt schlechthin ist. Zweijährige halten sich beim Versteckspielen die Augen zu, weil sie dann ja »nicht mehr zu sehen« sind. Es dauert ein paar Jahre, bis Kinder erkennen, dass die Welt unabhängig von der eigenen Wahrnehmung existiert. Und dass diese ureigene Wahrnehmung nicht etwa allgemeingültig ist, sondern dass andere Menschen andere Dinge gern tun, anderes Essen mögen oder andere Talente haben. Irgendwann weiß ich also zumindest, dass ich nicht die Welt bin, sondern dass ich nur meinen speziellen Ausschnitt der Welt sehe. Es ist eine echte Denkleistung und wohl auch etwas beängstigend zu erkennen, dass man nicht der Nabel der Welt ist. Fühlen können die meisten Menschen weiterhin nur ihre ganz persönliche und konkrete Wirklichkeit. (Auch wenn wir – die einen von uns mehr, die anderen weniger – mitfühlen, uns einfühlen oder etwas nachfühlen können: Aus unserer Haut können wir deswegen noch lange nicht.) Daher ist es logisch, dass Egozentrik ein Teil unseres Wesens bleibt, was man auch aus den ziemlich egozentrischen Wahrnehmungsschablonen der bereits geschilderten Faustregeln schließen kann. Jeder von uns hat also einen kleinen egozentrischen Anteil in sich.

Egozentrische Kultur?

In westlichen Ländern wachsen Menschen mit einem anderen Fokus auf (Ich als individuelles Wesen) als, beispielsweise, in Kamerun (Ich als Teil der Gemeinschaft). Die jeweilige Kultur prägt die jeweilige Erziehung schon früh. Zum Beispiel durch die Art, wie Babys getragen werden: bei uns oft nah an Brust oder Bauch, angeschmiegt an die Bezugsperson, damit diese den Blickkontakt zum Baby leicht aufnehmen kann; so wird exklusive Aufmerksamkeit mit Fokus auf das Individuum garantiert. In anderen Ländern, wie eben beispielsweise Kamerun, werden die Babys – teils auch einfach aus praktischen Gründen – auf dem Rücken der Bezugsperson oder mit dem Rücken an deren Bauch getragen, sodass sie in die gleiche Richtung schauen wie der Elternteil, also mit Blick auf die Welt.

Auch die Schlafgewohnheiten prägen uns früh: Schläft oder schlief man zum Beispiel in einigen kamerunischen und indischen Dörfern im Kollektiv, also alle in einem Raum und eng beieinander, sollen bei uns heute schon Säuglinge in ihrem eigenen Zimmer schlafen (und nur im Notfall oder eine sehr begrenzte Zeit im Elternbett). Die Tatsache, dass man im Westen so früh lernt, relativ allein zu sein, passt sich den modernen Anforderungen unserer arbeitsteiligen Gesellschaft an, wo man insgesamt mehr Zeit alleine verbringt und mehr individuelle Entscheidungen trifft, als es noch vor wenigen Jahrzehnten der Fall war.

In typisch westlichen Kulturen werden wir also schon als Babys entsprechend trainiert, einen Dialog zwischen zwei Individuen für wichtiger zu halten als gemeinschaftliches Betrachten und Erleben der Welt. Es ist schwer zu sagen, ob es besser oder schlechter ist, den Schwerpunkt der Wahrnehmung aufs Kollektiv oder aufs Individuum zu legen. Je nach Kultur und je nach Situation bringt der jeweilige Fokus einmal mehr, einmal weniger hilfreiche Kompetenzen hervor; er kann aber auch Herausforderungen, Krisen und sogar Erscheinungsformen von psychischen Störungen nach sich ziehen, zum Beispiel Angststörungen (siehe Exkurs 17).

EXKURS 17
Soziale Angst in verschiedenen Kulturen

In welchem Maße Egozentrik das Denken prägt, hängt also u. a. stark von der Kultur ab. In unserer wachsen wir mit dem Fokus auf uns als Individuen auf: Wir streben danach, uns selbst zu verwirklichen, authentisch zu sein, unsere ganz persönlichen Ziele zu erreichen und uns positiv abzuheben – und auf diese Weise maximale Aufmerksamkeit für unser Tun zu erzielen. Alles von Vorteil, um andere Individuen zu beeindrucken, uns um Leistungsprämien zu bewerben etc., aber auch ganz allgemeinen Fortschritt zu ermöglichen.

Ziele wie beispielsweise den für die Gemeinschaft hilfreichsten Platz zu finden oder der Gemeinschaft zu dienen, dürfte vielen dagegen nicht so selbstverständlich vorkommen – es sei denn, sie kommen aus einer eher kollektivistischen Kultur, wie sie in asiatischen Ländern vorherrscht. Dort spielt die individuelle Selbstverwirklichung eine sekundäre Rolle.

Entsprechend prägen sich in anderen Regionen der Welt auch Angststörungen teils erheblich abweichend aus. Analog zu der hiesigen »Sozialen Phobie« gibt es etwa in Japan und Korea »Taijin Kyōfushō«. Beide Krankheitsbilder zeichnen sich durch starke Ängste im Umgang mit anderen Menschen aus. Jedoch mit einem entscheidenden Unterschied: Hiesige Sozialphobiker fürchten, in peinliche Situationen zu geraten und vor anderen Menschen schlecht dazustehen, also gekränkt, verlacht oder gar verachtet zu werden. Sie leiden unter dem sogenannten Spotlight-Effekt: Wo sie auch gehen und stehen, haben sie das Gefühl, es sei eine Bühne im Scheinwerferlicht, und jeder ihrer Schritte werde von einem überaus kritischen Publikum bewertet. Patienten mit der Diagnose

»Taijin Kyōfushō« haben dagegen Angst vor peinlichen Situationen, in denen sie andere Menschen durch ihr eigenes Verhalten kränken, ihnen Schamgefühle bereiten und sie in Verlegenheit bringen könnten.

Im ersten Fall ist der Selbstwert des Individuums bedroht, weil man selbst etwas Peinliches tut und sich lächerlich macht; im zweiten Fall, weil man andere Menschen peinlich berührt und zur Fremdscham veranlasst.

Besondere Egozentrik durch Erziehung?

Die jüngste Forschung deutet darauf hin, dass unsere individualistische Kultur narzisstische Tendenzen fördert. Verwunderlich ist das nicht, denkt man zum Beispiel an die viel diskutierten Helikopter-Eltern. Permanent schwirren sie um ihre Kinder herum, sodass die letztlich gar nicht anders können, als sich für sehr wichtige Personen zu halten. Was leider zur Folge hat, dass sie anderen gegenüber weniger sozial eingestellt sind.

Derartige Tendenzen, so stellt der deutsche Psychiater, Hochschullehrer und Buchautor Manfred Spitzer fest, könne man seit den Babyboomern der 1960er-Jahre beobachten. In seinem Artikel »Narzissmus rauf, Empathie runter. Singularisierung in der Nervenheilkunde« nennt er beispielhaft eine bestimmte Fernsehsendung (*Mister Roger's Neighborhood*), mit der die Amerikaner in jener Zeit aufgewachsen sind. Ein Pfarrer beendete jede Folge mit den Worten: »Du machst aus jedem Tag einen besonderen Tag. Es gibt nur einen einzigen Menschen auf der Welt, der wie du ist, und das bist du. Und die Leute mögen dich genau deswegen, weil du so bist, wie du bist.« Klingt ja eigentlich ganz ermutigend, und nichts anderes war ursprünglich wohl auch beabsichtigt. Allerdings beklagt Spitzer, das auf diese Weise gehätschelte Ich habe im Vergleich zum Wir inzwischen übermäßig an Bedeutung gewonnen. Diese These belegt er anhand von Studien, in denen die Häufigkeit gemeinschaftlicher Wörter mit der Häufigkeit individualistischer Wörter in Büchern im Zeitraum von 1960 bis 2008 verglichen wurde. Die Zunahme individualistischer Wörter ist evident. Wurde das Wort »wir« 2008 um 10 Prozent weniger verwendet als noch im Jahr 1960, so das Wort »ich« um 42 Prozent häufiger.

Aufgrund der immer kleinteiliger ausdifferenzierten Gesellschaft mag es insgesamt notwendiger für den Lebensalltag geworden sein, das Ich aufzuwerten. Konzentrieren wir uns aber allzu stark auf die eigene Individualität und vernachlässigen gleichzeitig soziale Eingebundenheit und das Interesse an anderen Menschen allgemein, scheint uns das nicht gut zu bekommen. Schon Alfred Adler (1870–1937), der Begründer der Individualpsychologie, erkannte seinerzeit dieses Risiko und einen Hauptgrund jeder Neurose in einem gestörten Gemeinschaftsgefühl. Kurzgefasst lautet seine Theorie wie folgt: Bereits der Säugling empfindet ein Grundgefühl von existenzieller Angst, von Hilflosig- und Minderwertigkeit (»Ich kann alleine nichts; alleine würde ich sogar sterben«). Diese ungute Ahnung wird einerseits abgemildert durch intensive soziale Zuwendung (»Zum Glück bin ich nicht allein, sondern Teil einer Gemeinschaft«) und löst andererseits ein Bestreben aus, zu wachsen, größer, besser und weniger hilflos zu werden (»Ich will auch groß und kompetent werden«). Für Adler war es ein Zeichen von Gesundheit, wenn das Streben nach Wachstum auch die Bedürfnisse anderer berücksichtigt; wenn Menschen also Glück und Sinn in der Gemeinschaft finden und sich ihrerseits dort als nützliches Mitglied einbringen wollen. Wenn sie hin und wieder Unsicherheit, Schwäche oder Minderwertigkeit empfinden, so Adlers Annahme, könnten derlei leidvolle Gefühle durch die Teilhabe an der Gemeinschaft kompensiert werden.

Das individuelle Gefühl von Sicherheit funktioniert in diesem Konzept also wie eine Waage, auf der »Ich« und »Wir« gleich schwere

Gewichte sind; in diesem Fall fühlt sich ein Individuum buchstäblich ausgeglichen. Ist das »Wir« innerlich jedoch unterrepräsentiert, wiegt das »Ich« logischerweise zu schwer. Das Individuum fühlt sich im Durchschnitt der Bevölkerung nicht aufgehoben. Um sich vermeintlich besser zu fühlen, setzt es paradoxerweise in erhöhtem Maße auf das Streben nach Selbstvergrößerung und Besonderheit – mit manchmal extremen Auswüchsen (siehe Exkurs 18).

EXKURS 18
Extremer Narzissmus

Traurige, aber nicht von der Hand zu weisende Binsenweisheit (Stichwort Ellbogengesellschaft): In vielen Bereichen unserer westlichen Gesellschaften werden narzisstische Durchsetzungskraft und egoistische Rücksichtslosigkeit hoch belohnt. Narzisstische Züge können auch einschlägige Akteure in Wirtschaft und Politik rasch voranbringen. Und alles, was auf diesem Weg stört, wird als Fake News diskreditiert. In psychologischen Fachkreisen wird deshalb darüber debattiert, inwieweit die Diagnose »narzisstische Persönlichkeitsstörung« für eine Persönlichkeit, die sich durch extreme Egozentrik und geringe Empathie auszeichnet, überhaupt länger als Störung betrachtet werden soll. Schließlich fühlen sich nicht alle narzisstischen Persönlichkeiten durch ihre narzisstischen Züge beeinträchtigt. Vielmehr helfen sie ihnen teilweise sogar, erfolgreich, reich und mächtig zu werden – und das auch zu genießen. Wie hoffnungslos altmodisch erscheint da Adlers Vorstellung, Gemeinschaftsgefühl, Sinnerleben oder einen Beitrag zur Wohlfahrt als erstrebenswerte Ziele für Individuum und Gesellschaft zu benennen.

Zurück zum Zusammenhang von Narzissmus und Flugangst. Die erste unangenehme Eigenschaft der inneren Narzisse haben wir bereits am Anfang dieses Buches kennengelernt: Mit der vollen Wucht der außergewöhnlichen individuellen Wichtigkeit werden beruhigende Durchschnittszahlen über Flugsicherheit für irrelevant erklärt. Eine weitere negative Eigenschaft zeichnet sich dadurch aus, dass sie ihren Wirt (uns) nur lobt, wenn er etwas Großartiges geleistet hat – ihn jedoch beleidigt und entwertet, wenn nicht. Sitzen wir also wider alle Ängste doch in einem Flugzeug und bekommen wider alle Hoffnung doch wieder Angst, beschimpft sie uns womöglich verächtlich und mit Todesmiene: »Hab ich's dir nicht gesagt? Selbst schuld, Versagerin! Dann hast du's auch nicht anders verdient, als zu sterben.«

Wer jedoch die unterschiedlichen Aspekte des Narzissmus kennengelernt hat, ist in der Lage, etwaige eigene Anteile als Ansporn zu nutzen. Ich kann darüber nachdenken, wo und wie für meine innere Ausgeglichenheit mehr »Wir« gut sein könnte: mehr Kommunikation, mehr Gemeinschaft, mehr geteilte Werte – denn gerade dann ist es offenbar viel leichter, auf glückliche Weise nach Höherem zu streben.

> Ich bin etwas ganz Besonderes – wie jeder andere auch.

6. Irrweg Stereotype – Ausweg Neugier

Stellen Sie sich vor, Sie steigen ins Flugzeug, erwidern den freundlichen Willkommensgruß des Flugbegleiters, werfen – bevor Sie sich in die Kabine begeben – einen Seitenblick ins Cockpit und entdecken dort eine Flugkapitänin und ihre Co-Pilotin.

Wie würden Sie sich fühlen? Lautet Ihre Antwort: »Ja, wie schon! Schrecklich würde ich mich fühlen, wie immer in einem Flugzeug!«? Zwei meiner Interviewpartnerinnen reagierten in der Situation anders. Petra dachte: »Auch das noch!« Dörte hingegen: »Immerhin.«

Außer Flugangst haben Dörte und Petra etwas, was der größte Teil der Menschen hat: Vorurteile. In diesem Fall über die Geschlechterrollen.* Derlei Vorurteile können die Flugangst noch verstärken.

Wie bereits ausführlich beschrieben, beurteilen Menschen andere Menschen und Situationen oft intuitiv, das heißt weit vor einer gründlichen und umfassenden Untersuchung und Abwägung – deswegen heißt es eben Vor-Urteil. Vorurteile beschleunigen unsere Wahrnehmung; sie wirken wie die schon mehrfach angesprochenen Wahrnehmungsschablonen der Faustregeln, die wir je nach Umwelt anlegen. Manchmal werden sie uns als solche bewusst, manchmal aber auch nicht, und oft tauchen sie ganz unvermittelt aus dem Unterbewussten auf – meistens, sobald wir Unbehagen empfinden oder regelrecht Angst haben. Denn bei Angst neigen wir noch eher als sonst dazu, derartige zeitsparende Denkschablonen anzuwenden – um möglichst schnell flüchten (oder draufhauen, »fight-or-flight«) zu können. Und so fallen wir gelegentlich unversehens in die Vorstellung einer guten alten Zeit zurück, für deren Überwindung wir womöglich sogar gekämpft haben. Da ist man zum Beispiel Feministin – und will aus dem Flugzeug aussteigen, weil der Pilot Tina Stern** heißt!

---

* In dem ohnehin sehr hörenswerten Podcast »Cockpitbuddy« wird dieses Vorurteil scherzhaft aufgegriffen (und mit gebührender Ironie, versteht sich): »Wenn Gott gewollt hätte, dass Frauen fliegen, wäre der Himmel rosa.«
** Wie in dem leidlich selbstironischen Lied *Gleichberechtigung* von Ina Müller. Die Entertainerin bekräftigte in einem *Brigitte*-Interview, dass sie Gleichberechtigung im Job ganz wichtig finde, bekannte jedoch gleichzeitig: »Ich bin unruhig, wenn mich eine Tina operiert oder eine Nicole nach Hamburg fliegt.«

Nicht selten sind einem derartige Regungen so peinlich, dass man sie lieber vor sich selbst verheimlicht und spätestens dann geflissentlich vergisst, sobald der vermeintliche Unsicherheitsfaktor (zum Beispiel: Pilotin) überstanden ist.

Dabei ist es sehr interessant herauszufinden, welchen Vorurteilen wir warum erliegen; unsere eigene Flugangst kann hier ausnahmsweise unseren Horizont erweitern. Denn dass wir vor allem sehen, was wir erwarten, heißt nichts anderes, als dass uns vieles entgeht, was wir nicht erwarten. Um uns auf eine fruchtbare, heilsame Neugier zur Bekämpfung der eigenen Vorurteile vorzubereiten, brauchen wir erst einmal nicht viel mehr zu tun, als sorgfältig unsere Gedanken zu beobachten. Im Anschluss verstehen wir besser, wo sie herkommen.

Warum Männer besser einparken können – Pilotinnen aber noch besser

Manchmal liegen wir mit unseren Vorstellungen daneben, sind schlecht oder gar falsch informiert. Dann sollten wir uns einfach bessere Kenntnisse aneignen. Etwas komplizierter ist es – wie die Beispiele von Dörte und Petra zeigen –, wenn wir darüber hinaus Trugschlüsse aus Teilwahrheiten ziehen.

Zur Begründung ihrer Pilotinnenpräferenz gab Dörte soziologische Fakten an: dass Frauen im Vergleich zu Männern nicht so viel Alkohol trinken, nicht so risikobereit, weniger von Suizid betroffen und insgesamt gesünder sind. Erfreulich gering sei also die Wahrscheinlichkeit, dass die beiden Pilotinnen in den Freitod flögen, einen plötzlichen Herztod stürben, Alkoholikerinnen oder auch nur verkatert wären.

Petra brauchte für die Begründung länger. Nach und nach fiel ihr ein, dass Frauen weniger in technischen Berufen zu Hause seien und in Tests beim räumlichen Denken schlechter abschnitten. Und gab es da nicht diese Studie, die besagt, dass Frauen tatsächlich etwas schlechter einparken können?

Petras Skepsis ihrem eigenen Geschlecht gegenüber, bezogen auf den Beruf Pilotin, ist offenbar der Normalfall. Laut einer Befragung des britischen Reiseveranstalters Sunshine im Jahr 2013 gaben 51 Prozent der Fluggäste an, dass sie einem Flugkapitän mehr trauen als einer -kapitänin. 26 Prozent war es egal, und nur 14 Prozent hatten ein »positives Vorurteil«: Genau wie Dörte fanden sie Pilotinnen vertrauenerweckender als Piloten. (Die restlichen 9 Prozent waren unentschieden.) Die beiden häufigsten Begründungen für das Misstrauen gegenüber Frauen im Cockpit lassen sich wie folgt zusammenfassen: »Männer haben bessere Fähigkeiten in technischen Berufen« und »Frauen können nicht so gut mit Druck umgehen«. Argumente, die vermeintlich auf Tatsachen basieren.

Ketzerisch gefragt: Wirklich nur vermeintlich? Political Correctness hin oder her – ist vielleicht an dem ein oder anderen Argument etwas dran?

Nehmen wir als Beispiel das räumliche Denken. In der Tat ein wichtiges Eignungskriterium für Piloten. Es markiert »die Fähigkeit, Gegenstände, Gebilde und Strukturen in ihrer räumlichen Anordnung wahrzunehmen und gedankliche Änderungen – Bewegungen, Verschiebungen und Rotationen – an ihnen vorzunehmen«. Diese Fertigkeit hilft folglich beim Einparken und beim Fliegen, das lässt sich nicht bestreiten.

Ferner stimmt, dass in nicht wenigen Studien Frauen bei einigen Tests zum räumlichen Denken schlechter abgeschnitten haben. Und auch das Einparkproblem wurde wissenschaftlich untersucht. Ergebnis: Fahranfängerinnen brauchen 35 Prozent länger, um 3 Prozent schlechter einzuparken (siehe Exkurs 19).

Andererseits sind auch Dörtes Begründungen samt und sonders

zutreffend: Männer haben höhere Selbstmordraten, leben risikofreudiger und alkoholaffiner, also insgesamt ungesünder als Frauen.

All das sind Fakten; bezogen auf unsere Fragestellung allerdings bloß Teilwahrheiten. Und deswegen ist die jeweilige Schlussfolgerung, dass eines der beiden Geschlechter besser für die Fliegerei geeignet ist, bei Petra genauso falsch wie bei Dörte. All die intuitiv und gleichzeitig herangezogenen Teilwahrheiten werden nämlich wieder einmal – ganz nach »Bauchgewohnheit« – ebenso vorschnell und assoziativ miteinander verknüpft. Entscheidende Informationen werden dabei missachtet, oder sie bleiben unbekannt. Daher ist hier dringend ein Logik-Check notwendig. Petras intuitive Logik funktionierte so: Räumliches Denken ist wichtig für die Fliegerei, Männer sind besser im räumlichen Denken, Piloten folglich besser als Pilotinnen.

Nun das große Aber: Abgesehen davon, dass es noch fraglich ist, ob Männer allein aufgrund ihres Y-Chromosoms im räumlichen Denken etwas besser sind – selbst wenn das im Schnitt zuträfe und Männer daher bei der Einstellung bevorzugt würden, würde man ja alle Frauen ausschließen, die im räumlichen Denken begabter sind als die durchschnittlichen Männer, und stattdessen die unbegabteren Männer vorziehen. Reine, schlagende Logik. Dennoch ist es noch nicht so furchtbar lange her, dass Unlogik suboptimale Praxis war: Bei der Lufthansa werden Pilotinnen erst seit 1986 beschäftigt.

Zum Glück wurde dann aber doch noch das viel schlauere Verfahren eingeführt, das erwünschte Kriterium (räumliches Denken) in Eignungstests direkt zu überprüfen. Bewirbt man sich also für den Beruf Verkehrsflugzeugführer/in (so die offizielle Bezeichnung), muss man Aufgaben wie etwa die folgende lösen:

Abb. 7 Test für räumliches Denken
(Welcher Würfel kann aus dieser Figur entstehen?)

Beim Nachweis entsprechend guter Fähigkeit sieht die Eignungslogik dann wie folgt aus: Räumliches Denken ist ein wichtiges Kriterium für die Fliegerei, das durch einen Eignungstest ermittelt werden kann. Ein hohes Maß an Eignung bedeutet, dass man es mit einer entsprechend begabten Person zu tun hat. Anstelle des Geschlechts ist künftig vernünftigerweise nichts als das relevante Eignungskriterium selbst die Entscheidungsgrundlage. Im räumlichen Denken unbegabte Frauen disqualifizieren sich ebenso wie unbegabte Männer.

Um die am besten geeigneten Bewerber zu finden, werden in entsprechenden Testverfahren natürlich noch viele andere Eignungskriterien überprüft – logisches Denken zum Beispiel, Rechenfertigkeit, Merk-, Konzentrations- und Wahrnehmungsfähigkeit, psychomotorische Koordination, Persönlichkeitsfaktoren (zum Beispiel Verantwortungsbewusstsein, Entscheidungsfähigkeit, emotionale Belastbarkeit etc.). Längst gilt also wirklich und wahrhaftig folgende, diesmal hieb- und stichfeste Faustregel: Wenn jemand Flugzeugführer ist, wurde seine professionelle Eignung durch alle möglichen bestandenen Tests nachgewiesen. Die Geschlechtszugehörigkeit ist und bleibt dabei völlig irrelevant.

Genauso einfach lässt sich auch Dörtes Geschlechterlogik – Piloten brauchen Verantwortungsbewusstsein, Frauen sind im Durchschnitt verantwortungsbewusster, also sind Pilotinnen besser als Piloten – ad absurdum führen. Ob Flugkapitäne oder -kapitäninnen: Nichts anderes als ihre bestmögliche Eignung wurde überprüft. Und dem Test ist es egal, warum sie gut sind in den einzelnen Kriterien (Gene? Sozialisation?) – Hauptsache, sie sind gut darin. (Wer trotzdem neugierig ist, ob und, wenn ja, warum Männer und Frauen sich bei Intelligenztests, in der Raumvorstellung oder beim Einparken unterscheiden, dem sei Exkurs 19 empfohlen.)

EXKURS 19
Biologisch bedingte Intelligenzunterschiede?

Der Psychologe Alfred Binet (1857–1911), Urvater der auch hierzulande gängigen Intelligenztests, stellte bei seinen ersten Untersuchungen zu Beginn des 20. Jahrhunderts fest, dass Mädchen insgesamt ein bisschen besser abschnitten als Jungen. Also war er überzeugt, dass er irgendetwas falsch gemacht haben musste. Seinerzeit war einfach Konsens, Männer seien von Natur aus die besseren Denker. Kurzerhand wurden die fraglichen Aufgaben verändert bzw. entfernt, sodass die Unterschiede entweder verschwanden oder leicht zugunsten der Jungen ausfielen.

Die Unterschiede zwischen den Geschlechtern hinsichtlich gewisser Fertigkeiten werden immer wieder neu diskutiert und verändern sich zudem offensichtlich. Kurz gesagt: Es bestehen Unterschiede in einzelnen Bereichen. Männer sind durchschnittlich etwa im räumlichen Denken besser, Frauen haben bessere verbale Fähigkeiten. Wohlgemerkt: im Durchschnitt. Das heißt, es gibt trotzdem technisch extrem begabte Frauen und verbal extrem begabte Männer.

Die Frage, ob beim Einparken ebenfalls ein Unterschied zwischen den Geschlechtern besteht, ist wohl der Dauerbrenner schlechthin. Laut einer Untersuchung des britischen Parkplatzbetreibers National Car Parks, der 700 seiner Parkplätze einen Monat lang mit versteckten Kameras filmen ließ und dabei rund 2500 Autofahrer beim Einparken aufnahm, finden Frauen schneller eine Parklücke, weil sie bedächtiger fahren und dadurch weniger Lücken übersehen. Außerdem erkennen sie häufiger, dass in Kürze ein Platz frei wird. Dass Frauen bei der Wahrnehmungsgeschwindigkeit etwas besser abschneiden als Männer, bestätigt Onur Güntürkün, Professor für Biopsychologie. Er hat allerdings auch festgestellt, dass Frauen und Männer in einem anderen »parkplatzrelevanten« Test unterschiedlich gut abschneiden: Beim mentalen Rotationstest (ein Test, der einen Aspekt des räumlichen Denkens misst) sind Männer etwas besser.

Interessanterweise stellte sich jedoch heraus, dass fürs Parken nicht nur die mentale Rotationsfähigkeit, sondern auch das Selbstbild entscheidend war (beides vorab gemessen): Je mehr eine Frau glaubte, sie könne gut einparken, desto besser ihr Parkergebnis – schon bei Fahranfängerinnen. Außerdem wurde die Relevanz der mentalen Rotation bei zunehmender Fahr- und Parkpraxis geringer. Das heißt: Ob die Frauen in mentaler Rotation schlechter waren, war für das Parken nicht mehr entscheidend. Der Einfluss des Selbstbildes allerdings blieb stabil, denn die Frauen mit schlechterem Selbstbild parkten auch bei zunehmender Fahrpraxis mit höherer Wahrscheinlichkeit schlechter ein. So wird aus einem kleinen biologischen Unterschied mithilfe des inneren Stereotyps ein psychologischer.

Dass die innere Einstellung für die tatsächliche Intelligenzleistung relevant ist, beweisen viele Studien, die sich mit dem sogenannten Priming befassen: der Auswirkung, die bestimmte Begriffe oder Informationen auf unser Denken und Handeln haben. So offenbaren einige Studien, dass Frauen in Mathematiktests schlechter abschneiden, wenn bei ihnen Stereotype mental »angeknipst« werden: Trugen sie während der Rechenaufgaben einen Badeanzug, war die Leistung schlechter als in alltäglichem Outfit. Die Männer zeigten dagegen auch in der Badehose eine konstante Leistung.

Andererseits müssen Flugzeugführer nicht auf jedem Gebiet Genies sein. Dörte zum Beispiel ist einem Piloten begegnet, der ihr das Prinzip der sogenannten Redundanz erläuterte. Im Kontext der Fliegerei besagt der Begriff der Redundanz, dass jede einzelne technische Funktion im Flugzeug nicht nur von einem einzigen Gerät, sondern von mehreren Systemen übernommen werden kann. So wird der Ausfall eines Systems im Falle eines unwahrscheinlichen Falles mehrfach kompensiert.

Derlei Informationen – zumal von einem Piloten vorgetragen – dürften auf die meisten Menschen beruhigend wirken. Dörtes Pilot allerdings sagte statt Redundanz »Rendundanz«, und die eigentlichen Informationen kamen bei Dörte überhaupt nicht an, weil sich ihre Gedanken nur noch um die Fehlleistung des Sprechers drehten. Unverzüglich begann Hedwig, auf sie einzureden: »Wie kann das sein? Ein Pilot mit mangelnder Sprachbegabung? Ein berufliches Fachwort, das er nicht richtig aussprechen kann! Leidet dieser Mann, an dessen Intelligenz dein Leben hängt, womöglich insgesamt unter mangelnden geistigen Fähigkeiten?«

Dörte hatte unvermittelt Erfahrung mit einem weiteren speziellen Wahrnehmungsfehler gemacht, dem sogenannten Teufelshörner-

Effekt: Fällt einem etwas Negatives bei einer Person besonders stark auf, bestimmt es den Gesamteindruck. Fortan unterstellen wir ihr viele weitere Defizite. Das Pendant dazu ist der Heiligenschein-Effekt. Findet man ein bestimmtes Merkmal einer Person besonders toll, unterstellt man ihr noch viele weitere tolle Eigenschaften. Deswegen sind Führungskräfte zum Beispiel meistens überdurchschnittlich groß oder die Löhne besonders schöner Menschen höher als die der durchschnittlich hübschen. Dass Körpergröße und Schönheit etwas mit Kompetenz zu tun haben, ist zwar Unsinn (und das wissen die meisten von uns auch). Dennoch passiert es, dass wir von einem nicht ganz so attraktiven Piloten reflexartig enttäuscht sind. Vorurteile sind offenbar ähnlich »rendundant« in uns eingebaut wie Flugsicherungssysteme an Bord.

Are you a Madam, Sir?

Trotz Fakten- und Logikcheck, trotz innerer Überzeugung kann nämlich plötzlich – gerade im Moment der Angst – ein Vorurteil zurückkehren oder sogar erstmals auffallen. Und zwar aus dem einzigen Grund, dass ein gewisses mentales Ungleichgewicht herrscht: Das Bild eines Piloten ist für die meisten Menschen viel leichter und schneller abrufbar als das einer Pilotin – und erscheint allein dadurch weniger zweifelhaft, sondern vielmehr stimmig. Sie erinnern sich an die Faustregel: »Was ich nicht kenne, ist mir suspekt.«

Pilotinnen haben also diesbezüglich schlechte Karten – noch jedenfalls. 10 Prozent der Teilnehmer der bereits genannten Sunshine-Befragung haben das Problem offenbar geahnt, denn sie gaben als Grund für ihr geringeres Vertrauen in Frauen tatsächlich an, dass sie schlicht »noch nie eine Pilotin erlebt« haben. Bezeichnenderweise wird immer wieder davon berichtet, dass es einigen Fluglotsen in Ländern, in denen es keine oder kaum Pilotinnen gab, nach dem ersten Funkkontakt zunächst die Sprache verschlug. Dann fragten sie irritiert nach: »Are you a Madam, Sir?«

Bei einem blitzschnellen Vor-Urteil geht es ausschließlich um möglichst wenig Denkaufwand, wenn ein Beispiel abgerufen werden soll. Und darum, eine Situation mit einem vertrauten Gefühl zu assoziieren – egal, ob positiv oder negativ. Es ist folglich bedeutsam, wie hoch die Anzahl der Beispiele ist, die uns zu einem bestimmten Themengebiet einfallen.

Die Lösung liegt also nahe: Fluggäste müssen mit dem Anblick von Pilotinnen vertraut(er) werden. Allerdings wird uns das nicht gerade leicht gemacht, denn der Anteil von Pilotinnen liegt zum Beispiel bei der Lufthansa bei 6 Prozent – und davon sind mehr als zwei Drittel Co-Pilotinnen.

Wenn man nun im Internet nach Bildern von Flugkapitäninnen sucht, um einen ersten Schritt in Richtung Wahrnehmungsänderung zu unternehmen, findet man unter anderem Fotos von Damen in aufreizenden Karnevalskostümen. Auf seriösen Websites (zum Beispiel von Fluggesellschaften) sind hingegen auf manchen Pressebildern Pilotinnen zu sehen. Allerdings: Sind Mann und Frau gleichzeitig auf einem Bild, raten Sie mal, wer der Chef ist. (Zu erkennen an den Streifen – der Pilot trägt vier, der Co-Pilot drei.) Tatsächlich konnte ich kein vergleichbares Pressefoto mit umgekehrter Rollenverteilung finden. Andererseits ist das kein Wunder, denn wie die britische Befragung zeigt, wäre ein solches aus Marketingsicht taktisch unklug. Dazu passt, was Pilotinnen oft erleben, wenn sie gemeinsam mit einem Flugbegleiter die Gäste begrüßen. Wer wird wohl – Uniform hin oder her – eher nach dem richtigen Platz oder dem Bord-WC gefragt?*

---

* Und Kapitänin Ursula wird auf Partys zuallermeist auf Flugangst angesprochen, Kapitän Suk-Jae hingegen auf Technik. Mal sehen, wie lange noch. Denn wer hätte noch vor wenigen Jahren gedacht, dass ein deutscher Politiker Kevin heißen (wie Herr Kühnert, der Bundesvorsitzende der Jusos)

Wenn wir nicht aktiv gegensteuern, bleiben Bilder von Piloten also weiterhin viel leichter abrufbar und vertrauter – und damit subjektiv vertrauenswürdiger.

Das kommt mir arabisch vor!

Hatte ich während meiner Flugangst-Karriere zwar kein Mann-Frau-Vorurteil, so reagierte ich allerdings bei der Recherche für dieses Kapitel auf ein Bild, das drei Pilotinnen mit Kopftuch zeigte. Ich gestehe, mein erster Gedanke war so etwas wie: »Das gibt's doch gar nicht!«

Pilotinnen scheinen mir also keine »Bauch«-Schmerzen zu machen; sobald sie jedoch ein Kopftuch tragen und aus einem Sultanat (in diesem Fall Brunei) stammen, entsteht ein Gefühl von Unstimmigkeit. Sehr wahrscheinlich, dass ich, als ich noch unter Flugangst litt, nicht begeistert gewesen wäre, wenn diese Frauen mich ans Ziel hätten bringen sollen.

Und zwar aus den nun bekannten Gründen: Ich habe solche Pilotinnen noch nie gesehen – weder in der digitalen noch in der analogen Welt. Und zweitens verbindet meine Intuition ein Kopftuch fahrlässigerweise mit Unselbstständigkeit, mangelnder Bildung und womöglich noch schlimmeren Eigenschaften, die nicht in ein Cockpit passen. Oder gar: nicht in den Passagierraum gehören. Menschen muslimischen Glaubens und Erscheinungsbildes werden ja nicht nur von Julia (Flugangst-Typ D) immer wieder als vermeintliche Attentäter »entlarvt« – wovon etwa der Wirtschaftswissenschaftler Guido Menzio ein Lied singen kann. Im Frühjahr 2016 hatte der direkt nach

---

oder eine Frau mit Kopftuch deutsche Boxmeisterin im Federgewicht werden würde (wie die 20-jährige Zeina Nassar)?

dem Einsteigen Differenzialgleichungen gelöst.* Seine Sitznachbarin hielt die Formeln für einen Terrorcode. Deshalb erzwang sie unter dem Vorwand, sie fühle sich plötzlich zu krank zum Fliegen, eine Rückkehr der Maschine zum Terminal. Erst dort äußerte sie ihren Terrorverdacht, für den Äußerlichkeiten wie ein dunkler Lockenkopf und Teint in Kombination mit verdächtigen Zahlenspielereien vollkommen ausreichten. Der Flug verzögerte sich um zwei Stunden.

Dass die meisten Menschen das Fremde mindestens schwierig finden, ist sehr gut belegt. Gerade gegenüber fremden Kulturen reagieren sie unwillkürlich ablehnend, selbst wenn sie es eigentlich gar nicht wollen. Wie bereits mehrfach erwähnt, bevorzugen wir eben instinktiv, was wir kennen. Gespenstisch eindrucksvoll finde ich Studien, in denen heimliche, unbewusste Vorurteile mit dem Impliziten Assoziationstest gemessen werden. Probieren Sie ihn selbst aus, aber seien Sie freundlich vorgewarnt: Manche Ergebnisse sind nicht sehr überraschend, aber wahrlich erschütternd (vgl. S. 293f).

Die Belege für eine anthropologische Tendenz zur Xenophobie sind also nicht von der Hand zu weisen; diskutiert wird allerdings weiterhin, warum es diese Tendenz gibt. Einen meines Erachtens recht plausiblen Aspekt liefert die sogenannte Terror-Management-Theorie (TMT). Dieser sozialpsychologische Begriff ist für unseren Sprachgebrauch ein bisschen irreführend, weil das Wort Terror im Zusammenhang mit TMT nicht mit Terrorismus assoziiert ist (jedenfalls nicht unmittelbar). Vielmehr wird er im ursprünglichen Sinne verwendet: »terror« ist ein lateinisches Wort und bedeutet Angst bzw. Schreck(en). Und zwar hierbei nicht vor etwas Beliebigem, sondern vor dem eigenen Tod.** »Management« bedeutet in die-

---

* Nebenbei bemerkt ein eindrucksvolles Beispiel dafür, was man als Fluggast ohne Flugangst so alles zum Zeitvertreib tun kann.
** Das Bewusstwerden der eigenen Sterblichkeit ist ein Untersuchungsgegenstand der Sozialpsychologie; im Fachjargon Mortalitätssalienz.

sem Kontext nichts anderes als die Gesamtheit der diesbezüglichen typisch menschlichen Reaktionsmuster.

Sehnsucht nach Unendlichkeit

Laut der Terror-Management-Theorie ist die Angst vor dem Fremden eines der unbewussten Mittel, jene sehr existenzielle Angst vor dem eigenen Tod zu mindern. Denn ist es nicht ungeheuerlich, dass wir uns in dieser mitunter schönen, manchmal aber auch schrecklichen Welt zeitlebens mit allen möglichen scheinbar großen und wichtigen Dingen abmühen – und trotzdem irgendwann einfach weg sind oder zumindest ganz sicher nicht mehr das, was wir als unser jeweiliges Ich empfinden?

Besser aushaltbar (so die TMT) wird diese ständige Bedrohung durch den Tod, wenn wir an Wertesystemen teilhaben: an überdauernden Gemeinschaften, Erkenntnisprinzipien, Glaubenssätzen, Einstellungen – zum Beispiel in der Kunst, Musik, Religion, Politik und Wissenschaft oder im sozialen Alltag. Die meisten Menschen erleben sich als Teil eines Wertesystems (bzw. hegen einen tiefen Wunsch danach), welches ihre eigene Existenz überdauert, und werden dadurch im übertragenen Sinn ein wenig unsterblich. Die Teilhabe an etwas, das über uns hinausgeht, spendet uns Trost, da so auch ein Teil von uns am Leben bleibt.

Eigentlich eine schöne Idee – wäre da nicht die Kehrseite. Denn in anderen Wertesystemen herrschen andere Ideen, Überzeugungen und Glaubenssätze, an denen wir nicht teilhaben und die sogar teilweise im Gegensatz zu unserem Wertesystem stehen. Manches mag nicht schlimm sein: Die einen gehen zum Hurricane Festival, die anderen eben zum Schlagermove. Bei Themen hingegen, die über die reine Geschmacksfrage hinausgehen und Weltbilder betreffen, kann es schwieriger werden: Schwören die einen auf Schulmedizin, so die anderen auf Homöopathie. Die einen sind Atheisten, die anderen gehen zum Katholikentag, die nächsten in eine Moschee. Jeder von uns kennt erbitterte Diskussionen, sobald sich Wertesysteme gegenseitig auszuschließen scheinen.

Laut TMT liegt die Erklärung für derart extreme Emotionalität auf der Hand: Fremdartige Wertesysteme stellen unsere eigene Unsterblichkeit indirekt infrage. Und das dadurch aufkommende massive Unbehagen mindern wir durch Abwertung dessen, was der vermeintlichen ewigen Gültigkeit unseres Wertesystems entgegentritt. Wir neigen also vor allem dann zur Fremdenfeindlichkeit, wenn wir uns existenziell verunsichert fühlen. Nicht unbedingt bewusst, allemal aber intuitiv.*

Aufgrund dieser Hypothese ließe sich schlussfolgern, dass Menschen, die gerade intensiv über den Tod nachgedacht haben und sich innerlich in Alarmbereitschaft befanden, für Fremdenfeindlichkeit anfälliger sein müssten als Menschen, die sich mit einem neutraleren Thema befasst haben. Und genau das bestätigen wissenschaftliche Studien. Wer beispielsweise gerade einen Aufsatz über den Tod geschrieben hat, zeigt nachweislich höhere Fremdenfeindlichkeit als jemand, der einen Aufsatz über die Natur oder etwa einen Zahnarztbesuch verfasst hat (siehe Exkurs 20). Durch den gedanklichen »Todestrigger« wird unser Überlebenswille herausgefordert – und der bekämpft alles, was nicht zu unserer Auffassung von Unsterblichkeit passt.

---

* Ob damit allerdings extreme Ausprägungen in Form von aggressivem Rassismus, von Chauvinismus und Fremdenfeindlichkeit unterschiedlichster Provenienz hinreichend erklärt sind, sei dahingestellt. Das an dieser Stelle zu erörtern, ginge für unser Thema zu weit.

EXKURS 20
Morbide Einflüsse auf unser Verhalten

In diversen Studien wurde getestet, ob getriggerte Mortalitätssalienz beeinflusst, was Menschen bevorzugen oder ablehnen und wie sie sich verhalten. Eine Probandengruppe wurde durch Aufsätze, Wörter und Filme mit Bezug zum Tod getriggert, die andere mit neutralen Themen, zum Beispiel Natur. Die Befunde sind denkwürdig. Nachfolgend ein paar Beispiele:

Werden Menschen an ihre eigene Sterblichkeit erinnert,
- ist ihr Kinderwunsch höher (verminderte Vergänglichkeit durch weitergegebene Gene)*,
- werten sie andere Nationen eher ab und setzen sich in einem Wartezimmer weiter von einem Fremden weg (verminderte Vergänglichkeit durch Abgrenzung von einer fremden Weltsicht).

Im Übrigen kommt es darauf an, welche Einstellungen, Vorstellungen und Werte man vertritt. Werden Menschen an ihre eigene Sterblichkeit erinnert,
- kann sogar ihr Wunsch ansteigen, Kinder zu adoptieren – aber nur, wenn sie daran glauben, dass die Umwelt den Charakter eines Kindes mehr bestimmt als die Gene (verminderte Vergänglichkeit durch weitergegebene Werte),
- äußern Christen mehr Sympathie für andere Christen, aber zum Beispiel auch mehr antisemitische Einstellungen (verminderte Vergänglichkeit durch die vermeintlich richtige Religion),

---

* Die absichtlich plakativ formulierten Interpretationen in den Klammern stammen von mir.

- wählen gerade besorgte Gemüter zur Entspannung eher Musik aus als eine Fußmassage, denn physische Berührung erinnert sie erst recht an die Endlichkeit des Körpers (verminderte Vergänglichkeit durch geistige Genüsse).

Und jetzt noch eine Komplexitätsstufe höher. Die Sterblichkeitserinnerung verstärkt besonders Verhalten, das mit den individuellen Werten und dem Selbstwert einhergeht. Das wiederum kann recht ironische Folgen haben: Wessen Selbstwert stark mit dem Rauchen verknüpft ist (z. B. durch die Einstellung: Die meisten Raucher sind entspannte Menschen), auf den üben die Sterblichkeitshinweise auf den Zigarettenpackungen sogar die gegenteilige Wirkung aus. Und wer seinen Selbstwert durch rasantes Auto fahren steigert (sehr gute Autofahrer können ohne Reglementierung Autofahren), der legt nach dem Blick auf die Warnhinweise auf Autobahnen teils noch einen Zahn zu.

Die vermeintliche Paradoxie, dass parallel zur Erderhitzung z. B. der Verkauf von SUVs steigt, kann u. a. durch die TMT erklärt werden: Wenn Besitz und Konsum ein vertrauter Bestandteil meiner Kultur und meines individuellen Selbstwertes sind, Nachhaltigkeit und Solidarität dagegen unvertrauter und weniger wichtig, können Katastrophenszenarien umso mehr zur Abwehr dieser »fremden« Werte führen. Denn durch sie werden meine vertrauten Werte (und damit nicht nur mein bisheriges Leben, sondern vermeintlich auch mein »Überleben«) infrage gestellt. Ermutigend allerdings: In Studien, in denen zusätzlich zur Todesangst ein kontemplatives oder rational-analytisches Nachdenken angeregt oder der Nutzen bestimmter Werte verdeutlicht wurde, zeigten Menschen kaum noch diese Abwehrhaltung.

So betrachtet ist es unschön, aber nachvollziehbar, wenn man als Flugneurotiker (erst recht als todesängstlicher) erst einmal vor-urteilt und prompt zu Wahrnehmungsschablonen und Stereotypen greift. Das entspricht vielleicht nicht unserem Idealselbst, geschieht aber meist ganz unwillkürlich. Was allerdings noch lange nicht heißt, dass ich meinem verinnerlichten Stereotyp hilflos ausgeliefert bin.

Es ist sehr wahrscheinlich, dass bei jedem von uns ab und zu Vorurteile aufkommen. Zum Problem werden sie aber nur, wenn wir sie nicht bemerken und nicht kritisch reflektieren; wenn sie zu einer Einstellung werden, die unser Handeln fortan bestimmt. Und diese zeigt sich dann in bestimmten Verhaltensmustern: Außerhalb unserer jeweiligen Blase von Gleichgesinnten hören wir nicht mehr zu, wir behandeln eine Frau mit Kopftuch vielleicht nicht ganz so freundlich wie eine ohne, wählen populistische Parteien u. Ä.

Zur umfassenden Umgestaltung unserer inneren Landkarte sind dementsprechend gedankliche Reflexion und konstruktiver Umgang mit Stereotypen und Vorurteilen nötig. Dazu gibt es Mittel und Wege: Fakten-Check, Logik-Check und Gegenbilder, zunächst aber (Selbst-)Erkenntnis. Ich muss erkennen, dass meine Wahrnehmung keineswegs neutral ist, sondern sehr stark von meiner Erfahrung geprägt – davon, was ich kenne, was ich gelernt habe, was mir zuerst einfällt. Vorrangig ist also erhöhte Selbstwahrnehmung gefragt: dem inneren Stereotyp zuhören und interessiert zur Kenntnis nehmen, was genau es zu sagen hat und welche Faustregeln es dabei benutzt. Aber – und das ist entscheidend – ohne deswegen seinen Anweisungen zu folgen. Einfach wahrnehmen: Worauf reagiere ich, welche Gedanken tauchen automatisch auf? Vielleicht kommt mir der Kapitän schon ganz schön alt vor (und mir fällt ein, dass alte Menschen mehr Unfälle bauen). Oder irgendwie depressiv? (»Depressive Piloten begehen Suizid.«) Eventuell auch ziemlich klein. (»Gute Führungskräfte sind groß.«) Oder nehmen wir an, Sie werden nicht von Pilotin Tina Stern, sondern von Pilot Justin-Connor Müller begrüßt. Namensvorurteile sind sehr häufig (und spätestens bekannt durch eine viel zitierte Studie: »Kevin ist kein Name, sondern eine Diagnose«).

Eigene Vorurteile überhaupt wahrzunehmen, mag zunächst unangenehm sein. Doch im nächsten Schritt kann das eine faszinierende Erfahrung bedeuten und ein neues Denken und Empfinden ermöglichen. Viel ärgerlicher wäre, die Vorurteile gar nicht erst zu bemerken oder zu ignorieren, womöglich sogar unbemerkt davon beeinflusst zu werden. Dem inneren Stereotyp auf die Schliche zu kommen, lohnt sich in jedem Fall.*

Im nächsten Schritt ist der Fakten-Check hilfreich. Welche der Begründungen, die ich gegen diesen Menschen oder diese Gruppe (Frauen, Männer, Katholiken ...) vorbringe, kann ich wirklich aufrechterhalten und beweisen, welche nicht?

Dann der Logik-Check: Selbst wenn einige meiner Begründungen sachlich haltbar sind – sind sie überhaupt relevant? Ziehe ich die richtigen Schlüsse? Selbst wenn der Durchschnittsmann etwas besser im räumlichen Denken abschneiden sollte als die Durchschnittsfrau – bedeutet das wirklich, dass Pilotinnen nicht so gut fliegen wie Piloten? Spricht die Tatsache, dass wenige Akademiker ihren Sohn Justin-Connor nennen, dafür, dass Kapitän Justin-Connor Müller verhaltensauffällig ist und Lernstörungen hat? Oder könnte er sich nicht trotz potenzieller Nachteile, die mit dem Namen einhergehen, mittels außergewöhnlicher Intelligenz und Persönlichkeit gegen so manchen Paul im Eignungstest durchgesetzt haben?

Am eingängigsten fürs Bauchsystem aber wirken Bilder und Ge-

---

* Zu diesem Zweck finden Sie in Teil III Tipps für interessante kleine Experimente, die Sie direkt nachlesen oder online ausprobieren können – und die keineswegs zwangsläufig frustrieren, sondern zum Staunen anregen und die Neugier reizen.

schichten, die mich eines Besseren belehren. Es kommt ja zum Glück nicht immer auf die schiere Menge an, sondern auf die Plausibilität des Beispiels. Wenn persönliche Begegnungen mit Pilotinnen (oder Muslimen, Justin-Connors etc.) rar bleiben, können Interviews, Biografien und Bilder diesen Dienst übernehmen. Hauptsache, wir halten die Augen offen und machen uns immer wieder mit dem vertraut, was uns fremd erscheint – auch wenn uns das durch Umwelt, Medien und Algorithmen oft erschwert wird.

Gerade durch die Perfektionierung von Algorithmen ist es geradezu fatal einfach geworden, genau das zu finden, was wir finden wollen – aber eben auch, was unseren Vorurteilen entspricht. Der Medienwissenschaftler Bernhard Pörksen beschrieb diesen Effekt als »entfesseltes Bestätigungsdenken«, das die Entstehung von Wahrnehmungsschablonen noch fördere. Nur durch eine sehr bewusste Suche nach dem Unvertrauten erfahren wir andere Geschichten. Und lernen so, was uns entgangen wäre, wenn wir uns gar nicht erst mit unseren Vorurteilen beschäftigt hätten.

Wer also Pilotinnen misstraut, sollte aktiv nach Bildern, Interviews, Geschichten suchen, die eine kompetente Frau im Einsatz zeigen. Und wer bei Menschen mit einem dunklen Lockenkopf und Teint an Terror denkt, sollte die bizarren Erlebnisse arabischer Flugreisender nachlesen, in denen sie und alle Mitreisenden Opfer eines Vorurteils geworden sind.

EXKURS 21
Psychologen sind doch selbst nicht ganz dicht – oder?

Auch Psychologen müssen übrigens Vorurteile aushalten, positive ebenso wie ganz klar negative. Der Klassiker: Die haben Psychologie doch nur zwecks Selbstheilung studiert, folglich, weil sie selbst nicht ganz dicht sind.

Für dieses Vorurteil gibt es Gründe, die sich durch Wahrnehmungsschablonen erklären lassen. Zum Beispiel durch den bereits erläuterten Effekt, dass ein einziges Merkmal die Gesamteinschätzung der Person bestimmt. Angenommen, das Gegenüber ist Psychologe und befasst sich mit der Seele. Die nächste mögliche Assoziation lautet dann eventuell: wie Sigmund Freud. In diesem Fall bildet womöglich Freud'sches Gedankengut die Lupe, durch die man das Gegenüber betrachtet. Erzählt der Psychologe etwa, er freue sich auf die Zeit nach Weihnachten, weil dann der Zoff mit der Mutter endlich ein Ende habe, drängt sich der Gedanke auf: »Soso, ein Psychologe mit Mutterkomplex.« Wäre die betreffende Person Betriebswirt gewesen, wäre man nicht auf diesen Gedanken gekommen.

Natürlich können auch Psychologen – wie jeder andere Mensch – psychisch erkranken oder unter emotionalen Belastungen leiden. Einige Studien zeigen, dass therapeutisch arbeitende Psychologen und Psychiaterinnen häufig selbst in psychotherapeutischer Behandlung sind. Aber das ist bei näherer Betrachtung nicht sehr überraschend, da alle Heilberufe mit besonderen seelischen Belastungen einhergehen. Außerdem ist die Hemmschwelle zur Therapie bei Psychotherapeuten niedriger, weil man ja bestens um die Wirksamkeit weiß. Studien zeigen passend dazu, dass die Lebens- und Arbeitszufriedenheit von Psychotherapeuten besser ist als diejenige von Forschern – vielleicht ja gerade, weil sie für Therapie offen sind.

Fazit: Gut möglich, dass Psychologen selbst einen Knacks haben. So wie alle anderen auch.

> Vorurteile erweitern den Horizont –
> vorausgesetzt, sie werden kritisch reflektiert.

7. Irrweg Kontrollzwang – Ausweg fundiertes Vertrauen

Sehr viele Betroffene (vor allem Flugangst-Typ B, aber auch A und C) verspüren im Flugzeug Unbehagen oder gar Angst, weil sie dort oben in der Luft keine Kontrolle haben. Das ist ihr Kernproblem: »Ich mag generell keine Situationen, die ich nicht kontrollieren kann.«

Vordergründig klingt diese Begründung relativ neutral, nüchtern und pragmatisch. Genau deshalb dürfte es eines der häufigsten, sprich, beliebtesten Argumente von Flugangstpatienten sein. Wer gern jederzeit und überall das Heft in der Hand behält, steht mit beiden Beinen im Leben, gilt als dynamisch, motiviert, leistungsorientiert, verantwortungsvoll, entscheidungsfreudig und vor allem -befugt. Kann doch jeder nachvollziehen, dass ein Macher, eine Managerin sich unbehaglich fühlt, sobald Einfluss- und Kontrollmöglichkeit fehlen. Wenn man also schon Befindlichkeiten zugeben muss, dann doch am leichtesten wegen der eingeschränkten Freiheit.

Verglichen damit wirkt die Furcht vor Absturz, Herzinfarkt oder Terror doch reichlich irrational und fast peinlich, sodass man sich wie ein Trottel vorkommen müsste – wie ein Opfer der eigenen Schwäche. Gerade jemandem, der ein starkes Bedürfnis nach Kontrolle hat, ist die mögliche Trottel- und Opferrolle aber nun einmal besonders unangenehm. Nennen Kontrollfreaks unbewusst womöglich schon allein deshalb das Kontrollproblem als Quelle ihres

Unbehagens lieber als andere Ursachen, weil sie dadurch bessere Kontrolle über das eigene Selbstvertrauen erlangen?

Mir jedenfalls ging es ähnlich. Auch ich benannte früher den starken Wunsch, die Kontrolle zu behalten, als eines meiner Probleme im Flugzeug – und es war mir überhaupt nicht peinlich, das zuzugeben. Im Gegenteil. Und zwar durchaus nicht zu Unrecht.

Gesunde Selbstwirksamkeit: Kontrollbedürfnis als wichtiger Wert

Das Bedürfnis nach Einfluss auf die unmittelbare Umwelt ist zunächst einmal ein gesunder Persönlichkeitswert. Es kommt allerdings entscheidend auf die Situation an. So finden es die meisten Menschen in vielen Situationen auch völlig in Ordnung – oft sogar wünschenswert –, die Kontrolle abzugeben. Beständiges Kontrollbestreben erscheint ihnen als anstrengend und lästig, und das ist auch gut so. Selbst auf Kontrollfreaks wirkt der Gedanke, dass nicht sie selbst ständig auf sich, auf andere, auf einfach alles aufpassen müssen, am Ende ungeheuer erleichternd. Um es bereits an dieser Stelle auf den Punkt zu bringen: Der Wunsch nach totaler Kontrolle über ein Flugzeug ist absolut sinnvoll, wenn man Pilot ist – absolut überflüssig jedoch, wenn Passagier. Doch bevor wir einen vermeintlichen Kontrollzwang dingfest machen, sollten wir den Sinn und die positive Seite des Kontrollbedürfnisses würdigen.

Die meisten Menschen schätzen es, wenn sie ihren Alltag möglichst weitgehend selbst bestimmen und beeinflussen können – wann sie morgens aufstehen, was und wie viel sie essen, wie und mit wem sie ihren Feierabend verbringen. Sie bevorzugen Arbeitsbedingungen, in denen sie zum Beispiel anstehende Aufgaben selbst strukturieren können, statt sich in einem engen Korsett vorgegebener Termine oder Pausenzeiten zu bewegen. Und natürlich lieben wir alle selbst erarbeitete Erfolge, ob große oder kleine: wenn wir ein Möbelstück gebaut, ein Herz operiert, einen Kuchen gebacken, den Führerschein bestanden oder ein Kind getröstet haben.

Erfahrungen von Kontrolle und Einflussnahme verschaffen einem das gute Gefühl, Gestalter anstatt bloß Verwalter des eigenen Lebens zu sein. In der Psychologie bezeichnet man dieses Gefühl als Selbstwirksamkeit (die uns ja bereits im »magischen Kapitel« als Ressource für Wohlbefinden und Sicherheitsgefühl begegnet ist). Je mehr wir uns selbst als wirkmächtig empfinden, desto weniger Angst empfinden wir.*

Umgekehrt besteht ein allgemeiner menschlicher Wesenszug darin, unglücklich zu werden, wenn man überwiegend unkontrollierbare Situationen erlebt und sich häufig fremdbestimmt fühlt – sei es im Job, in der Familie oder in ganz spezifischen wiederkehrenden Situationen. Dadurch erhöht sich die Wahrscheinlichkeit von Depressionen und Angststörungen, und im Extremfall kommt es zur sogenannten erlernten Hilflosigkeit: Irgendwann ist man überzeugt davon, dass man überhaupt keinen Einfluss hat, und zwar auf gar nichts; dass man außerdem zu nichts mehr imstande ist (siehe Exkurs 22).

---

* Und manche Menschen sogar umso mehr Lust. Nicht wenige werden süchtig nach Selbstwirksamkeit und leben ihr Kontrollbedürfnis extrem aus, beispielsweise beim Wingsuit Basejumping. Achtung: Beim Anschauen des Videos (Link im Anhang) ist erhöhter Herzschlag – wenn nicht gar Gänsehaut – garantiert.

EXKURS 22
Erlernte Hilflosigkeit

In einem berühmten Experiment zu diesem Thema hat man Hunden ein verkabeltes Geschirr umgeschnallt, durch das die Versuchsleiter den Hunden hin und wieder Stromstöße unterschiedlicher Dauer verabreichten. Die eine Hundegruppe war dazu verdammt, den jeweiligen Stromstoß über sich ergehen zu lassen; die andere jedoch konnte ihn ausschalten, indem sie einen Hebel betätigte. Das Stromgeschirr von je einem einflussreichen Hund war mit dem eines machtlosen Hundes gekoppelt: War der einflussreiche einem Stromstoß ausgesetzt, erlitt ihn auch der machtlose. Fand das einflussreiche Tier den Ausschalthebel, profitierte davon auch das machtlose – nur wusste es natürlich nicht, warum; das Martyrium erschien vollkommen willkürlich. Auftreten und Dauer der Stromflüsse waren also bei beiden Hunden gleich. Die Forscher wollten herausfinden, welchen Unterschied es für zukünftige Problemsituationen zeitigt, einflussreich oder machtlos zu sein. Also wurden die armen Hunde der nächsten Problemsituation ausgesetzt: Sie wurden in eine Box gesperrt, wo sie den Stromflüssen nur entkamen, indem sie über eine Hürde in den stromfreien Teil der Box sprangen. Diesmal waren die Hunde aber nicht gekoppelt, und man ahnt es schon: Die einflusserfahrenen Hunde probierten ein bisschen herum und fanden den Trick mit der Hürde sehr schnell heraus – 90 Prozent von ihnen. Doch nur 30 Prozent der einst mit Machtlosigkeit geschlagenen Hunde waren erfolgreich; der weitaus größte Teil lag winselnd am Boden und versuchte nicht einmal, etwas gegen die unerträgliche Situation zu unternehmen. Die vorherige Erfahrung der Macht- und Hilflosigkeit löschte bei der entsprechenden Hundegruppe anscheinend auch in einer anderen Situation jeden Glauben an den eigenen Einfluss aus. Dadurch sinkt die Motivation natürlich auf den Nullpunkt, und sogar die Lernfähigkeit ist herabgesetzt. Ähnliche Experimente mit Ratten, Katzen und auch Menschen (bei denen statt Strom allerdings Lärm angewendet wurde) bestätigten: Eindrucksvolle Erfahrungen der Hilflosigkeit führen zu Gefühlszuständen, die einer Depression ähneln. Man glaubt nicht an sich selbst, ist antriebslos und leidet unter kognitiven Defiziten.

Schlussfolgerte man früher, man könne Depression erlernen, neigt man heute zu der Sprachregelung, im Wortsinn erlernt werde vielmehr Selbstwirksamkeit. Passivität in einer unbeeinflussbaren Situation darf als normale Reaktion des Organismus gelten – alles andere wird von ihm als Energieverschwendung antizipiert. Nur wenn ich häufig gute Erfahrungen sammle, werde ich auch in einer scheinbar aussichtslosen Lage zu aktivem Verhalten angespornt.

Die Tragweite solcher Erkenntnisse erstreckt sich auf die unterschiedlichsten Lebensbereiche. Eine Lehrerin zum Beispiel, die Schüler Max auf dem Kieker hat, wird Beweise für dessen Versäumnisse sehr leicht und immer wieder finden – und ihn eher verlässlich bestrafen, als bei anderer Gelegenheit eventuelles positives Verhalten auch nur zu erkennen. Angenommen, Max hat wirklich oft gestört und Streit gesucht, sich nun jedoch Besserung vorgenommen. Was, wenn ihm genau in dieser Phase ein Buch vom Tisch fällt oder er das Heft mit den endlich einmal gemachten Hausaufgaben tatsächlich zu Hause vergessen hat? »Typisch Max!« Was aber lernt Max durch diese reflexhafte Etikettierung? Motiviertes, aktives Verhalten in der Schule lohnt sich nicht.

Wenn solche oder ähnliche »Bringt ja eh nichts«-Erfahrungen immer mehr Lebensbereiche gleichzeitig betreffen, können Menschen umfassend passiv werden – womöglich auch depressiv.

Viele Menschen mit starkem Kontrollwunsch können hingegen eine resignative Haltung im Umgang mit Problemen nicht nachvollziehen. Schließlich haben sie oft erlebt, dass sie auf alle möglichen Bereiche ihres Lebens in sehr befriedigendem Maße Einfluss ausüben können. Derlei positive Erfahrungen sind ihnen in Fleisch und Blut übergegangen, weshalb sie es zum Beispiel schwer aushalten, nicht auch als Co-Pilot mitwirken zu dürfen.

Kontrolle und Vertrauen als Partnerwerte

Folglich ist es im Prinzip sehr gesund, nach Kontrolle oder verwandten Werten zu streben: nach Autonomie, Planungsfreiheit, Entscheidungskompetenz, Einfluss oder auch nur Übersicht. Gleichzeitig hält das Leben natürlich viele Situationen bereit, in denen wir einen Wert benötigen, der Kontrolle direkt entgegengesetzt ist: Vertrauen. Vertrauen in die Aufrichtigkeit, das Verantwortungsbewusstsein und die Kompetenz anderer Menschen (beispielsweise von Piloten). Mit Vertrauen verwandte Werte sind etwa soziale Verbundenheit, Aufgeschlossenheit, Flexibilität und Gelassenheit.

Sehr kluge Gedanken sind oft sehr alt und innerhalb unterschiedlicher geistiger Strömungen ähnlich beschrieben. Zum Beispiel, dass jeder Wert eine Art »Partnerwert« hat – diese Idee findet sich in der Nikomachischen Ethik von Aristoteles ebenso wie in der chinesischen Philosophie. Der zeitgenössische, doch nicht minder weise Professor Friedemann Schulz von Thun hat diesen Gedanken in die Psychologie eingeführt. Auf seine daraus entwickelten pragmatischen Ideen beziehe ich mich im Folgenden.

Auch scheinbar gegensätzliche Konzepte wie Kontrolle und Vertrauen müssen einander nicht kategorisch ausschließen. Man kann sie vielmehr als »Partnerwerte« betrachten, die sich ergänzen können. Sie bilden die Pole einer gemeinsamen Skala und halten sich optimalerweise gegenseitig in Schach – ganz ähnlich wie Yin und Yang oder Sonne und Schatten.

In der individuellen Entwicklung des Menschen ist im besten Fall als Erstes die Fähigkeit zu vertrauen da, das sogenannte Urvertrauen – erst später wird Kontrolle zunehmend wichtig. Kinder sind deswegen meistens eher Chaosexperten als Kontrollfreaks (für Eltern gleichermaßen frustrierend wie bereichernd). Als Erwachsene erreichen wir den höchsten Flexibilitätsgrad (und somit den höchsten Möglichkeitsgrad genussvollen Lebens) dann, wenn wir Vertrauen und Kontrolle als gleichwertig empfinden, als ausbalanciert, als wahre Partnerwerte. Nicht wenige Menschen sind sogar in der Lage, sowohl Vertrauen als auch Kontrolle bis zu deren jeweils äußerstem Skalenwert auszuschöpfen: Sie planen ihren Urlaub akribisch, vermögen sich vor Ort jedoch derart intensiv inspirieren zu lassen, dass sie diesen Plan gegebenenfalls komplett verwerfen.

Gewiss ist ein exakt austariertes Gleichgewicht eher selten. Die meisten Menschen fühlen sich aufgrund ihres Wesens mit dem einen Wert etwas wohler als mit dem anderen. Menschen mit hohem Kontrollbewusstsein (»Vertrauen ist gut – Kontrolle ist besser!«) sind oft auch etwas gewandter beim Planen als beim Improvisieren; diejenigen hingegen, die eher nach dem Motto »Wird schon!« leben, sind vielleicht nicht die begabtesten Organisatoren, kommen aber mit unvorhergesehenen Veränderungen viel besser klar. »Gemischttypologische« Paare etwa sind sich auch nicht immer einig, was gerade angebracht ist: Vertraut sie auf eine optimistische Zeiteinschätzung für den Weg zum Flughafen, plant er lieber ein paar zusätzliche Stunden für alle denkbaren Eventualitäten ein, um selbst im Fall eines Weltuntergangs nicht zu spät zu kommen. Aber Hand aufs Herz:

Selbst wenn Kontrollfreaks einem manchmal auf die Nerven gehen, ist man doch oft genug auch dankbar für ein gewisses Maß an Planungssicherheit ... oder?

Was aber, wenn man selbst einsieht, dass man übertreibt? Eindeutig übertrieben ist es sicherlich, an Bord eines Flugzeugs die Kontrolle behalten zu wollen; alles, was vorgeht, genau zu beobachten (bzw. zu überwachen) und alles auf eventuelle Fehler und Störungen zu hinterfragen. Und wenn das nicht nur im Flugzeug, sondern weitgehend auch im Alltag der Fall ist, dürfte diese nur allzu misstrauische Wahrnehmung der Welt im eigenen Wesen bzw. der Biografie begründet liegen (siehe Exkurs 23).

EXKURS 23
Von Kontrollfreaks und Opfern

Aus jedem Wert kann ein Unwert werden. Beginnt jemand, ständig alles zu kontrollieren, besteht die Gefahr, dass sich ein legitimes Bedürfnis in einen lästigen, störenden Zwang wandelt – und Planungssicherheit in Erstarrung, Entscheidungskompetenz in Dominanz. Schlägt andererseits Vertrauen in blinde Naivität und Passivität um, kann aus sozialer Verbundenheit Unselbstständigkeit und Abhängigkeit werden, aus Flexibilität Chaos und aus Gelassenheit Gleichgültigkeit.

Wer also eine starke Kontrollneigung hat, müsste sinnvollerweise aufpassen, keinen Kontrollzwang zu entwickeln, damit er nicht starr und verbissen wird. Und wer ein vertrauensvoller Typ ist, sollte darauf achten, nicht übers Ohr gehauen, passiv oder gar unselbstständig zu werden und womöglich letztlich Opfer seiner eigenen blinden Vertrauensseligkeit. Letzteres indes fürchtet ironischerweise niemand mehr als der Kontrollfreak: Deshalb ist er ja einer geworden. Und die Vertrauensvolle hat vor nichts mehr Angst als vor Starre, Zwanghaftigkeit und mangelnder Verbundenheit: Deshalb verschenkt sie ja ihr Herz so schnell. Beide nehmen in Kauf, dass sie zur Abwendung der jeweils befürchteten vermeintlichen Gefahr ihren Lieblingswert überdosieren – bis hin zum Unwert. Beide neigen also zur Überkompensation ihrer Angst.

Dieser vermeintlichen Paradoxie liegt nicht selten eine ganz persönliche Geschichte zugrunde. Meist ist sie nur allzu verständlich, sofern man ein Stück in der Biografie zurückschaut und darüber nachdenkt. Ein wahrer Kontrollfreak kennt die Antworten meist sehr genau – auf Fragen wie: Warum war es in meiner Geschichte so wahnsinnig wichtig, Kontrolle zu erlangen? Wann war es geradezu überlebenswichtig, kein Opfer (mehr) zu sein oder zu werden? Warum musste immer ich die Verantwortung für dieses oder jenes übernehmen? Analog dazu weiß auch der übermäßig Vertrauensselige meistens, warum er penible Pläne und Unbeweglichkeit so sehr gering schätzt, ablehnt oder gar fürchtet.

Warum Menschen einen Wert hochhalten – manchmal überdosiert hoch –, hat also eine Menge mit ihren Lebensgeschichten und entsprechenden Empfindlichkeiten zu tun. Den anderen Wert überhaupt als solchen wiederzuentdecken, anstatt ihn verzerrt als Unwert wahrzunehmen, ist gewiss eine Herausforderung. Sie anzunehmen kann schmerzlich sein, fürs weitere Leben aber auch sehr bereichernd. Werte und der Preis von Veränderungen sind daher oft Thema in psychotherapeutischen Prozessen.

Gleichwohl: Ein gewisses Maß an Kontrollstreben ist für die Bewältigung von Problemen oft kein zusätzliches Problem, sondern eine Ressource. Ein und dasselbe Kontrollstreben kann sogar als Strategie gegen das Flugunbehagen angewendet werden. (Denn Menschen, die Kontrolle wichtig finden, profitieren von bestimmten Praxistipps meist mehr als andere – vor allem, wenn sie sich mit den Abläufen und Geräuschen auf einem Flug beschäftigen und dementsprechend beim nächsten vorhersagen können.)

> Solange es nicht zum Zwang wird, ist das Streben nach Kontrolle für die Lösung von Problemen meistens gesund.

Kontrollstreben im Flugzeug: nur Symptom, nicht Ursache

Vor allem Flugangst-Typ B hat also, zumindest im Flugzeug, ein mehr oder weniger schwerwiegendes Kontrollproblem. Wenn man aber genau hinschaut, muss man meist feststellen, dass dies als alleinige Erklärung unlogisch ist.

Es ist nicht verwunderlich, dass ein etwaiger Kontrollzwang gerade in einem Flugzeug übermächtig erscheint. Dort – so erschien es mir zumindest am Anfang meiner »Flug-Karriere« – legt man sein Leben schließlich komplett in die Hände fremder Menschen. Allerdings gab ich mein Leben eigentlich ständig in fremde Hände, ohne mich daran zu stören: täglich im Zug zur Arbeit zum Beispiel. Manchmal fuhr ich sogar mit meiner Kollegin im Auto zurück. Tag für Tag war ich zudem Fußgängerin und Radfahrerin auf der belebtesten Kreuzung der Stadt.

Dort und anderswo jederzeit mögliche Verkehrsunfälle ließ ich aber nicht gelten: »Auf der Straße kannst du immer noch zur Seite springen. Und du kannst aus dem Autowrack klettern, aus dem Zug auch.« In der Theorie jedenfalls. Rein theoretisch hätten das allerdings all die Menschen tun können, die in einen tödlichen Unfall verwickelt waren. Es handelte sich also um eine durch nichts begründete Kontrollillusion, mit der Hedwig mich vom Flugzeug fernhalten wollte.

Doch die Illusion funktionierte. Am Boden blieb ich ein meistens entspannter Verkehrsteilnehmer – trotz realen Kontrolldefizits. Nur in der Luft haderte ich mit Kontrollverlust. Lange Zeit blendete ich diese Schwachstelle in meiner Flugangst-Logik schlicht und einfach aus. Dass mein Kontrollproblem unlogisch war, machte es ja als Problem nicht kleiner. Dann hatte ich eben ein unlogisches Kontrollproblem – ja und?

Diese Feststellung klang zumindest halbwegs souverän, jedenfalls weitaus vernünftiger und erwachsener als das unterbewusst weiterschwelende Argument, dass ein Flugzeug doch eigentlich viel zu schwer ist, um fliegen zu können. Und damit kommen wir zu folgender Hypothese: Was, wenn das Kontrollproblem nur ein Symptom der Flugangst wäre, aber nicht ihre eigentliche Ursache? Dann wäre Letztere noch unerkannt und – im Gegensatz zum Problem der mangelnden Kontrolle – womöglich behandelbar.

Auf diesen Gedanken kam ich zugegebenermaßen erst viel später, nachdem mir die bereits erwähnte Broschüre die physikalischen Voraussetzungen des Fliegens nähergebracht und ich in der Folge immer mehr über das Fliegen gelernt hatte. Durch das angeeignete Wissen und die Tatsache, dass ich immer mehr Ballast an Halb- und Pseudowissen abwarf, schwand die Flugangst rapide. Und irgendwann war mir das Problem der mangelnden Kontrolle als Fluggast ebenso egal wie als Fußgänger.

Für mich (wie für die meisten Menschen vom Flugangst-Typ A) war eben die Flugphysik bahnbrechend für die Heilung. Seitdem ich erklären kann, wie und warum ein Flugzeug oben bleibt, halte ich die fehlende Kontrollmöglichkeit ebenso gut aus wie in der Bahn.

Vielleicht finde ich die Situation manchmal anstrengend oder enervierend (drohende Verspätung, mäßiger Komfort o. Ä.), aber nicht mehr bedrohlich. Anscheinend ist mein Kontrollproblem gar nicht so groß, wie ich dachte; es war lediglich ein Symptom, nicht die Ursache meiner Flugangst.

Doch gilt das auch für die wahren, eingefleischten Kontrollfans? Als Beifahrer etwa wirken sie mitunter wie Fahrlehrer und bremsen bis zum Wadenkrampf mit. Die Bahn meiden sie, weil dort mittlerweile ein Kontrollverlust den anderen jagt: Verspätungen, nicht bestimmbarer (redseliger oder ständig essender) Sitznachbar, nörgelnde Kleinkinder u. v. a. m. Vor einer Operation checken sie Krankenhaus, Arzt und Methode genauestens. Wegen generalstabsmäßiger Planung kommen sie niemals zu spät, und ihre berufliche Tätigkeit ist möglichst weitgehend von Selbstständigkeit geprägt.

Selbst beim größten Kontrollfan kommt es aber darauf an, wie er Situationen bewertet: als in irgendeiner Weise bedrohlich – oder eben nicht. Viele von ihnen können problemlos ins Flugzeug steigen, geraten aber als Beifahrer in Panik; andere fliegen prinzipiell nicht, haben aber normalerweise kein Problem damit, auf dem Beifahrersitz Platz zu nehmen.

Das gilt auch für andere Situationen: Der eine empfindet es als bedrohlich, bei einem Referat ins Stocken zu geraten, weil er glaubt, sich unsterblich zu blamieren; die andere improvisiert dann eben, weil sie sich vom Urteil anderer völlig unabhängig fühlt. Es mag Ähnlichkeiten zwischen Kontrollfans geben – dennoch unterscheiden sie sich darin, wann sie einen Kontrollverlust unerträglich finden und welche Situationen sie dagegen gut ohne Kontrolle aushalten. Selbst bei den größten Kontrollfans ist der Kontrollverlust an sich nicht die Ursache der Angst, sondern ein Folgeproblem aus einer als bedrohlich bewerteten Situation.

Ein weiterer Gedanke ist übrigens nicht selten, sobald gerade ein vernunftorientierter Kontrollliebhaber eine Situation als bedrohlich bewertet: »Wenn ich als Rationalist Angst habe, muss es einen rationalen Grund geben.« Der Denkfehler liegt hier allerdings darin, dass der rationalistische Kontrollfan Psycho-Logik als Physio-Logik fehlinterpretiert (dazu ausführlicher in Kapitel 9).

Das Gefühl von Kontrollverlust entsteht erst, wenn eine bestimmte Situation als gefährlich bewertet wird.

Klären, erklären, vorhersagen – und ganz nebenbei vertrauen lernen

Sobald einem also klar ist, dass man sich im Flugzeug nicht in Gefahr befindet, löst die Tatsache, dass man den Flug nicht selbst kontrolliert, keine Angst mehr aus. Sie wird überhaupt nicht mehr als störend empfunden – im Gegenteil: Natürlich kann ich als Passagier keinen Einfluss auf den Flug ausüben, warum sollte ich auch? Ich bezahle ja für eine Dienstleistung, in deren Technik, Wartung und Personal ich aufgrund höchster Ausbildungs- respektive Sorgfalts- und Sicherheitsstandards zu Recht vertraue. Ergo mag die Formel »Vertrauen ist gut – Kontrolle ist besser!« für Revolutionsführer zutreffen. Für Flugpassagiere kehrt sie sich definitiv um: »Kontrolle ist gut – Vertrauen ist besser!«

Was ist es also, das gerade mein Unbehagen auslöst, *bevor* der Kontrollverlust zum Problem wird? Diese Kardinalfrage an sich selbst lässt sich zum Beispiel klären, indem man die Fallgeschichten A bis D liest. Welche Gedanken sind den eigenen am ähnlichsten? Die entsprechend ausgewiesenen Kapitel sollten dann besonders beachtet werden. Oder man ruft sich ins Bewusstsein, wann man Kontrolle gut abgeben kann – und warum. Welche inneren Einwände erheben sich dagegen im Flugzeug? Auf welchem Irrweg befinde ich mich, wenn ich Angst vor Kontrollverlust habe?

Kontrolle über das eigene Wissen

Ein ordentlicher Kontrollzwang – oder wenigstens -drang – lässt sich durchaus auch zum Vorteil nutzen. Denn wie bereits weiter oben beschrieben und auch im magischen Kapitel schon erwähnt, sind das Gefühl von Handhabbarkeit und Einflussnahme sowie ein Verständnis von Zusammenhängen konstante Bedürfnisse menschlicher Individuen. So wurde in einem Experiment über dem Bett eines Babys ein Mobile angebracht, das durch einen Faden mit dessen Füßchen verbunden war. Schon drei Monate alte Säuglinge lernten, dass sie das Mobile durch Strampeln in Bewegung setzen konnten, und noch bis zu acht Tage danach erinnerten sie sich an diese Erfahrung von Kontingenz.

Diese Art von Vorhersagbarkeit scheint auch noch für uns Erwachsene sehr befriedigend und wichtig zu sein. Im Zusammenhang mit der Flugangst appelliere ich: Kultivieren Sie Ihre Versessenheit auf Kontingenz! Und zwar, indem Sie die Kontrolle über Ihre Gedanken und Aktivitäten an Bord zurückerobern, die Hedwig an sich gerissen hat. Dann werden Angstformeln künftig durch Fakten ersetzt und rätselhafte Vorgänge durch nur allzu erklärbare. Das kann eine derart befriedigende Erfahrung von Selbstwirksamkeit und Selbstkontrolle zur Folge haben, dass ehemaliges Unbehagen vielleicht sogar in Begeisterung für die Fliegerei umschlägt. Bei manchen Menschen folgt nach Überwindung der Flugangst sogar der eigene Flugschein – in der Tat kein seltenes Phänomen (im Anhang nachzulesen).

An dieser Stelle ergeht also an alle kontrollgeneigten B-Typen eine ausdrückliche Warnung vor nicht unerheblichen Ausbildungskosten ...

Kontrolle über das Fluggeschehen per Flugsimulation

Indem Sie sich quasi einer privaten Flugsimulation unterziehen, erringen Sie – durch Vorhersagbarkeit – ein tiefer greifendes Verständnis des Fluggeschehens. Wenn Sie sodann den größten Teil der Geräusche an Bord verstehen werden; wenn sie also im Geräuschwirrwarr differenzieren, erklären und sogar vorhersagen können, gewinnen Sie nichts Geringeres als – Kontrolle. Natürlich nicht über reale Vorgänge, aber immerhin über Ihre Gedanken dazu. Sie lassen sich nicht länger durch fliegerisches und technisches Halbwissen vom Weg abbringen, sondern haken einen Punkt nach dem anderen auf der Checkliste Ihres frisch erworbenen Faktenwissens ab. Und das beschert Ihnen ein Gefühl, das dem bestmöglichen Ersatz von Kontrolle entspricht. Sie ahnen ja gar nicht, was für ein Verkehr dadurch auf den richtigen Pfaden der neuen inneren Landkarte angeregt wird!

Der technische Ablauf des Fluges sowie Video- und Audiotipps sind daher in Teil III zu finden. Nutzen Sie diese unbedingt immer wieder – und vor allem direkt vor dem Flug.

Kontrolle über den Körper per Flugsimulation

Zugegeben, die wenigsten vormals flugunbehaglichen Menschen werden die totale Entspannung auf Knopfdruck erzeugen und noch vor dem Start einschlafen. Im Gegensatz zu jenen Vielfliegern, auf die allein der Anblick eines Flugzeugsitzes wie eine Schlaftablette zu wirken scheint. Allerdings kann in nicht unerheblichem Maße gelernt werden, gezielt Einfluss auf die eigene Körperbefindlichkeit auszuüben – zum Beispiel mittels Entspannungsübungen. Erstens wirkt man auf diese Weise Verkrampfung entgegen, zweitens stärkt man unmittelbar die generelle Selbstwirksamkeit.

Außerdem befähigt der Körperleitfaden, sich die eigenen Empfindungen und Gedanken fundierter als bisher zu erklären, sodass es gar nicht erst zur Panikattacke kommt oder sie sich – falls es doch passiert – ausbremsen lässt. Weiß man über die Physio-Logik besser Bescheid, passt sich die Psycho-Logik entsprechend an (siehe wiederum Kapitel 9). Gerade für Menschen mit hohem Kontrollbedürfnis kann dieser Unterschied entscheidend sein, denn Kontrollfreaks sind meist rationale Typen. Und die sitzen nicht nur dem bereits erwähnten Denkfehler auf – »Wenn ich Angst habe, muss es ja wohl einen Grund geben« –, sondern interpretieren Angstreaktionen als Schwäche und entwickeln so unproduktive Selbstzweifel.

8. Irrweg fliegerisches Halbwissen – Ausweg fliegerisches Faktenwissen

Angenommen, Ihr Nachbar bäte Sie um den Gefallen, seinen Schwiegervater vom Flughafen abzuholen. Die Fahrt wäre unspektakulär: ein Stück Autobahn (Sie fahren 130 km/h), dann ein Stück schnurgerade Landstraße (Sie fahren 100 km/h und überholen dabei den berühmten Opa mit Hut, der gefühlte 70 km/h draufhat), dann Stadtverkehr (Sie fahren eine Weile neben einem Radfahrer, den Sie vor dem Abbiegen vorbeilassen) und parken Ihr Auto schließlich rückwärts an der Straße ein. Während der gesamten Fahrt wäre Ihr Beifahrer kalkweiß und einsilbig, bisweilen gar zusammengezuckt. Jetzt aber bräche er in erleichtertes Halleluja aus und applaudierte Ihnen.

Sicher wären Sie ein wenig befremdet. Geradezu genervt aber, hätte Ihr Beifahrer während der Fahrt noch ein paar Tipps zum Thema Überholen, Sicherheitsabstand oder Einparken zum Besten gegeben. Wären Sie nicht sogar regelrecht wütend, hätte der Besserwisser selbst noch nicht einmal einen Führerschein?

So sieht der Alltag von Piloten aus. Stets transportieren sie eine gewisse Anzahl topmotivierter und maximal aufmerksamer, leider aber weitgehend ahnungsloser »Co-Piloten«. Nicht selten berichten Flugzeugführer, dass Passagiere vor oder nach dem Flug ins Cockpit schielen und geistreiche Bemerkungen machen. Das sogenannte Landungsklatschen (dem man ja noch eine Art von dankbarer Demut unterstellen konnte) ist zwar mittlerweile out – absolut in dafür universelle Besserwisserei. Landet man nach einem Flug um die halbe Welt zehn Minuten später als angekündigt, kann man sich als Pilotin so manchen Gastkommentar ob vermeintlich falscher Berechnung anhören. Außerdem erlebt man bei nahezu jeder Ausstiegsprozedur mindestens einen Passagier, der sonor erläutert, warum die Landung »gut« oder »schlecht« war (was dann oft fälschlicherweise mit »weich« und »hart« gekoppelt wird. So sind zwar »weiche« Landungen komfortabler für die Passagiere, »harte« aber oft sicherer – zum Beispiel, wenn die Landebahn kurz, nass oder verschneit ist). Und jeder X-te fragt allen Ernstes nach dem »Chemtrail-Schalter«.[*]

Die meisten Passagier-Piloten sind jedoch nicht unbedingt unangenehme Menschen. Sie geben auch gar nicht mit ihrem Wissen an und reißen sich auch nicht um diesen Job, vielmehr übernehmen sie ihn still und heimlich und begreifen ihre quasi ehrenamtliche Präsenz eher als lästige Pflicht, stets bereit zu sein; bereit für die Flucht zum Notausgang, bereit zum Feuerlöschen oder gar zur Übernahme der Maschine. Wie sagte Interviewpartner Bastian (Flugangst-Typ B) so verzweifelt couragiert? »Einer muss hier ja aufpassen!«

---

[*] Chemtrails: ein Kofferwort aus »chemicals« (Chemikalien) und »contrails« (Kondensstreifen). Schlüsselbegriff einer seit Mitte der 1990er-Jahre im Internet grassierenden abstrusen Verschwörungstheorie, der zufolge die Weltmächte zu militärischen Zwecken Chemikalien in die Atmosphäre sprühen.

Naturgemäß sind also vor allem Kontrollfans unter den heimlichen (meistens aber sehr unglücklichen) Co-Piloten; mehr oder minder gezwungen zu diesem grässlichen Job. Gezwungen? Wer ist wohl die hysterische Instanz, die einen bangen, blutigen Laien dazu zwingt, eine so komplexe Aufgabe zu erfüllen? Dreimal dürfen Sie raten.

Ob nun Besserwisserei (die bei Angst umso heftiger zutage tritt) oder hehre Motive uns Passagieren die ungeliebte Aufgabe aufdrängen: So oder so gilt auch in diesem Fall der bereits mehrfach erläuterte Gegensatz von intuitivem und tatsächlichem Wissen. Zwar haben wir vielleicht einiges gelernt – ohne fundierte Pilotenausbildung aber bleiben wir, was wir sind: Laien. Passagiere ohne Ausrüstung. Selbst ausgebildete Co-Piloten vermögen die Lage an Bord nur mittels ihrer Checklisten und durch den Blick auf relevante Daten zu beurteilen. Wir hingegen werden definitiv nicht in der Lage sein, ausschlaggebende Aspekte dieser Flugreise stichhaltig zu beurteilen. Versuchen wir es dennoch, übernimmt das Bauchsystem die Regie, und wir lassen uns von den zusammengepuzzelten Bruchstücken unseres blitzschnell abgerufenen Halbwissens verwirren (wenn nicht beängstigen), anstatt unser kluges Kopfsystem einzuschalten und folglich das Fliegen den Berufspiloten zu überlassen.

Das fliegerische Grundwissen, das wir psychologisch brauchen, um angstfrei zu fliegen, ist überschaubar – neben dem bereits gesammelten Wissen reichen schon ein paar zusätzliche Fakten.

EXKURS 24
Besser wissen statt Besserwissen

Nicht nur flugängstliche Passagiere neigen zu der Einbildung, sie verfügten über einschlägiges Flugwissen, sondern auch angstfreie Menschen überschätzen ihre persönlichen universellen Kenntnisse generell, weil sie Teil einer großen Wissensgemeinschaft sind. Was alle wissen oder worüber man sich im Internet informieren kann, das glaubt man auch selbst zu wissen.

Viele Menschen denken beispielsweise, sie könnten Ebbe und Flut erklären – bei Detailfragen kommen sie dann jedoch mächtig ins Stottern. Dieser psychologische Effekt wird »Illusion der Erklärungstiefe« genannt. Fragt man Menschen vor ihrem Erklärungsversuch, für wie kompetent sie sich halten, schätzen sie sich deutlich höher ein, als es sich im Resultat niederschlägt. Immerhin merken das die meisten – und relativieren ihre Selbsteinschätzung nach dem entlarvenden Gestammel. Wir sind folglich einsichtsfähig, wenn wir an unsere Grenzen stoßen; eine wichtige Erfahrung, durch die wir Experten eher als solche anerkennen. Machen wir uns unsere Ahnungslosigkeit aber nicht oder nur halbherzig bewusst, überschätzen wir uns erheblich.

Steven Sloman, US-amerikanischer Professor für Kognitionswissenschaften und Psychologie an der Brown University, konstatiert eine zunehmende Wissensillusion durch das Internet. Jeder kann nahezu beliebig viel Wissen abrufen, und unser Unterbewusstsein scheint persönliche Wissenslücken durch den imaginären Rückgriff auf eine Wissensgemeinschaft zu kompensieren. Die Ergebnisse des folgenden Experiments belegen Slomans These. Testpersonen sollten einen Fragebogen individuell beantworten; die eine Hälfte durfte dafür das Internet nutzen, die andere hingegen nicht. Danach sollten alle Teilnehmer einen anderen Fragebogen beantworten, diesmal jedoch alle ohne Internetnutzung. Vorher wurde jeder Einzelne um eine Einschätzung gebeten, wie gut er wohl beim zweiten Fragebogen abschneiden würde. Diejenigen Teilnehmer, die für den ersten Fragebogen das Internet hatten nutzen dürfen, schätzten ihr Abschneiden beim zweiten deutlich besser ein als diejenigen, die schon beim ersten ohne Internet hatten arbeiten müssen. Sloman berichtet außerdem von einem noch denkwürdigeren Experiment, in dem US-Amerikaner sich dazu äußerten, wie die USA sich ihrer Meinung nach im Krim-Konflikt verhalten sollten und wie sicher sie sich ihrer Meinung waren. Außerdem sollten sie auf der Weltkarte zeigen, wo sich die Krim befindet. Das Ergebnis: Diejenigen mit den geringsten geografischen Kenntnissen vertraten ihre Meinungen besonders vehement.

Doch nicht nur wenig Wissen ist ein Problem, auch grassierende Fehlinformationen komplizieren das Ganze: Jede noch so abstruse Verschwörungstheorie produziert in den weltweiten Sphären des Internets ihr teils harmloses, teils gefährliches Echo. Folglich sollte man sich der Gefahr der Wissensillusion stets bewusst sein und echtes Wissen besser nutzen. Dazu gehört, seine Grenzen zu kennen – und gleichzeitig die Expertise der Experten anzuerkennen. Sokrates hätte wohl auch als Flugpassagier gesagt: »Ich weiß, dass ich nichts weiß.«

Wenn nunmehr also hilfreiche Informationen zur Pilotenausbildung, Flugzeugtechnik und zu Fluggesellschaften folgen, dann geht es nicht um alle denkbaren Details. In dem Fall würden wir unserem inneren Co-Piloten zu viel Material an die Hand geben (das obendrein kein gelassener Passagier braucht). Es geht vielmehr um basale Fakten, die ausschließlich zur Beruhigung dienen sollen.

Warum Piloten so außergewöhnlich gut in ihrem Job sind

Ein Passagierflugzeug zu starten, zu fliegen und zu landen, scheint zunächst selbst für eher durchschnittlich begabte Menschen durchaus erlernbar. So dachte ich, als der junge Pilot im Flugsimulator von YOURcockpit in der HafenCity Hamburg mir erklärte, was ich wie und wann als Nächstes tun sollte. Zugegebenermaßen hatte ich die Landebahn beim ersten Mal nicht optimal getroffen; beim zweiten Mal war ich aber schon ziemlich gut. Wie es hoch- und runtergeht, wie man Kurven fliegt und so weiter, hatte ich schnell begriffen. Dennoch ist es ein Segen, dass ich in jedem Einstellungsverfahren für Pilotinnen durchfallen würde. Denn die übergeordneten Eignungskriterien erfülle ich eindeutig nicht. Doch wie findet man heraus, wer für die Pilotenkarriere geeignet ist?

Die Forschung zeigt seit Jahren eindrucksvoll, dass ein übliches Vorstellungsgespräch meist sehr intuitiv und recht fehleranfällig ist: Sym- oder Antipathie, unbewusste Vorurteile und Interessen desjenigen, der das Gespräch leitet, führen oft viel eher zu einer Entscheidung als die wahre Kompetenz des Bewerbers. Denn anstatt sachlich strukturiert vorzugehen, trifft das Bauchsystem im persönlichen Austausch (zu) schnell die Entscheidung. Schön für den Fall, dass wir uns auf einer Party angeregt unterhalten wollen; schlecht, wenn wir etwa eine Pilotin oder einen Piloten auswählen wollen. Denn dann hätten vor allem Bewerber eine Chance, die wir attraktiv finden, die uns ähnlich sind, die uns an gute Bekannte erinnern oder deren Humor wir teilen.

Wirklich geeignete Bewerber findet man mit erheblich höherer Wahrscheinlichkeit, wenn man gut überlegt, was in dem jeweiligen Job gefragt ist, und diese Daten dann präzise erhebt. Genau so gehen Flugschulen und Fluggesellschaften vor: Sie arbeiten mit ausgeklügelten Auswahlverfahren, in denen exakt die Fähigkeiten geprüft werden, die nötig sind (anhand von Schul- und Studienerfolgen, Intelligenz- und Wissenstests, Gesprächen, Rollenspielen u. v. m.). Gerade im Berufsbild Pilot ist es sehr eindeutig, was er oder sie können sollte (siehe unten).

Anforderungen an Verkehrsflugzeugführer:
- abstrakt-logisches Denkvermögen (z. B. folgerichtiges Durchdenken von verschiedenen gleichzeitig auftretenden Problemstellungen)
- rechnerisches Denken (z. B. Berechnen flugrelevanter Parameter)
- räumliches Vorstellungsvermögen (z. B. Durchführen von Navigationen bei Instrumentenflügen)
- Beobachtungsgenauigkeit (z. B. Beobachten des Luftraums bei Sichtflügen)
- Konzentration (z. B. sicheres Führen von Flugzeugen auch unter erschwerten Bedingungen)
- Daueraufmerksamkeit (z. B. Überwachen von Fluginstrumenten)
- Merkfähigkeit (z. B. Aneignen und Abrufen von flugtechnischem Fachwissen)
- Handgeschick (z. B. Bedienen der Bordinstrumente)
- Reaktionsgeschwindigkeit (z. B. schnelles Reagieren bei Fehlermeldungen der Fluginstrumente)
- Auge-Hand-Koordination (z. B. manuelles Steuern von Flugzeugen bei Landungen)
- technisches Verständnis (z. B. Prüfen und Kontrollieren von Flugzeugen bezüglich der Flugsicherheit)
- räumliche Orientierung (z. B. Orientieren im Luftraum)

Als Persönlichkeitsfaktoren zählen:
- Leistungs- und Einsatzbereitschaft (z. B. Bereitschaft, bei personellen Engpässen und saisonal erhöhtem Arbeitsaufkommen außerplanmäßige Dienstzeiten zu übernehmen)

- Sorgfalt (z. B. genaues Festhalten von aufgetretenen Mängeln in Berichten)
- Verantwortungsbewusstsein und -bereitschaft (z. B. Einhalten der Sicherheitsbestimmungen, um Menschen vor Schaden zu bewahren)
- Entscheidungsfähigkeit (z. B. Treffen schneller Entscheidungen in Gefahrensituationen in der Luft)
- selbstständige Arbeitsweise (z. B. Vorbereiten von Flügen; eigenständiges Erkennen und Erledigen von anfallenden Arbeiten bei der Prüfung des Fluggeräts auf Betriebssicherheit)
- psychische Belastbarkeit (z. B. Bewahren der vollen Leistungsfähigkeit trotz Zeitverschiebung und langer Arbeitszeiten)
- Befähigung zur Gruppenarbeit/Teamfähigkeit (z. B. Zusammenarbeiten mit der Besatzung und mit Fluglotsen)

Das Auswahlverfahren bei der Lufthansa orientiert sich an diesen Anforderungen.

Erhoben werden diese Fähigkeiten, Kenntnisse und das Arbeits- und Sozialverhalten anhand von Eignungstests, strukturierten Interviews und in Assessment-Centern. Die Anforderungen haben sich natürlich im Lauf der Zeit geändert: Früher musste sich ein Pilot noch nach den Sternen orientieren können. Heute braucht er dieses spezielle Wissen nicht mehr, muss sich dafür aber mit IT auskennen.
  Geprüft wird also, ob sowohl Gehirn als auch Persönlichkeit für den Job geeignet erscheinen. »Na gut«, meldet sich Hedwig aus unserem tiefsten Inneren, »aber: Prüfen denn wirklich alle Flugschulen diese Voraussetzungen ernsthaft?« Und setzt im Gewande des stets aufmerksamen und alarmbereiten Schlaumeiers hinzu: »Gibt es nicht immer mehr fragwürdige Flugschulen, die einfach nur die rund 70 000 Euro Ausbildungskosten pro Flugschüler kassieren

möchten? Und besteht dann nicht die Gefahr, dass aus rein ökonomischen Gründen so viele Bewerber wie möglich aufgenommen und folglich die Eignungskriterien nicht ganz so streng formuliert werden?«

Natürlich wollen Flugschulen Geld verdienen. Allerdings ändert das nichts daran, dass die Schüler am Ende ihrer Ausbildung die gesetzlich vorgeschriebenen Prüfungen nach EU-Verordnung bestehen müssen, um Pilot werden zu können. Und um diese Prüfungen zu bestehen, müssen angehende Pilotinnen unglaublich viel lernen. Wer glaubt, er könnte sich auf seinem geprüften Gehirn und seiner Persönlichkeit ausruhen, irrt sich gewaltig. Die Fachgebiete umfassen Allgemeine Luftfahrzeugkunde, Masse und Schwerpunktlage, Flugplanung und -überwachung, Meteorologie, allgemeine Navigation, Funknavigation, Grundlagen des Fliegens, Sichtflugregeln, Luftrecht und so weiter. Wer einen tieferen Einblick in die aktuelle Ausbildung bekommen möchte, dem sei Folge 55 des Podcasts von »Cockpitbuddy« Suk-Jae Kim empfohlen. Flugschülerin Bianca berichtet dort sehr eindrucksvoll, dass der Lernaufwand für Abitur und ihr Maschinenbaustudium Spaziergänge gewesen seien im Vergleich zu ihren aktuellen Prüfungen. Am Ende der Ausbildung wird sie binnen drei Tagen Prüfungen in 14 Fächern absolviert haben; das bedeutet 8 bis 9 Stunden Prüfungen täglich.

Auch für längst ausgebildete und erfahrene Piloten hören die Prüfungen und Untersuchungen nicht auf. Damit sie weiterhin fliegen dürfen, müssen sie sich einmal jährlich medizinisch untersuchen lassen und zweimal jährlich je zwei Tage lang ihr fliegerisches Wissen und Können im Flugsimulator unter Beweis stellen. Am ersten Tag werden die gesetzlichen Pflichtübungen durchexerziert, am zweiten ganz besondere Bedingungen simuliert (sozusagen die Kür). Nicht nur der Alltag, auch Notfälle wie Triebwerkausfall oder Feuer werden dabei trainiert. Außerdem gibt es auf zwei regulären Linienflügen jährlich Arbeitsproben, um zu überprüfen, wie die Besatzung ihre Arbeit macht. Die Kriterien dafür sind genau wie die Ausbildungskriterien gesetzlich geregelt.

Wie viele Menschen kennen Sie, die derart häufig durch Prüfungen beweisen müssen, dass sie für ihren Beruf geeignet sind? Auch im Straßenverkehr (ich erinnere an dessen Risiken) muss man hierzulande nicht regelmäßig seine Fahreignung nachweisen; der Führerschein wird erst dann entzogen, wenn man sich etwas zuschulden hat kommen lassen. Während europäische Piloten ab 65 Jahren nicht mehr im gewerblichen Flugverkehr tätig sein dürfen, darf bei uns jeder selbst mit 90 Jahren noch ins Auto steigen (und losfahren). In anderen europäischen Ländern muss man den Führerschein abhängig vom Alter übrigens erneuern – in Spanien zum Beispiel ab dem 45. Lebensjahr alle fünf Jahre.

Flugsicherheit 1: psychische »Baustellen« bei Piloten?

Piloten werden also sorgfältig ausgewählt und kontinuierlich trainiert. Sie zählen daher zu einer der zuverlässigsten und psychisch stabilsten Berufsgruppen. So benennt es der langjährige Berufspilot, Ausbilder sowie Flug-, Reise- und Rettungsmediziner Jörg Siedenburg in seinem Artikel »Update psychische Gesundheit von Piloten«. Nichtsdestotrotz können Piloten phasenweise psychisch belastet sein – wie jeder andere Mensch auch. Und doch ist es einzig und allein emotional begründet, wenn wir uns Sorgen machen, dass der Pilot unseres Flugzeugs vorhat, sich und uns alle umzubringen. Dieses spezielle Gefühl der Bedrohung im Flugzeug beruht wie jedes andere auch auf unserer intuitiven Risikoeinschätzung (oder besser Risikobefürchtung), die wir mithilfe fragwürdiger Faustregeln vornehmen – vor allem der »Bild-Regel«. Und gerade in spektakulären Fällen – wie etwa der Germanwings-Katastrophe – sind erschütternde Bilder per Fingerschnipsen abrufbar. Außerdem nehmen wir ja jedes nicht beeinflussbare Risiko persönlich: »Wenn ich an Bord bin, ist das Risiko eines suizidalen Piloten höher.«

Um das ihrerseits nicht persönlich zu nehmen, müssen Piloten nicht selten von ihrer berufsnotorischen Gelassenheit Gebrauch machen. Zum Beispiel, wenn sie von den einsteigenden Passagieren gefragt werden (was seit dem Unglück häufiger der Fall ist), ob sie eventuell depressiv oder lebensmüde sind. Der Anteil der Busfahrerinnen, die dies je gefragt wurden, dürfte hingegen verschwindend gering sein. Und stellen Sie sich mal vor, in Ihrem Berufsfeld hätte es einen berühmten Selbstmörder oder Totschläger gegeben – weswegen Sie seither immer wieder beteuern müssten, dass Sie wirklich nicht die Absicht haben, dem nachzueifern.

Nun versucht man insbesondere im Luftverkehr, auch das kleinste Risiko auszuschalten. Die Frage lautet also: Wie kann man herausfinden, ob eine Pilotin depressiv ist, und wie verhindern, dass sie suizidal wird? Verschiedene Arbeitsgruppen haben sich mit dem Thema psychische Gesundheit von Piloten intensiv beschäftigt und entsprechende Empfehlungen erarbeitet, die in laufende Gesetzgebungsverfahren eingeflossen sind. Dabei sind zum Beispiel die stärkere Berücksichtigung der psychischen Gesundheit bereits bei der Personalauswahl und in fliegerärztlichen Tauglichkeitsuntersuchungen sowie eine bessere Dokumentation entscheidend.

Flugsicherheit 2: Was andere Berufsgruppen von der Luftfahrt lernen sollten

Checklisten

Nicht nur die professionelle Personalauswahl und die ständigen Tauglichkeitsnachweise von Piloten sprechen für hervorragende Sicherheit im Flugverkehr. Optimiert wird sie darüber hinaus durch die besondere Art der Arbeitsabläufe, die eine bestmögliche Koordination von Kopf- und Bauchsystem garantiert.

Geübte Autofahrer fahren ja auch irgendwann intuitiv: Die Gangschaltung nehme ich vor, ohne über jeden einzelnen Handgriff nachzudenken. Trotzdem könnte es in der Routine zu Versäumnissen kommen (zum Beispiel beim Überholen Schulterblick vergessen). Derartige zutiefst menschliche Flüchtigkeitsfehler sind in der Verkehrsluftfahrt so gut wie ausgeschlossen, weil es minutiös standardisierte Vorschriften für alle Abläufe gibt.

Natürlich haben auch geübte Piloten die wesentlichen Abläufe im (motorischen) Gedächtnis abgespeichert, sodass sie sich nicht jeden Schritt aufs Neue überlegen müssen. Sie schulen sich nicht nur durch die realen Flüge, auch jede seltenere Situation wird in gewissen Abständen im Flugsimulator trainiert. Dennoch wird den Piloten die menschliche Fehleranfälligkeit ständig bewusst gemacht, weil sie im Cockpit Checklisten anwenden müssen – und zwar zu zweit. Der »Pilot Not Flying« (auch »Pilot Monitoring« genannt) liest laut vor, der »Pilot Flying« prüft, ob die entsprechende Aktion richtig ausgeführt ist, und bestätigt dies laut.* So wird zum Beispiel gewährleistet, dass beim Start alle Schalter stehen, wie sie stehen sollen – Bremsen, Klappen, Hydraulik. Daher können wichtige Details nicht mal eben vergessen werden. Wie viel sicherer wäre es wohl auf Autobahnen, wenn man beim Überholen immer den Schulterblick, den korrekten Sicherheitsabstand und die angemessene Geschwindigkeit bestätigen müsste?

Genau mit diesem Argument werden übrigens schon lange auch in Operationssälen derartige Checklisten empfohlen, sind aber noch nicht in jedem Fall Pflicht: etwa zur Prüfung der Identität des Patienten bei Eintritt in den OP (anhand eines Armbands), der Art des Ein-

---

* Der »Pilot Flying« steuert das Flugzeug. Der »Pilot Not Flying« hat überwachende Aufgaben und übernimmt beispielsweise den Funksprechverkehr.

griffs, der Stimmigkeit der markierten Körperstelle, des Vorliegens von Einwilligung, Befunden, Allergien oder notwendiger Spezialinstrumente. Jeder Punkt ist einzeln per Kürzel abzuzeichnen; banale, aber nützliche Aspekte für eine erfolgreiche Operation.

Die WHO schätzt, dass weltweit jährlich eine halbe Million Menschen durch eine noch konsequentere Anwendung derartiger Checklisten gerettet werden könnten. Was in der Luftfahrt schon lange Pflicht ist, dauert im medizinischen Sektor länger – dort gibt es Widerstände, da Checklisten als Eingriff in die ärztliche Kompetenz oder ärztliche Intuition erlebt werden. Womöglich stehen Pilotinnen, Flugzeugtechniker sowie Ingenieure immer schon etwas fester auf dem irdischen Boden der Tatsachen als die Halbgötter in Weiß.

Erstere jedenfalls sehen keinen Widerspruch darin, dass sie einerseits durch ihre Berufserfahrung über ganz besondere, intuitionsgestützte Expertise verfügen, andererseits trotzdem Checklisten verwenden. Ich erinnere: Erst dadurch, dass sie alle relevanten Fakten parat haben, arbeiten Experten auch im überblicksartigen Denkmodus besser. Der bereits mehrfach erwähnte Daniel Kahneman beschreibt in diesem Zusammenhang drei Faktoren, um Intuition erfolgreich zu entwickeln und anzuwenden: Die fraglichen Aufgaben müssen 1. über Jahre hinweg, 2. unter regelmäßigen Bedingungen und 3. mit direktem Feedback auf das eigene Handeln durchgeführt werden. Und genau das ist durch ständiges Simulatortraining, Checklisten und die Kooperation mit dem zweiten Piloten an Bord gegeben.

Bis es zum Vorbild werden konnte, musste aber auch das Flugpersonal viel lernen (und trainieren). Auch den richtigen Umgang mit Checklisten, vor allem aber den effizienten Umgang mit den Kollegen.

»Crew Resource Management«

In der Geschichte der Luftfahrt war der häufigste Grund für Unfälle ein Faktor, der gemeinhin menschliches Versagen genannt wird. Wir sind nun einmal alle nur Menschen, und Menschen machen bekanntlich Fehler. Laut einer Untersuchung der NASA von 1979 unterlief den Piloten im Cockpit ungefähr alle vier Minuten ein kleiner Lapsus. Zwar sind auch damals schon die meisten Flugzeuge sicher gelandet (was zeigt, dass wirklich viele Fehler gleichzeitig passieren müssen, bis es zu einem Unglück kommt). Aber die Unfälle, die es gab, hätten sehr oft vermieden werden können – hätte die Kommunikation im Cockpit besser funktioniert.

Aus diesen Erkenntnissen erwuchs das sogenannte Crew Resource Management: ein Training für die Besatzung, in dem es um Fehlermanagement, Kommunikation, Führungs- und Entscheidungsverhalten sowie Aufgabenverteilung geht. Anhand dieses Trainings lernt die Crew, mit eigenen Fehlern, mit den Fehlern eines Vorgesetzten sowie mit Kritik richtig umzugehen.

Leicht gesagt, aber nicht so leicht getan, denn wie gesagt: Menschen bleiben eben bis ins Erwachsenenalter hinein auf selbst hergestellte Kontingenz erpicht. Das heißt, sie möchten das, was sie gut können, lieber selbst machen und empfinden Ansagen von anderen schnell als überflüssig oder störend. Auch nicht gerade angenehm ist es, eigene Fehler zuzugeben – womöglich vor jüngeren Kollegen. Denen wiederum ist es ihrerseits oft peinlich, erfahrene Vorgesetzte auf Fehler hinzuweisen. (Womöglich irrt man sich ja selbst? Oder vielleicht ist es nicht so wichtig?) All diese nur allzu menschlichen Regungen – dass man nicht anmaßend wirken will oder gar verunsichert ist; dass einem etwas unangenehm oder gar peinlich ist; dass einen etwas kränkt oder gar in Wut bringt – können nicht nur zu Kommunikations-, sondern bei tragischer Verkettung unglücklicher Umstände zu ernsten Pannen führen. Beziehungsweise: konnten.

Denn dank Crew Resource Management ist das Flugpersonal

mittlerweile optimal aufgestellt – viel besser, als es in sehr vielen anderen Berufsfeldern der Fall ist. Auch das kann natürlich als Grund aufgeführt werden, warum das Fliegen seit den 1970er-Jahren noch sicherer geworden ist. Die Kommunikationsschulungen zementieren die Grundhaltung, dass Menschen nicht unfehlbar sind, zudem dienen sie der Verinnerlichung, dass die Möglichkeit der Korrektur grundsätzlich gut ist – auch wenn Hinweise auf Fehler von jemandem kommen, der in der Hierarchie unter einem steht. Flache Hierarchien sind dementsprechend sehr hilfreich. Zum Zweck einer offeneren Kommunikation ist Duzen bei der Lufthansa (wie übrigens selbst bei Lidl und anderen Unternehmen) inzwischen Pflicht. In einem Interview über Crew Resource Management fasste der Journalist David Böcking das Resümee in die schmissige Formel »Duzen kann Leben retten«.

Ein Meldesystem für Fehler und Fehlermanagement bei Unfällen

Fehler sollen gemeldet werden, ohne dass noch so schwache Sanktionen befürchtet werden müssen – man wird sogar ausdrücklich dazu angehalten. Die Grundhaltung ist dabei nicht: »Wie kann es zu einem solchen Fehler kommen? Das ist das Allerletzte und darf nicht passieren.« Sondern: »Wie kann es zu einem solchen Fehler kommen? Was lernen wir daraus, und was brauchen wir konkret, damit er ausgemerzt oder wenigstens unwahrscheinlicher wird?«

Das wichtigste Gerät bei der Aufklärung eines Flugunfalls ist der Flugschreiber, der Flugdaten (wie Flughöhe und -geschwindigkeit) ebenso aufzeichnet wie den gesamten Funksprechverkehr und mehr. Er ist übrigens so groß wie ein Schuhkarton und nicht etwa schwarz (wie das Synonym »Blackbox« nahelegt), sondern leuchtend orangefarben. Durch dessen Auswertung können nach jeder Unregelmäßigkeit Fehlerquellen eliminiert werden. In der Folge werden oft neue Gesetze formuliert. Allerdings dauert es ein, zwei Jahre, bis alle Daten erschöpfend ausgewertet sind. Wenn also bereits in den ersten Tagen nach einem Unglück nach Maßnahmen verlangt wird, können diese noch keinerlei faktenbasierte Grundlage haben – sie sind vielmehr der Angst und dem Wunsch nach schnellen Lösungen geschuldet. So wurde nach dem Germanwings-Unglück von 2015 zum Beispiel die Sofortmaßnahme eingeführt, dass ein Pilot zu keinem Zeitpunkt allein im Cockpit zurückbleiben durfte. Wenn einer der beiden Piloten zur Toilette wollte, musste ihn ein anderes Crewmitglied im Cockpit ersetzen. Mittlerweile hat man allerdings von der Idee dieses »Klo-Piloten« (interner Scherzjargon) wieder Abstand genommen. Der Sicherheitsgewinn erschien fraglich, weil die Gefahr des Zutritts von Unbefugten sich erhöhte.

Nachfolgend ein paar Beispiele für sinnvolle Veränderungen:
- Seit den Terroranschlägen vom 11. September 2001 dürfen Passagiere das Cockpit nicht mehr betreten.
- Außerdem darf seither nur eine geringe Flüssigkeitsmenge im Handgepäck befördert werden, um auszuschließen, dass getarnte Sprengstoffe an Bord gelangen.
- Seit 2017 werden in häufigeren Abständen und ohne Vorwarnung sogenannte MDA-Kontrollen durchgeführt (Medikamente, Drogen, Alkohol).
- Solange nicht aufgeklärt ist, welche spezifischen Bedingungen bei den verunglückten Boeing-Typen zu den Unfällen führten (z. B. die fehlerhafte Kommunikation mit dem Autopiloten), besteht nicht nur in den USA und Europa ein Flugverbot für diesen Maschinentyp. Nach vollständiger Aufklärung sind zielgerichtete Maßnahmen möglich, die eine Wiederholung verhindern werden.

Flugsicherheit 3: Flugbegleiter

Flugbegleiter sind nicht in erster Linie als Kellner der Lüfte tätig, sondern sollen die Sicherheit an Bord gewährleisten. So sind sie etwa darauf geschult, bei Notlandungen die Maschine zu evakuieren. Ihr Alltag besteht aber vor allem darin, zu prüfen, ob beim Start oder bei Turbulenzen alle Passagiere vorschriftsmäßig angeschnallt sind; ob das Gepäck so verstaut ist, dass es keinem auf den Kopf fällt; ob es insgesamt allen gut geht oder ein Fluggast beruhigt werden muss bzw. ob eine medizinische Versorgung notwendig ist. (Und diese medizinische Versorgung vor Ort ist übrigens geradezu optimal – erheblich besser als an sehr vielen anderen öffentlichen Orten oder etwa innerhalb der eigenen vier Wände.)

Außerdem haben Flugbegleiterinnen die entsprechende Ausrüstung und Ausbildung, um Feuer zu löschen – sollte tatsächlich einmal ein Laptop an Bord in Brand geraten oder Ähnliches. Und natürlich lernen sie Brandschutz wie auch Erste Hilfe nicht nur ein Mal während der Ausbildung und dann nie wieder, sondern erhalten genau wie die Piloten regelmäßige Schulungen in all ihren Aufgabenbereichen.

Flugsicherheit 4: Avionik

Mit diesem klangvollen Begriff sind alle elektrischen und elektronischen Systeme eines Fluggeräts gemeint. Als physikunbegabte Zeitgenossin bin ich ziemlich ungeeignet, weiter gehende technische Details zu Flugzeugen überzeugend zu erklären – das gebe ich unumwunden zu. Interessierten sei daher der bereits erwähnte Klassiker von Jürgen Heermann empfohlen, darüber hinaus zum Beispiel die Folgen 6, 7 und 32 des Podcasts von »Cockpitbuddy« Suk-Jae.

Ich hingegen möchte mich an dieser Stelle mit Avionik als Allegorie begnügen: Wenn Menschen wie Verkehrsflugzeuge konstruiert wären, hätten sie einen im Verlauf von Jahrzehnten genetisch optimierten Idealkörper; sie würden ständig von sehr guten, perfekt miteinander kooperierenden Fachärzten überwacht; alle wesentlichen Organe wie Herz und Lunge wären doppelt und dreifach vorhanden; vorsichtshalber wäre auch ein Feuerlöscher am Körper angebracht, und jede motorische Handlung würde nach einem vorher festgelegten Idealschema ablaufen, damit keine Missgeschicke unterlaufen.

Redundanz

Wenn beim Auto der Motor oder die Batterie defekt ist, haben wir Pech gehabt. Bei einem Verkehrsflugzeug ist dagegen alles doppelt bis vierfach vorhanden: Triebwerke, Fluginstrumente im Cockpit, Autopilot, Kraftstofftanks, Hydraulik (zum Beispiel für Fahrwerke und Bremsen). Diese sogenannte Redundanz ist ein wesentlicher Grund dafür, dass Fliegen so sicher ist.

Ständige Wartung

Gesunde Menschen sollen ab 35 Jahren alle 3 Jahre zum Gesundheitscheck, Autos alle zwei Jahre zum TÜV. Verkehrsflugzeuge werden von Beginn an ständig diversen Checks unterzogen. Für aufwendigere Inspektionen sind Intervalle vorgesehen (Check A bis D, im Intervall eine Woche bis zehn Jahre), die von den geflogenen Stunden und dem Alter der Maschine abhängen. Beim A-Check zum Beispiel dauern sie ein bis drei Tage, beim D-Check (weil dabei das Flugzeug komplett auseinandergebaut und wieder zusammengesetzt wird) bis zu acht Wochen.

Außerdem wird vor jedem Start vom »Pilot Monitoring« eine Sichtkontrolle durchgeführt und vom Ramp Agent* geprüft, ob alle

---

* Der Ramp Agent ist für das Flugzeug am Boden verantwortlich. Er ist An-

(Sicherheits-)Vorschriften eingehalten wurden – zum Beispiel, was die Beladung des Flugzeugs (Gewicht, Verteilung) betrifft.

Flugzeugtechnik unterscheidet sich wesentlich von üblicher Elektronik

Heimische elektronische Geräte für Datenverarbeitung oder Informationstechnologie haben nichts mit Avionik zu tun, außer, dass es sich bei beidem um Technik handelt. Und trotzdem war es zu Flugangstzeiten für mein Bauchsystem kein Problem, blitzschnell in die Irre führende Verbindungen herzustellen.

Alle meine bisherigen Laptops wurden meist schon nach zwei Jahren deutlich fehleranfälliger – das Laden dauerte länger, oder sie stürzten gleich komplett ab. Ähnliches galt für Handys oder den Internetrouter. »Die Technik wird immer komplizierter«, raunt folglich Hedwig, »und überleg mal, wie kompliziert die erst im Flugzeug und wie uralt so eine Maschine im Vergleich zum Laptop ist – ungefähr elf Jahre im Durchschnitt, gern auch mal zwanzig. Warum also sollte das System ausgerechnet hier nicht ebenso abstürzen, mitsamt allen Passagieren?«

Als ich mit Flugzeugingenieur Heiko über meine Bedenken sprach, dass solche vermeintlich alten Flugzeuge doch ständig von technischen Defekten geplagt sein müssten, fragte der zurück, ob ich denn auch bei einem 200 Jahre alten, perfekt gepflegten Schloss Angst hätte, dass es über mir zusammenstürzt. Er meinte sogar, man könne fast besser Äpfel mit Birnen vergleichen als Flugzeugtechnik mit der Elektronik von Laptops oder Smartphones. Mein Laptop wäre erstens stabiler, wenn ich einige unnötige Daten löschen würde. Vor allem aber ist er für einen ganz anderen Zweck konstruiert: Er soll schnell, schick und flexibel einsetzbar sein; außerdem muss er mit

sprechpartner für Cockpit- und Kabinenbesatzung sowie Schnittstelle zwischen der Einsatzzentrale der Fluggesellschaft, dem Gate-Personal, der Technik und den Vorfeldarbeitern.

einer ganzen Reihe unterschiedlicher Soft- und Hardwarekomponenten kompatibel sein, also mit jedem neuen Drucker, jedem Streaming-Dienst und jeder Kamera von jeder Firma. Außerdem sind Laptops für rasche Marktreife konzipiert, um auf die Zielgruppe modern, cool und ansprechend zu wirken. Programmfehler (sogenannte Bugs) sind Normalität, und um diese zu eliminieren, wird jeweils neue Software angeboten.

Bei Flugzeugen hingegen gibt es nur ein einheitliches System, das sehr langsam und gründlich ausgearbeitet wird, bis seine einzelnen Komponenten perfekt aufeinander abgestimmt sind. Im Gegensatz zu Smartphones und Laptops nimmt die Entwicklung eines Flugzeugtyps 20 bis 30 Jahre in Anspruch. Damit werden Kinderkrankheiten sehr viel unwahrscheinlicher, die sich sonst erst bei längerer Anwendung im Echtbetrieb offenbaren würden. Bei der Funktionsprüfung der Systeme gelten sogenannte rigorose Testverfahren; dabei ist die Toleranz für technische Fehler und Störungen minimal bis null. Daher ist es auch äußerst selten, dass die jeweilige Luftfahrtbehörde einen bestimmten Flugzeugtyp als technische Vorsichtsmaßnahme sperrt, bevor das Unglück vollständig aufgeklärt ist.

Im Vergleich zu IT-Elektronik ist im Flugzeugbau also die Kompatibilität verschiedener Firmen unwichtig; ein Airbus muss nicht mit Boeing-Produkten harmonieren. Die absolute Priorität liegt bei Flugzeugtechnik auf Störfestigkeit, die durch diese klare, spezifische Konstruktion sowie langjährig optimierte, perfekte Anpassung der Subsysteme garantiert wird. Schon allein deswegen ist ein Absturz dieses ausgeklügelten Systems höchst unwahrscheinlich – zu 100 Prozent ausgeschlossen werden kann es aber nicht. Und genau das ist der Grund für das zusätzliche Sicherheitssystem: die oben genannte Redundanz. (Für wesentliche Instrumente wird die Redundanz übrigens nicht einfach durch pure Duplizität, sondern anhand unterschiedlicher Technik hergestellt: Zum Beispiel gibt es neben den digitalen Anzeigen des Luftdrucks ein analoges Barometer, das den Luftdruck per Direktkontakt misst.)

Die Rechenleistung eines Flugzeugs, das beispielsweise Mitte der 1980er-Jahre gebaut wurde, ist natürlich geringer als die eines modernen Computers. Schon ein Smartphone ist diesbezüglich leistungsfähiger; ein Gerät jüngster Generation verfügt über eine Speicher- und Rechenleistung, die jene des Bordcomputers beim ersten Flug zum Mond weit übertrifft. Trotzdem kann mein Handy mich nicht zum Mond bringen.

Am besten vergleichbar mit Technik aus dem persönlichen Umfeld ist wohl die Unterhaltungselektronik an Bord. Sollte der Bildschirm einmal schwarz werden, während man sich mit einem schönen Film ablenken will: Das ist ärgerlich, hat aber ansonsten rein gar nichts mit dem Flug zu tun. Bordelektronik ist von der Avionik völlig unabhängig.

Kommt es doch einmal zu einem Unfall, werden sehr schnell nicht nur der Flugzeugtyp, sondern auch der Hersteller infrage gestellt. Das ist aber ungefähr so, als würden Sie nicht mehr in ein Mercedes-Taxi steigen, wenn Sie hören, dass gerade in Athen, Hongkong oder Wanne-Eickel eines verunglückt ist.

Flugsicherheit 5: sichere Fluggesellschaften

Wer sichergehen möchte, dass die höchstmöglichen Sicherheitsstandards auch wirklich eingehalten werden, der kann bei der Buchung darauf achten, dass die Fluggesellschaft seiner Wahl nicht auf der schwarzen Liste steht. Diese Liste wird seit 2006 von der EU herausgegeben und kann online eingesehen werden. Dort werden Fluggesellschaften gelistet, »deren Betrieb unter Bedingungen erfolgt, die unter dem notwendigen Sicherheitsniveau liegen«. Manche Experten sind der Meinung, dass diese Liste immer noch keine absolute Gewissheit über sichere Fluggesellschaften verschaffen kann – womit sie recht haben. Absolute Sicherheit kann es in der realen Welt nie geben. Piloten wie »Cockpitbuddy« Suk-Jae hingegen finden derartige Listen überflüssig, weil sie bei allen Fluggesellschaften ausreichende Sicherheit gewährleistet sehen.*

Flugsicherheit 6: sichere Plätze

»Alles gut und schön«, raunt Hedwig womöglich nach wie vor, »aber such dir im Flugzeug trotzdem den sichersten Platz, vorsichtshalber!« Unsere Antwort: kein Problem, denn alle Plätze im Flugzeug sind sicher. Die oft verbreiteten Hinweise, die Plätze vorne seien sicherer als die hinteren, und am besten sollte man am Notausgang sitzen, erklären sich durch Studien zur erfolgreichen Evakuierung. Irgendwie logisch, dass man im Fall einer Evakuierung dort die besten Karten hat. Hedwig könnte allerdings auch jede Menge andere kreative Ideen aus bisherigen Unglücken ableiten, die einen wiederum anderen Platz als sichersten ausweisen würden. Angesichts der Zahlen aus dem Statistik-Kapitel sind diese Informationen allerdings einfach nicht relevant. Denn Sie laufen bestimmt auch nicht mit kugelsicherer Weste durch die Stadt oder tragen im Haushalt einen Helm ...

Ihre Sitzplatzwahl richtet sich also besser nach Vorliebe: Soll's möglichst wenig wackeln, ist es vorne bequemer (daher sind dort auch immer die höheren Beförderungsklassen situiert), wenn man

---

* Mittlerweile wäre mein Grundvertrauen groß genug, dass ich selbst mit einmotorigen Privatmaschinen flöge, für die (im buchstäblichen Sinne) andere Gesetze gelten als für die kommerzielle Luftfahrt. Analog zu Mitfahrzentralen existieren nämlich Mitflugzentralen, in denen Hobbyflieger Rund- oder Streckenflüge in Privatjets und Kleinflugzeugen anbieten.

aber die Wahrscheinlichkeit für mehr Platz in der Economy Class haben will, kann hinten sitzen von Vorteil sein (dort hat man eine höhere Chance auf freie Nebenplätze).

Flugsicherheit 7: Draußen ist es manchmal ungemütlich

Vogelschlag

Außerhalb des Flugzeugs ist es nicht nur bitterkalt (je nach Reisehöhe bis zu minus 57 Grad) – es kann auch sonst recht ungemütlich werden, etwa aufgrund von Nebel oder Gewitter. Außerdem sind wir nicht allein in der Luft; unsere gefiederten Freunde waren schon lange vor uns dort oben. Und spätestens seit der Notwasserung auf dem Hudson River weiß jeder, dass die Triebwerke den Vögeln zum Verhängnis werden können und umgekehrt.

Nun ist Vogelschlag für Piloten Alltag. Die Schäden sind fast nie bedrohlich – zumindest nicht für die mehrmotorigen Flugzeuge der kommerziellen Luftfahrt. Vögel versuchen übrigens immer im Sturzflug zu fliehen, sofern sie den Kollisionskurs rechtzeitig voraussehen – weshalb die Pilotinnen ihren gefiederten Kollegen stets nach oben oder seitwärts ausweichen. Moderne Triebwerke müssen außerdem Vogelschlag-Resistenz aufweisen, das heißt Kollisionen mit dreieinhalb Kilo schweren (toten) Tieren überstehen (was ziemlich fetten Weihnachtsgänsen entspricht). Dieser Testvorgang wird mit dem martialischen Begriff »Hühnerkanone« beschrieben.

Bedrohlich sind derlei Schäden nie, doch wie auch Blitzschlag können sie teuer werden: Das Flugzeug muss an der entsprechenden Stelle auf noch so winzige Schäden geprüft werden – und das kostet Zeit, Geld und ggf. Material. Daher wird potenzieller Vogelschlag schon allein aus ökonomischen Gründen mithilfe diverser Methoden vermieden, vor allem durch das sogenannte Biotopmanagement (für große Vögel gibt es in Flughafennähe keinen geeigneten

Lebensraum); außerdem aber durch Pyrotechnik, angelernte Greifvögel und artspezifisch unangenehme Beschallung.

Gewitter

2018 lautete eine österreichische Schlagzeile: »Kurz-Flieger vom Blitz getroffen!« Gemeint war der damalige österreichische Bundeskanzler. Dazu ein Foto von Sebastian Kurz nebst Symbolbild von einer dynamisch aufsteigenden Maschine der Austrian Airlines, die quasi von Blitzen perforiert wird. Die Story dahinter war todlangweilig: Das Flugzeug war bereits auf dem Hinweg nach Hongkong von einem Blitz getroffen worden (natürlich ohne Auswirkungen), und der Rückflug nach Wien verzögerte sich um drei Stunden, weil es vorsichtshalber vorher noch einmal durchgecheckt wurde. Leider prägt sich Hedwig jede noch so fade Geschichte sofort ein, die wiederum unsere innere Landkarte gehörig durcheinanderbringen kann.

Blitzeinschläge live zu erleben, ist auch für Vielflieger eher unwahrscheinlich. Andererseits wird fast jedes Verkehrsflugzeug in seinem langen Leben ungefähr alle drei Jahre vom Blitz getroffen, einfach, weil es viele Tausende Kilometer unterwegs ist. Gewitter werden üblicherweise vom Wetterradar erkannt und von den Piloten umflogen. Kommt es dennoch zu einem Blitzschlag, entwickelt sich das Unwetter zufällig genau auf der Flugroute – es handelt sich also immer um ein beginnendes Gewitter. Und darauf ist ein Flugzeug vorbereitet, durch Blitzableiter und Überspannungsschutz. Trotzdem wird nach einem Einschlag stets geprüft, ob alles in Ordnung ist; wie bereits erwähnt ein teurer und zeitaufwendiger Vorgang, den die Piloten zu vermeiden versuchen. Im Übrigen ist ein Einschlag zwar im Moment des Geschehens erschreckend – es knallt und leuchtet mehr oder weniger intensiv –, doch im Faraday'schen Käfig Flugzeug ist man sicher.

Gefilmt wurde einmal ein Blitzschlag, der eine KLM-Maschine auf dem Weg vom Amsterdamer Flughafen Schiphol nach Peru traf.

Ein Funke leuchtet auf, und das Flugzeug fliegt einfach ganz normal weiter. Ziemlich unspektakulär. Also peppten die passionierten Filmemacher von Bild-Online die Szene nach allen Regeln der Kunst auf (inkl. Zeitlupe und Soundeffekt) und versahen sie außerdem mit melodramatischer Literatur: »In diesem Flugzeug möchte man nicht sitzen (...) dunkle Wolken hängen über dem Flughafen (...) wenige Sekunden nach dem Start passiert es (...) ein Blitz schlägt in das Flugzeug ein ...« Da einem auch das Finale keine schlaflosen Nächte bereitet – »... und dann flogen sie ohne jedes Problem weiter ...« –, wurde noch erwähnt, dass eine andere Maschine weniger Glück hatte und umkehren musste – was sich als bloße Vorsichtsmaßnahme herausstellte.

Nebel

Landungen bei geringer Sicht, sogenannte Low-Visibility-Anflüge, werden durch das Instrumentenlandesystem unterstützt. Generell benötigt man als Pilot Instrumente, welche die intuitive Wahrnehmung korrigieren. Bekanntlich verfügen Menschen über einen sehr fehleranfälligen Sinn für die Raumlage. Ein Blick auf den künstlichen Horizont (»Horizontkreisel«, in dreifacher Ausführung vorhanden) im Instrumentenbrett erlaubt der Pilotin und dem Co-Piloten jederzeit die Lageorientierung – denn gerade etwa bei schräg liegenden Wolken besteht die Gefahr einer Fehleinschätzung.

Bei schlechterer Sicht als gewöhnlich ist ein entsprechend höherer Instrumenteneinsatz erforderlich: An Bord übernimmt dann der Autopilot, indem er mit einem korrespondierenden Antennensystem des Flughafens kommuniziert. Selbstverständlich wird er dabei von den Piloten überwacht (was ebenso selbstverständlich fester Bestandteil ihres regelmäßigen Simulator-Trainings ist). Bei welcher Sicht welches Flugzeug mit Piloten welcher Lizenz auf welche Weise landen darf, ist – wie alles andere – genau geregelt. Für die Details dazu verweise ich wieder gern auf »Cockpitbuddy« Suk-Jae.

Stürme
Bei Stürmen im Landeanflug ist im Cockpit einiges zu tun und zu entscheiden. Es gibt bestimmte Toleranzgrenzen, innerhalb derer man noch landen darf. Bemerken die Piloten jedoch im Anflug, dass die Bedingungen nicht optimal sind, müssen sie eben wieder durchstarten. Auch das gehört zum Alltag der Profis dazu – nicht aber zu unserem, weshalb der Vorgang des Durchstartens auf viele beängstigend wirkt. Warum es aber nicht gefährlich ist, wird weiter unten erklärt.

Regen und Schnee
Trübe, graue Regentage sind wegen der Schichtwolken eher stabile und gut einschätzbare Wetterbedingungen. Regen selbst ist nicht weiter erwähnenswert, auch die Landebahn wird durch Nässe nicht etwa automatisch gefährlich. Nur bei lang anhaltenden extremen Bedingungen ist die Gefahr von Aquaplaning gegeben, und dann muss das Flugzeug zulasten der Bequemlichkeit auf einen anderen Flughafen umgeleitet werden. Meistens ist das jedoch gar nicht nötig, und es kann ohne jede Gefahr selbst im Starkregen gelandet werden – bloß etwas härter als gewöhnlich, weil sich andernfalls der Bremsweg verlängert. Das Gleiche gilt für Schnee. Mit den stetig aktualisierten Daten vom Bodenpersonal versorgt, errechnet der Pilot die notwendige Strecke für die Landung und setzt entsprechend härter auf. Bei Schnee und Eis herrscht auf dem Flughafen Hochbetrieb: Jede Bahn wird immer wieder mit Räumfahrzeugen bearbeitet, damit die Flugzeuge dort sicher landen und starten können.

Und wie reagieren die Flugzeuge bei Minusgraden selbst? Eis bedeutet zusätzliches Gewicht, die Auftriebseigenschaften werden folglich geringer – weshalb man alles vermeidet, was zu Vereisung führen könnte. Während des Fluges wirken wegen der hohen Geschwindigkeit die aerodynamische Erwärmung und die Heizung an den Flügelkanten der Eisbildung entgegen. Am Boden allerdings kann die Maschine ebenso zufrieren wie mein Renault Twingo. Daher muss vor dem Flug manchmal eine Enteisung durchgeführt werden, die ziemlich viel Aufwand erfordert.

If you're in doubt – go around

Da hat man – schon fast entspannt – vernommen, wie das Fahrwerk ausgefahren wurde, hat ein Dankgebet begonnen, und der feste Erdboden scheint bereits zum Greifen nah. Und dann das: Die Geräusche schwellen wieder an, die Maschine beschleunigt, und plötzlich geht es mit lautem Getöse wieder aufwärts. Ein klassischer Schockmoment für Flugängstliche.

Da ich (aus ökologischen Gründen) ohnehin keine Vielfliegerin werden will, ist es nicht sehr wahrscheinlich, dass meine Hedwig eines Tages noch durch dieses sogenannte Durchstarten herausgefordert wird. Denn das Go-around, wie es von Profis genannt wird, ist nicht allzu oft nötig.

Piloten trainieren diese ganz normale Sicherheitsmaßnahme als Standardprozedur, und wenn angehende Piloten das Fliegen lernen, starten sie ohnehin ständig durch. Beim Training des Landeanflugs ist es schlicht ökonomischer, nicht komplett zu landen und ganz neu zu starten, weil diese Vorgehensweise erheblich mehr Zeit und Sprit kosten würde. Im Verkehrsalltag besteht ein Grund für das Durchstarten in der Staffelung der Flugzeuge, die ganz genau von den Fluglotsen im Tower beobachtet und kontrolliert wird. Kommt es zum Beispiel während der Landung bei einem anderen Flugzeug zu Verzögerungen nach der Startfreigabe, würde der ideale und festgelegte Sicherheitsabstand zu diesem Flugzeug möglicherweise unterschritten – in einem solchen Fall erhält der Pilot das Kommando zum Go-around. Das Gleiche gilt für andere verletzte Limits: etwa, wenn die Sicht in einer bestimmten Höhe nicht optimal ist oder wenn der Wind eine festgelegte Grenze überschreitet. In solchen Fällen wird zum Beispiel eine andere Landebahn zugewiesen oder in dem neuen Anlauf auf das Instrumentenlandesystem umgeschaltet. Außerdem haben Piloten laut »Cockpitbuddy« Suk-Jae eine interessante Vorgabe, bei der ihre Intuition relevant ist: »If you're in doubt – go around.« Sobald die Intuition des Piloten (also die Intuition des Experten) ihn warnt, dass es nicht optimal passt, ist er angehalten durchzustarten – auch wenn diese vermeintlich übertriebene Sicherheitsmaßnahme sich im Nachhinein als grundlos herausstellen sollte. (Übrigens ein weiterer Grund, warum bei schlechten Wetteraussichten mehr getankt wird als bei guten.) Genauer kann man dies und mehr nachhören in der dritten Folge des Podcasts von Suk-Jae.

Also: Wenn durchgestartet wird, entscheidet sich der Pilot nicht etwa aufgrund einer gefährlichen Situation für eine Notmaßnahme; vielmehr vermeidet er durch diese ungefährliche Alternative jedes noch so unwahrscheinliche Risiko.

Über den Wolken ...

Zusammenfassend lässt sich sagen: Äußerliche Hindernisse, die dem Flugzeug schaden könnten, sind in der Luft selten, und wenn sie vorkommen, kann man sie meist leicht vermeiden. Von einer Verkehrssituation wie in der Luft können Autofahrer nur träumen: kilometerweit freie Sicht, eine ganz exklusiv reservierte Route, die kein anderer kreuzt, und ungünstiges Wetter wird einfach und schnell umfahren.

Das Risiko, dem wir uns als Verkehrsteilnehmer am Boden aussetzen (man kann es gar nicht oft genug wiederholen), ist viel höher als das in der Luft. Wildgänse würden uns wohl eher weniger vor die Windschutzscheibe fliegen, Fasane oder Rebhühner schon eher. Außerdem kreuz und quer unterwegs: Rehwild, Hasen, Wildschweine,

Katzen und Hunde. Auch die anderen Verkehrsteilnehmer sind meist bei Weitem nicht so geschult, trainiert und aufmerksam wie Pilotinnen – ob Fußgänger, Fahrrad-, Motorrad- oder Autofahrerinnen.

Wie viele Hürden es am Boden im Vergleich zur Luft gibt, wurde mir selbst erst richtig klar, als ich im Flugzeug schon gar keine Angst mehr hatte. Auf einem Flug nach Griechenland flogen wir bei sehr klarem Wetter über Serbien. Ich hatte zu meiner Begeisterung einen Fensterplatz bekommen (früher wäre das eine zusätzliche Katastrophe gewesen) und konnte die vielen verschlungenen Straßen zwischen den Bergen und Dörfern sehen. Entgegen meinen kindlichen Hoffnungen kann man auf der üblichen Reiseflughöhe die Erdkrümmung zwar nicht sehen (denn dazu wären zusätzliche 5000 Meter Höhe notwendig), aber ich bekam eine Ahnung davon, warum die meisten Piloten ihren Beruf so lieben. Nicht nur mich weht vielleicht in einem solchen Moment ein Hauch von der Ehrfurcht an, die Astronauten oft erleben: der sogenannte Overview-Effekt (siehe Exkurs 25).

EXKURS 25
Der Overview-Effekt

Kurz vor seiner Rückkehr zur Erde im Dezember 2018 hat der deutsche Raumfahrer Alexander Gerst von der Internationalen Raumstation (ISS) aus eine Videobotschaft an seine ungeborenen Enkel gesendet – die natürlich für uns alle gedacht war. Darin entschuldigt er sich für die Fehler seiner Generation und bekundet den Wunsch, dass wir alle das Leben mehr wertschätzen mögen; womit er nicht nur das der Menschen miteinander meint, sondern auch ihren Planeten, die Erde. Dass eine Gemeinschaft verschiedener Menschen aus unterschiedlichen Nationen funktionieren könne, zeige sich in der erfolgreichen und harmonischen Arbeit auf der ISS. Oft seien einfache Lösungen nicht unbedingt auch die besten; die eigene Sichtweise sei immer unvollständig, und um das zu erkennen, helfe »der Blick von außen«.

Gerst hatte die Chance, unser aller Lebensraum aus einer Höhe von mehr als 400 Kilometern zu betrachten – eine Perspektive, die der Menschheit mit wenigen glücklichen Ausnahmen verwehrt bleibt. Was Astronauten beim Anblick der Erdkugel fühlen, scheint eine transzendentale Erfahrung zu sein – das lässt sich aus ihren eindrucksvollen Beschreibungen schließen. Schon bemerkenswert, wenn Menschen, die ja meist nicht in Philosophie, Dichtkunst oder Religionswissenschaft, sondern eher in nüchternen Fachgebieten ausgebildet sind, von einem »leuchtenden Saphir auf schwarzem Samt« sprechen (Astronaut James Lovell), »der einzigen Farbe, die wir im All wahrnehmen konnten« (Astronaut Bill Anders); von einem »lebenden, atmenden Organismus« (Astronaut Ronald John Garan), der tief empfundene Leidenschaft für und Sorge um unsere Heimat auslöse. »Du stehst Wache für die ganze Erde!« (Kosmonaut Yuri Artyushkin).

Eine offenbar erschütternde Erfahrung, mit der zu Beginn der Raumfahrt noch niemand gerechnet hatte: Als am Heiligabend 1968 die erste bemannte Umkreisung des Mondes Realität wurde, ging aus Perspektive der Astronauten am Horizont die Erde auf. William Anders und Frank Borman waren so beeindruckt, dass sie Fotos vom Erdaufgang schossen, obwohl das im minutiös geplanten Ablauf eigentlich gar nicht vorgesehen war. Wie der US-amerikanische Philosoph David Loy es ausdrückte, wollte man eben zu den Sternen aufbrechen und hatte mit diesem intimen Blick auf sich selbst nicht gerechnet. Dessen Auswirkungen beschrieb 1987 der Autor Frank White in seinem gleichnamigen Buch als

Overview-Effekt: Allen Betrachtern gemeinsam ist ein Gefühl von Ehrfurcht, ein tiefes Empfinden von Verstehen und Verantwortung für die Schutzbedürftigkeit des Lebens. Eine Ahnung davon bekommt man, wenn man sich die Dokumentation zum Overview-Effekt anschaut, die in gekürzter Version (ca. 20 Minuten) frei zugänglich im Internet zu finden ist. Der bereits erwähnte Ron Garan beschreibt dort, wie sich dem Betrachter die Verletzlichkeit des Planeten und seiner Bewohner geradezu aufdränge, sehe man allein die »papierdünne Schicht« der Atmosphäre, die uns alle »vor dem Tod und der Härte des Weltraums schützt«. Deswegen gründete Garan die Initiative »Fragile Oasis«, die eine verbesserte Zusammenarbeit von Menschen und Organisationen zur Lösung der Herausforderungen der Menschheit zum Ziel hat: Armut, Krieg und Umweltzerstörung. Denn wenn der Mensch zum Mond fliegen kann, so sein Argument, dann müsse es auch möglich sein, für diese Probleme Lösungen zu finden.

Ob man durch ein kosmisches Aha-Erlebnis wirklich ein besserer Mensch werden kann? Vielleicht. Allerdings hat die Faszination Borman und Anders nicht davon abgehalten, sich um die Urheberschaft des ersten Fotos von der Erde zu streiten ...

Maximale Flugsicherheit – aber ...?

Eines hat mich bei zunehmender Kenntnis derartig eindrucksvoller Sicherheitsmaßnahmen stets irritiert: Warum wird bei der Flugsicherheit eigentlich so – man könnte fast sagen – übertrieben? Warum sind die Regelungen samt deren Prüfungen bei der Luftfahrt so außergewöhnlich streng? Verglichen damit sind andere Angelegenheiten ausgesprochen locker geregelt. Man denke nur an die Dieselaffäre sowie an den Umgang mit dem Tempolimit auf Autobahn oder mit Checklisten in Operationssälen.

Teilweise wurden die Gründe bereits im Statistik-Kapitel beschrieben: Die Risikowahrnehmung in puncto Straßen- bzw. Flugverkehr ist verzerrt. Vertraute Risiken wie etwa beim Autofahren werden hingenommen, und zwar umso bereitwilliger, je mehr Fahrspaß man hat und je mehr Rendite man erwarten kann. Das wissen natürlich auch und gerade die politischen Entscheidungsträger, die ihr Verhalten zwecks Wiederwahl bekanntlich oft eher an den Ängsten der Menschen ausrichten als an realen Risiken. Zweitens: Solange keine Gegenmacht den Druck der geradezu übermächtig erscheinenden Lobbyisten zu brechen willens oder in der Lage ist, wird sich schon allein deshalb nichts ändern.* Drittens wird jeder Zwischenfall im Flugverkehr mit größtem Interesse verfolgt und medial so lange und sensationell wie möglich ausgeschlachtet; bei tatsächlichen Katastrophen leider ebenso wie bei völlig normalen Ereignissen (man denke an die Blitzeinschlag-Story). Aus Sicht der Fluglinien ist schlechte Presse natürlich unbedingt zu vermeiden, weil es sich für eine bestimmte Zeit sehr ungünstig auf die Passagierzahlen, Aktienkurse und folglich die Erträge der Unternehmen auswirkt. Und da Fluglinien als systemrelevant gelten dürften, liegen die gesetzlich geregelten hohen Sicherheitsstandards im knallharten wirtschaftlichen Interesse aller Beteiligten – was der Kundschaft ja nur recht sein kann.

---

* Vgl. z. B. Thilo Bode, *Die Diktatur der Konzerne. Wie globale Unternehmen uns schaden und die Demokratie zerstören*, Frankfurt a. M. 2018.

9. Irrweg medizinisches Halbwissen – Ausweg psychologisches Faktenwissen

»In Ordnung«, sagen Sie sich an dieser Stelle vielleicht, »bis hierher alles gut und schön. Ich habe aber ein ganz anderes Problem: Was, wenn ich – trotz allem und wider besseres Wissen – beim nächsten Flug doch schlimme Angst haben werde? Vielleicht sogar eine ausgewachsene Panikattacke? Was, wenn die Angst ins Unermessliche steigt, kein Ende mehr nimmt und in den Wahnsinn oder sogar zu einem Herzinfarkt führt? Gab es da nicht diesen einen Fall …«

Wer ähnliche Gedanken hat, sollte vor dem Trainingsblock noch einen allerletzten Irrweg ins Labyrinth der Angst inspizieren: medizinisches Halbwissen, womöglich gepaart mit psychologischen Angstmythen. Zunächst eine kurze Wiederholung und Präzisierung: Wie genau zeigt sich Angst, und wie kommt sie vom Bauch in den Kopf (oder gar umgekehrt)?

Angst ist eine Grundemotion und kann entsprechend eindeutig ausgedrückt werden. Noch der schlechteste Schauspieler vermag sie darzustellen, sodass man sie, ohne lange zu analysieren, auf den ersten Blick erkennt. Machen Sie die Probe aufs Exempel und schauen sich die üblichen Emojis auf Ihrem Handy oder im Internet an – die Angstkandidaten identifizieren Sie bestimmt schnell. Die Merkmale sind klar erkennbar: offener Mund, weit aufgerissene Augen und entsprechend gehobene Augenbrauen. Nun sind einige Menschen erstaunlich gut darin, diese äußeren Anzeichen zu verbergen. Doch auch diese Menschen werden die Angst mit eindrucksvoller Klarheit erleben – mittels geballter physiologischer Wucht, die der Körper, quasi auf Anweisung des limbischen Systems, auszuüben vermag: Der Blutdruck steigt, der Puls rast, die Atmung beschleunigt sich, Schweiß bricht aus, die Muskeln spannen sich an … Wie zu Anfang ausführlich beschrieben, kann das auch von Vorteil sein, weil wir auf diese Weise perfekt für Kampf oder Flucht gerüstet sind; medizinisch-physiologisch betrachtet eine Meisterleistung.

Doch leider gibt es auch unbegründete Angst, Flugangst zum Beispiel. Eine Art Kollateralschaden der Evolution. Was aber heißt eigentlich »unbegründet«?

Gründe für Angst: physiologisch oder psychologisch?

Meine Oma – Gott hab sie selig – hat nie ganz verstanden, was das eigentlich sein soll: Psychologie.

Oma: »Was wirst du noch mal, wenn du fertig studiert hast, Renchen? Physiologin?«
Ich: »Nee, Oma. Psychologin.«
Oma: »Ah.«
 – Pause –
Oma: »Und was macht man so als ... Philologin?«
Ich: »Psychologin. Man versucht, menschliches Verhalten und Erleben zu erklären. Und warum man was denkt.«
Oma: »Ah.«
 – Pause –
Oma: »So wie die alten Griechen – Sokrates und so?«

Meine lebenskluge Oma hat es später dann doch noch geschafft, sich meine Berufsbezeichnung korrekt zu merken. Die Unterschiede der Disziplinen Physiologie, Psychologie, Philosophie und Philologie blieben ihr aber für immer ein Rätsel. Oder erschienen sie ihr einfach nicht relevant? Irgendetwas mit Menschen eben.

Tatsächlich ist gerade die Wechselwirkung zwischen Physiologie und Psychologie recht eng und kann durchaus philosophisch diskutiert werden: Weinen wir, weil wir traurig sind? Oder sind wir traurig, weil wir weinen? Davon war William James* (1842–1910), Philosoph und Psychologie-Pionier in den USA, überzeugt. Es ist eben nicht so einfach, eine Empfindung wie Trauer nur als Folge einer Bewertung des Großhirns zu definieren. Manchmal entstehen die physiologischen Folgen einer Emotion schneller und spontaner als die kognitive Bewertung: Manchmal weine ich, noch bevor ich genau weiß, warum. Oder erlebe Furcht, bevor ich weiß, wovor. Außerdem biegt sich unser Gehirn die Bewertung der physiologischen Erscheinungen im Nachhinein zurecht. Es sucht nach physiologisch triftigen Bewertungen, die es uns später jedoch als *Ursache* für die physiologischen Symptome verkauft. Das Gehirn gaukelt uns also oft eine Physio-Logik vor, die eigentlich eine Psycho-Logik ist.

Für Flugunbehagen bis hin zu ausgewachsener Aviophobie ist dieser Punkt sehr bedeutsam – zum einen für Menschen, die über eine sensible Körperwahrnehmung verfügen. Sie bemerken Vorgänge in ihrem Körper, die anderen Zeitgenossen entgehen mögen (manche Frauen etwa merken, wenn sie einen Eisprung haben; andere wiederum nie), und so ist es nicht verwunderlich, wenn sie sich fragen: Wie lässt sich die Erschütterung meines Körpers diesmal erklären? Krankheit? Sauerstoffmangel in der Kabine?

Aber auch die Sachlichkeit und Logikneigung der Rationalisten erhöhen die Wahrscheinlichkeit, dass sie in einer Ausnahmesituation Angstsymptome nicht als psycho-, sondern als physio-logisch interpretieren: »Wenn ich als Rationalistin ein derart starkes Unbehagen spüre, muss es einen Grund dafür geben, sonst würde ich es nicht empfinden.« So stellen sich beide Gruppen dieselben Fragen: Welcher Grund steckt hinter meiner Erregung? Sind es die auf Gefahr hindeutenden Geräusche, die auf Gefahr hindeutenden Flugzeugbewegungen oder die auf Krankheit hindeutenden Körpersympto-

---

* Übrigens der große Bruder des berühmten Romanciers Henry James (1843–1916).

me? Beide Typen bewerten die wahrgenommene Angstphysiolog. als untrüglichen Seismografen für eine drohende Katastrophe.

Aber: Man kennt all diese Symptome (schnellere Atmung, flaues Gefühl im Bauch, erhöhte Aufmerksamkeit und natürlich Herzklopfen) auch aus anderen Lebenslagen ... Wer jedoch davon überzeugt sein sollte, eine Verwechslung von Bedrohung und Verliebtheit sei ja wohl ausgeschlossen, lese bitte Exkurs 26.

EXKURS 26
Verliebtheit in aufregenden Situationen

In einem berühmten Experiment aus der Sozialpsychologie wurden Männer über Brücken geschickt: die eine Gruppe über eine stabile, die andere über eine schwankende Hängebrücke. Letztere löst natürlich generell mehr Aufregung im physiologischen Sinne aus, also schnellere Atmung, flaues Gefühl im Bauch, erhöhte Aufmerksamkeit, Herzklopfen. Beim einen mehr, beim anderen weniger, doch bei allen durchschnittlich signifikant mehr als bei den Probanden auf der stabilen Brücke.

In Phase 2 begegnete den Männern auf ihrer jeweiligen Brücke eine Frau, die sie um Mithilfe bei einem weiteren Experiment bat und mit ihrer Telefonnummer versorgte. Das beeindruckende Ergebnis: Die Dame erhielt mehr Anrufe von den Männern auf der Hängebrücke. Außerdem projizierte diese Gruppe in einem anschließenden Test ein höheres Maß an Erotik in die Begegnung hinein als die andere. Offenbar interpretierten die Männer die durch das Wackeln induzierte physiologische Aufgeregtheit nunmehr als erste Anzeichen der Verliebtheit; jedenfalls fühlten sie sich deutlich mehr zu der Dame hingezogen als die Geschlechtsgenossen auf der stabilen Brücke.

Ein ähnlich interessantes, aktuelleres Experiment: Man befragte Menschen vor einer Achterbahn, wie attraktiv sie eine Person auf einem Foto fanden. Diejenigen, die noch in der Schlange anstanden, hielten die fotografierte Person für weniger attraktiv als jene, die soeben aus der Achterbahn ausgestiegen waren und deswegen einen erhöhten Hormonspiegel hatten. Anscheinend wirkte dieser Hormonpegel nach und lud zum Verlieben ein. Waren die Achterbahnpassagiere mit ihrem Partner gefahren, löste sich der Effekt allerdings auf. (Und was ist schon eine Achterbahnfahrt gegen einen Flug, oder? Also geben Sie gut acht, neben wen Sie sich setzen!)

Die Tatsache, dass Angst im physiologischen Ausdruck mit Verliebtheit verwechselt werden kann, mag uns also im Umkehrschluss ein wenig trösten. Die wenigsten wären ja der Meinung, sie könnten durch extreme Verliebtheit einen Herzinfarkt erleiden – oder?

Um Angst zu bekämpfen, erscheint es also gerade bei einer Neigung zu physio-logischen Betrachtungen geboten, den Sinn für die psycho-logischen zu schärfen. Denn – so der mögliche innere Monolog des Angstpatienten – wenn diese starken Körperreaktionen früher einen Zweck hatten und jetzt überflüssig sind, dann wird das vielleicht im Flugzeug zu einem Problem? Schließlich kann ich weder flüchten noch draufhauen – ich kann die Angst folglich nicht in Aktivität umsetzen. Was, wenn die Angst einfach nicht mehr aufhört und diese andauernden physiologischen Prozesse schließlich den Körper schädigen? Wer Bluthochdruck hat, bekommt doch schließlich schneller einen Schlaganfall? Und dass Atemnot nicht gut für Herz und Hirn ist, weiß doch jedes Kind. Ist es nicht logischerweise gefährlich, so lange Angst zu haben? Folglich:

Kann ich vor purer Angst sterben?

Kurzum: nein. Ein gesunder Mensch kann sich nicht zu Tode ängstigen. Etwas ausführlicher: Selbst wenn wir nichts gegen unsere Flugangst unternähmen, würde rein gar nichts passieren. Nicht mehr jedenfalls, als dass wir eine bestimmte Zeit lang (und zwar maximal ca. 30 Minuten) Angst hätten, die aufgrund der physiologischen Erschöpfung irgendwann wieder nachließe. Das wäre zwar nicht schön, aber auch nicht tödlich.

Von Angst allein stirbt man nicht, und sie kann auch keinen Herzinfarkt o. Ä. nach sich ziehen – jedenfalls, um es zu wiederholen, nicht bei einem gesunden Menschen. Mag sein, dass sich die Symptome bei einer starken Panikattacke so ähnlich anfühlen, wie man sich beispielsweise einen Herzinfarkt vorstellt. Ein Infarkt wird aber durch ein Blutgerinnsel ausgelöst, das ein lebenswichtiges Gefäß verstopft. Angst erhöht den Blutdruck und die Herzrate, ein Gerinnsel erzeugt sie allerdings nicht.

Auch ansteigender Blutdruck ist eine normale, gesunde Funktion des Körpers. Wenn Sie Sport treiben, steigt der Blutdruck an; beim Sex steigt der Blutdruck an; bei allen möglichen Gelegenheiten steigt der Blutdruck immer mal wieder an – und sinkt dann wieder. Unterschiedlich hoher Blutdruck zeigt, dass der Körper gut funktioniert. Nur dauerhaft hoher Blutdruck – über viele Monate oder gar Jahre hinweg – ist unstrittig schädlich und muss behandelt werden. Da wir zwar deutlich jünger aussehen, aber deutlich älter werden als die Menschen zu Zeiten von William James, sind unsere Körper irgendwann etwas wartungsintensiver; ab einem gewissen Alter empfiehlt sich daher ein großer Gesundheitscheck.

Hedwig können wir unsere körperlichen Gebrechen also nicht in die Sicherheitsschuhe schieben ...

Aber kann ich nicht vielleicht vor Angst sterben, weil irgendein anderer physiologischer Mechanismus dazu führt? (Zum Beispiel, dass mein Herz einfach nicht weiterschlägt?) Solche Geschichten gibt es immerhin ...

Gibt es, aber die entpuppen sich ausnahmslos als sogenannte »urban legends«, moderne Mythen. Könnten gesunde Menschen in extremen Paniksituationen wirklich vor Angst sterben, würden wir jenseits solcher Ammenmärchen viel öfter davon hören: von Soldaten im Krieg etwa, von eingeschlossenen Bergarbeitern oder – besonders makabres Beispiel – von Gefängnisinsassen, die kurz vor ihrer Hinrichtung stehen. Die Panik muss unermesslich sein. Sie wissen, dass am nächsten Vormittag um elf Uhr eine Giftspritze oder der elektrische Stuhl ihr Leben beenden wird. Wäre es nicht geradezu eine Erlösung, vorher vor Angst zu sterben? Passiert aber nicht.

Und was, wenn ich aus anderen Gründen an Bord einen Herzinfarkt erleide?

Zugegeben: Ausgeschlossen ist das nicht. Jeder von uns könnte theoretisch irgendwann einen Herzinfarkt erleiden, an jedem beliebigen Ort, also auch zufällig im Flugzeug. Andererseits: Es könnte ungünstigere Situationen geben. Denn ebenso wie Piloten werden auch Flugbegleiter obligatorisch in Erster Hilfe ausgebildet und ständig darin trainiert. Außerdem gibt es natürlich entsprechendes Equipment an Bord – inklusive Sauerstoffflaschen und Defibrillator (wie übrigens auch eine Ausstattung für eine eventuelle Geburt).

Auf Langstrecken steht ferner eine Hotline für medizinische Beratung zur Verfügung. Am anderen Ende der Funkverbindung sitzen Ärzte, die sich Symptome beschreiben lassen und Anweisungen geben können. Auf kürzeren Flügen ist das nicht nötig, da man im Notfall stattdessen irgendwo zwischenlanden und medizinische Hilfe vor Ort anfordern kann. Im Übrigen liegt die Wahrscheinlichkeit, dass unter den Passagieren ein Arzt an Bord ist, laut einer Studie bei ungefähr 50 Prozent, in Deutschland wird sogar von 80 Prozent ausgegangen.

»Cockpitbuddy« Suk-Jae Kim spricht in Folge 10 seines Podcasts folglich völlig zu Recht von Glück im Unglück: Einen Herzinfarkt an Bord eines Flugzeugs zu erleiden, ist aus den genannten Gründen allemal besser als in einem spärlich besuchten Café am Stadtr[and] oder im eigenen Auto in einer dünn besiedelten Landschaft. M[an] könnte also behaupten, einer der sichersten Orte auf der Welt befinde sich rund zehn Kilometer über der Erdoberfläche – in der Passagierkabine eines Flugzeugs.

Was, wenn ich mich vor Angst überatme?

Wenn man – aus welchen Gründen auch immer – zu schnell atmet, gelangt zu viel Sauerstoff in die Lunge, und zu viel CO_2 wird ausgestoßen; die Folgen davon sind äußerst unangenehm (Atemnot, Fingerkribbeln etc.), aber ungefährlich, und lebensbedrohlich erst recht nicht. Mit einfachen Atemübungen kann man einer solchen Hyperventilation sehr gut vorbeugen.

Sollte dennoch eine Überatmung eintreten, muss man nur dafür sorgen, dass es zur Rückatmung kommt: Der Körper nimmt dann das zu viel ausgeatmete CO_2 wieder zu sich. Das lässt sich bewerkstelligen, indem man in eine Tüte atmet oder – das finden viele weniger bedrohlich – in die vor Mund und Nase gehaltenen Hände, bis die Symptome verschwinden. Flugbegleiter sind natürlich für entsprechende Hilfestellung ausgebildet. Übrigens hyperventiliert man in Verhaltenstherapien ggf. sogar absichtlich, um sich später wieder mit ebendiesem Trick zu therapieren und zu merken: Mein Leben ist erstens nicht bedroht, und zweitens kann ich etwas gegen das Überatmen tun.*

Auch eine Ohnmacht ist sehr unwahrscheinlich, da sie physiologisch das Gegenteil von Panik darstellt. Selbst wenn sie einträte, wäre sie bei ansonsten gesunden Menschen nichts anderes als eine Art Reset, ein kurzfristiger »Stromausfall« vor einem Kreislauf-Neustart. Das ist natürlich unangenehm, aber nicht weiter schlimm –

---

* Nicht zu verwechseln mit der bewussten Hyperventilation beim sogenannten Rebirthing, wo sie Trancezustände herbeiführen soll.

vorausgesetzt, man sitzt (was man im Flugzeug ja tut), sodass man sich beim Fallen nicht verletzt.

> **Ein gesunder Mensch kann vor Angst nicht sterben.**

Aber was, wenn ich vor Angst verrückt werde?

Auch das wird ganz sicher nicht passieren. Angst ist zwar ein starkes Gefühl, doch nach einiger Zeit erschöpft sich die Energie. Ein gesunder Mensch kann nicht auf einem »Angsttrip« hängen bleiben (allenfalls als Folge von Drogenmissbrauch).

Aber wie kommt es überhaupt zu dieser Idee? Sie entsteht aus dem Widerspruch von Kopf und Bauch: Der Kopf weiß, dass eigentlich keine konkrete Gefahr droht; körperlich aber herrscht Alarmstufe Rot (Puls, Hormone etc.). Diese nicht zusammenpassenden Empfindungen sind also in der Tat »ver-rückt« und erzeugen ein Gefühl der Unwirklichkeit. Der Verstand möchte nun einen möglichen Grund für diese Gefühlslage finden (denn bekanntlich sucht das Gehirn immer Gründe für Ursache und Wirkung). Der messerscharfe Schluss lautet dann: Vielleicht werde ich ja schlicht und einfach verrückt!

> **Ein gesunder Mensch kann vor Angst nicht verrückt werden.**

Na gut, aber wenn etwas Peinliches passiert? Wenn ich zum Beispiel erbrechen muss?

Egal, welche Filmszenen Ihnen womöglich in Erinnerung sind – auch Erbrechen zählt nicht zu den Standardsymptomen von Angstattacken. Allerdings gibt es tatsächlich eine unerklärliche Angst vor dem Erbrechen (Emetophobie), die man übrigens sehr gut behandeln kann. So oder so, falls Ihnen übel werden sollte: An der Rückseite des Sitzes vor Ihnen steckt eine Spucktüte.* Und anschließend rufen Sie den Flugbegleiter, zu dessen Berufsbeschreibung es gehört, den Hygieneartikel rasch, diskret und professionell zu entsorgen.

Was, wenn die Angst stundenlang andauert und kein Ende nehmen will?

Was wir in einer akuten Situation nicht glauben mögen: Wir können nicht stundenlang maximale Angst haben. Schon nach Minuten kann der Körper das höchste Niveau nicht mehr aufrechterhalten, denn der Kampf-oder-Flucht-Modus ist für kurzfristige Aktionen gedacht. Und wenn die Angst einflößende Situation einfach immer weiter anhält? Dann, so banal es klingt, gewöhnen wir uns bis zu einem gewissen Maße daran, das heißt, die akuten Angstsymptome nehmen deutlich ab. Angst verläuft also in Phasen. Eine halbe Stunde wäre schon extrem lang für eine Panikattacke, und auch bei diffuserer Angst verläuft die Kurve auf und nieder.

Augen auf und durch: der Teufelskreis der Angst

Das Motto »Augen zu und durch!« – also etwa: Augen zu, Ohropax rein, innerer Rückzug – funktioniert nicht. Bei diesem Rückzug vermögen wir leider nicht wahrzunehmen, wenn die Angst abnimmt. Im Gegenteil: Obwohl ich versuche, mich zusammenzureißen, fühle ich mich in einem Angstwirbel umhergeschleudert, aus dem ich erst wieder herausfinde, wenn die Situation vorbei, sprich, das Flugzeug gelandet ist. Im »Augen zu und durch!«-Modus bin ich so müde und erschöpft oder traurig, dass ich gar nicht registriere, dass meine

---

* Ein Relikt aus früheren Zeiten, als man eine erheblich geringere Flughöhe wählte und dementsprechend häufiger Turbulenzen auftraten.

Angst zwischendurch kurz weg war. Erschöpft sinke ich immer tiefer in den Sitz – und warte auf die nächste Attacke. Nach der Angst ist vor der Angst. Wir versuchen folglich nur, die Angst zu ignorieren, ebenso wie wir all diese schrecklichen Geräusche des Flugbetriebs ignorieren möchten. Scheinbar den ganzen Flug über bleibe ich deswegen angespannt, fokussiert auf meine Körperempfindungen und gebetsmühlenartigen Angstformeln, die sich auch noch summieren und gegenseitig aufschaukeln – bis hin zu einer neuerlichen Panikattacke: ein Teufelskreis, wie ihn Satan persönlich nicht besser erfinden könnte.

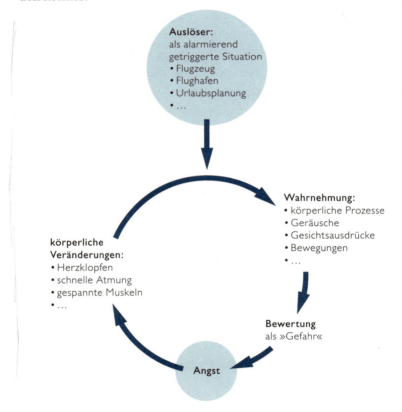

Abb. 8 Teufelskreis der Angst

Der Professor für Psychologie und Psychotherapie Jürgen Margraf und andere Angstforscher haben die zirkuläre Wirkungsweise einer Panikattacke entschlüsselt (siehe oben). In dem Diagramm ebenfalls sehr schön zu erkennen: wie Psycho- und Physio-Logik sich miteinander verzahnen, um zu eskalieren. Damit Sie diesen klassischen Teufelskreis gezielt unterbrechen können, wenn Sie in den Trainingsteil dieses Buches einsteigen, möchte ich seine einzelnen Elemente einmal im Uhrzeigersinn durchgehen.

Der *Auslöser* kann zum Beispiel, schon lange vor Beginn der Reise, der pure Gedanke daran sein, im Flugzeug zu sitzen. Eigentlich eine neutrale Situation, die jedoch aufgrund von getriggerter und bzw. oder erlernter Angst als unbehaglich oder gefährlich abgespeichert worden ist. In folglich finsterer Grundstimmung und mit entsprechend erhöhtem Puls steigt man nun in das Flugzeug. *Wahrnehmung:* ebendieses (vermeintlich ungewohnte) Herzklopfen, dazu verschiedene unbekannte (vermeintlich bedrohliche) Geräusche. Und zu allem Überfluss womöglich kondensierte Atemluft aus der Klimaanlage.

Diese Wahrnehmungen bleiben nicht neutral, und sie – respektive ihre reale Bedeutung – werden natürlich auch nicht sorgsam hinterfragt. Entsprechend einer blitzschnellen intuitiven, angstgesteuerten *Bewertung* werden sie als unnormal, seltsam, beunruhigend oder gefährlich eingestuft. Hedwig macht aus Herzklopfen Herzprobleme, aus unregelmäßigen Geräuschen Hinweise auf flugzeugtechnische Defekte, aus der geschlossenen Kabinentür eine Falle, aus kondensierter Luft einen Gasanschlag. Die Folge ist wiederum *Angst*, die im nächsten Schritt mittels Stresshormonen alle Register zieht, sodass (in entsprechend verstärktem Maße) *körperliche Veränderungen* in Erscheinung treten: Herzrasen, flache Atmung, muskuläre Anspannung usw. Die erste Runde im Karussell ist vollendet, doch die nächste steht unmittelbar bevor. Und in dieser wird hypersensibel wahrgenommen, dass die eigene Physiologie quasi eskaliert; man registriert, wie wenig Platz man hat, außerdem an- und ausgehendes Licht, weitere befremdliche Geräusche und besorgte Mienen beim Bordpersonal. All das wird wiederum als Bedrohung bewertet, und diese Bewertung steigert die Angst. Dass größere Angst auch größere körperliche Veränderungen bewirkt, ist nur logisch, und schon sind wir in der dritten Runde angekommen, bis hin zur Panik in ihrem vollen Ausmaß.

So das typische Szenario. Dieses Teufelskarussell erzeugt die Energie, mit der man sodann die Irrwege rauf- und runterrast – mit Volldampf in die nächste Sackgasse.

Die Dominanz des Bauchsystems über das Kopfsystem ist hier sehr offensichtlich. Aufgrund von eventuellen negativen Vorerfahrungen, Triggerreizen, »Babyphysik« etc. löst das extrem schnelle limbische System physiologischen Alarm aus, und im weiteren Verlauf liefert die temporär unterjochte Großhirnrinde nur Argumente, die Hedwig in den Kram passen – je nachdem, wie ihr Schützling tickt, aus den Bereichen medizinisches oder fliegerisches Halbwissen, Stereotype oder Magie, Kontrollstreben oder Egozentrik.

Ist man auf allen Irrwegen gleichzeitig unterwegs, kann der Bewusstseinsstrom mitunter wie folgt klingen: »Die Luken sind dicht, kein Zurück mehr. Und jetzt fängt auch noch mein Herz an zu pochen. Ist aber auch echt stickig hier. Und warum hört sich das Motorengeräusch so unregelmäßig an? Mir ist schlecht. Mein Herz pocht nicht nur, es rast. Die Flugbegleiterin da sieht aber auch sehr blass aus – oder ist sie besorgt? Was weiß sie, was ich nicht weiß? Hoffentlich hat wenigstens der anscheinend recht erfahrene Pilot alles unter Kontrolle, die junge Frau neben ihm sah ehrlich gesagt ja wirklich nicht gerade kompetent aus. Was ist denn mit meiner Atmung los? Warum macht die Frau jetzt die Begrüßung? Wahrscheinlich ihr erstes Mal ... Ich meine, wie alt ist die, zweiundzwanzig*? Der Vollbärtige dahinten sieht auch irgendwie ... was murmelt er denn in sein Handy? O Gott, ich wusste es, wenn ich an Bord bin, wird es passieren. Schon im Taxi vorhin plötzlich dieser Uralt-Hit von George Michael und Elton John mit der Zeile: ›It's much too late to save myself from falling ...‹ Ist das dahinten nicht Promi XYZ? Was für eine Schlagzeile, wenn jetzt die Maschine abstürzt! Ich schwöre, wenn ich diesen Flug überlebe, werde ich nie wieder lügen! Und ich trete wieder in die Kirche ein!«

Genau wie auf der Kirmes sitzt man zwar nur eine begrenzte Zeit im (Angst-)Karussell, selbst wenn man gar nichts unternimmt. Man ist aber keineswegs gezwungen, die ganze Höllenfahrt regungslos auszuharren, denn es gibt Kniffe, mit deren Hilfe man das Karussell eigenhändig stoppen kann: indem man an der *Wahrnehmung* und vor allem an der *Bewertung* arbeitet. Zu diesem Zweck setzt man sein auf diversen Ebenen gründlich reformiertes Bewusstsein energisch gegen das reflexgesteuerte Bauchsystem.

Das klingt anstrengender und langwieriger, als es ist. Manche Menschen brauchen nur ein oder zwei Aha-Erlebnisse, um den Kernsatz zu finden, der den Ausweg markiert (»Ein Flugzeug kann gar nicht anders, als zu fliegen«, »Vor Angst zu sterben ist unmöglich«, »Wenn Herzinfarkt, dann besser hier als auf einem Waldspaziergang«). Andere benötigen vielleicht ein wenig mehr Übung.

Nach erfolgreicher Bewusstseinsreformation werden die wahrgenommenen Reize wertfrei oder gar positiv bewertet; man versteht Vorgänge, die bislang rätselhaft waren, und erlebt sich als entsprechend kompetent. Und weil so ein Zuwachs an Know-how und Selbstbewusstsein Spaß macht, kann schon der erste Flug ein tolles Erlebnis sein.

---

* Studien zeigen, dass wir das Alter einer Person immer relativ zu einer anderen anwesenden Person einschätzen: Wenn der Co-Pilot 50 ist und die Pilotin 30, wird er also eher älter und sie eher jünger wahrgenommen. Und schon liegen wir um acht Jahre daneben.

Außerdem gibt es einen weiteren effizienten Kniff: Man neutralisiert einen Großteil der negativen Energie des Teufelskarussells, indem man ganz konkret an den *körperlichen Veränderungen* ansetzt, und zwar durch Atmungs- und Entspannungsübungen. Bewusstes Atmen und gezielte muskuläre Entspannung wirken den physiologischen Symptomen der Angst direkt entgegen. Insbesondere Menschen mit Angst vor Kollaps (Typ C) erlangen körperliches Selbstvertrauen rasch zurück, sobald sie um physiologische Vorgänge besser Bescheid wissen und Maßnahmen zur (Selbst-)Beeinflussung kennen.

Von den vegetativen Funktionen ist die Atmung – im Gegensatz zu Blutdruck und Herzschlag – eine, die man sehr gut willentlich beeinflussen kann, sogar ohne viel Übung. Dass langsames, bewusstes Ausatmen hilfreich ist, um Anspannung abzubauen, weiß man bereits seit der uralten Atemlehre des Pranayama im Yoga. Ein einfacher Trick zum Beispiel, um die Phase der Ausatmung künstlich zu verlängern und zu verlangsamen, ist die sogenannte Lippenbremse: Während man ausatmet, formt man (als Widerstand) mit den Lippen den Buchstaben F, S oder M.

Für unsere Zwecke reichen die simplen Übungen in Teil III völlig aus. Doch insbesondere für Menschen mit Angst vor Kollaps (Typ C) kann die gezielte Beschäftigung mit dem Thema faszinierende Erkenntnisse und Einflussmöglichkeiten in puncto Wohlbefinden und körperliches Selbstvertrauen bereithalten.*

---

* Richtiges Atmen ist derzeit sehr angesagt (mal wieder). Nicht nur die *Psychologie Heute* wählte es unlängst zum Titelthema. Es gibt zahlreiche Bücher und Apps, mithilfe derer man tiefer und mit niedrigerer Frequenz atmen lernt – und auf diese Weise den Blutdruck senken, die Herzleistung verbessern, Schmerzen lindern, Ängste abbauen und ganz allgemein das Wohlbefinden steigern kann.

Die Macht der Gewohnheit brechen: Warum Training?

Vielen Menschen mag beim ersten Flug nach dieser Lektüre noch mulmig sein. Sie müssen sich erst einmal an die (durch den frischen Gedanken-Input) veränderte Situation gewöhnen und die neuen neuronalen Routen auf dieser noch ungewohnten inneren Landkarte zunächst erproben. Wie seltsam sich so etwas anfühlen kann, kennt die eine oder der andere zum Beispiel vom Autofahren in einem Land, wo Linksverkehr herrscht: Man weiß, man ist richtig informiert und fährt auf der vorschriftsmäßigen Straßenseite – der Bauch aber funkt anfangs Daueralarm.* Allerdings nur für eine gewisse Weile: Schon nach einer halben Stunde, oft auch früher, hat der Kopf den Bauch überzeugt. Am nächsten Tag muss man sich allerdings wieder aufs Neue daran gewöhnen, denn zu Anfang einer so einschneidenden Umziehung verfällt man schnell wieder in die alte Gewohnheit. Allerdings dauert der Prozess der Umstellung dann nicht mehr so lang wie am Tag zuvor – vielleicht nur noch fünf Minuten. Am dritten Tag fühlt man sich auf der linken Straßenseite schon fast so sicher wie in den heimischen Gefilden auf der rechten.

Unser inneres Faustregelsystem ist spezialisiert auf die Ausbildung und Bewahrung von Gewohnheiten. (Denken Sie an Nobelpreisträger Kahneman: »Wenn ich etwas immer wieder antreffe, und es hat mich nicht gefressen, darf ich mich sicher fühlen. Deshalb mögen wir, was wir kennen.«) Die unmittelbare Konfrontation mit der neuen Wirklichkeit – sei es Linksverkehr oder die Tatsache, dass Fliegen die sicherste Reiseart ist – muss so lange und häufig erlebt werden, bis wir daran glauben und sie fühlen; bis wir uns also endgültig an die neue Situation gewöhnt haben und die Angst auf den

---

* Darum erinnern Städte wie Sydney oder London ihre Touristen anhand von auffälligen Fahrbahnmarkierungen (»Look left« respektive »Look right«) an die ungewohnte Fahrtrichtung.

Nullpunkt gesunken ist.

Denn die Angst ist eben nicht unendlich. Früher oder später sinkt die Angstkurve einfach ab. Das ist ja genau die Eigenschaft, in der unsere Hedwig dem Scheinriesen aus *Jim Knopf und Lukas der Lokomotivführer* ähnelt.

Im psychologischen Wissenschaftsjargon lautet der Fachbegriff für einen Anpassungs- und Gewöhnungsprozess übrigens Habituation. Apropos: Hatten mir nicht damals schon meine Kommilitonen vergebens geraten, ich solle zur Gewöhnung einfach öfter fliegen? Allerdings verharrte ich damals im Modus »Augen zu und durch«. Und so kann man nur schwer habituieren.

Mein Wahlspruch muss also lauten: Augen auf und durch! Bewusst sehen, hören, spüren, was an Bord passiert – in meinem Inneren und im Flugzeug an sich. Doch da Vielfliegen zu puren Übungszwecken in Zeiten der Klimakrise fragwürdig ist, plädiere ich für aufmerksames Studium dieses Buches, um schon einmal in Gedanken zu habituieren. Mehr dazu gleich.

Verlaufskurven der Angst

Die Grenze zwischen Aufregung und Angst ist manchmal nicht leicht zu ziehen.* Wer aber nicht allzu viel Stichhaltiges über Angst weiß, erinnert sich an ihren Verlauf ungefähr in Form der schwarzen Kurve im nebenstehenden Diagramm.

Doch diese schwarze Kurve ist eine Sinnes- und Gedächtnistäuschung. Hätte man während der Angstphase oder Panikattacke ein Protokoll mit Intensitätswerten zwischen 1 und 10 geführt, wäre

---

* Übrigens ist Entspannung nicht grundsätzlich gut und Aufregung grundsätzlich schlecht; es kommt auf die Situation an. Die Forschung zeigt, dass ein mittleres Maß an Aufregung gut ist, um Leistung zu erbringen (z. B. bei Prüfungen).

höchstwahrscheinlich die dunkelblaue Kurve dabei herausgekommen. Wenn wir nun aufmerksam für Veränderungen und die Gewöhnung sind und uns nicht in Vermeidungsverhalten flüchten, sieht der Prozess wie die hellblauen, die Gewöhnungskurven aus: Die Erregung steigt – und sinkt wieder ab, ohne je in unendliche Höhe anzusteigen. Und für genau diesen Prozess kann man eine gewisse Sensibilität entwickeln, die fruchtbar wirkt.

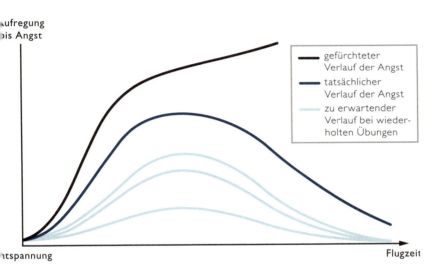

Abb. 9 Verlauf der Angst

Angstkurven werden flacher durch wiederholte Konfrontation.

Die Gewöhnung ist eine erstaunliche Sache. Sie würde sogar ganz von selbst wirken, auch wenn wir uns mit »Babyphysik« und Ähnlichem überhaupt nicht auseinandergesetzt hätten: Wenn wir sehr, sehr lange flögen, würden wir vielleicht mehrere Runden Angst erleben – irgendwann aber wäre sie einfach weg. Ab einem gewissen Punkt ist es für den Körper offenbar schlicht zu aufwendig, wieder und wieder Angst zu kreieren, obwohl er ja ganz offensichtlich wieder und wieder überlebt.

Langes und häufiges Fliegen ist allerdings nicht nur ökologisch, sondern auch ökonomisch reichlich fragwürdig, und mit Wissen und Vorbereitung bringen wir Hedwig sehr viel schneller bei, dass wir ihre Präsenz im Flugzeug nicht benötigen – vorausgesetzt, wir wenden die nötige Aufmerksamkeit für den Prozess auf. Ein unkompliziertes Hilfsmittel dafür besteht darin, die Angstempfindung vor und während eines Fluges zu dokumentieren.

»Aber ich bin noch längst nicht so weit, mich ins Flugzeug zu setzen!«, höre ich die eine oder andere Stimme aus dem imaginären Äther schallen. Das macht gar nichts. Denn trainieren kann man bereits mit festem Boden unter den Füßen – anhand von Videos, Flughafenbesuchen etc. Und das lässt sich sogar mit den Übungen zum Atmen oder Entspannen kombinieren.

Äußerst wichtig dabei, das sei bereits an dieser Stelle betont: Der Konfrontationskurs sollte auf keinen Fall abgebrochen werden (also Video stoppen, Flughafen verlassen oder Ähnliches), solange die Erregungskurve noch auf dem Höhepunkt ist. Dann würde das Gehirn nämlich fataler Weise abspeichern: Angst hört nur durch Vermeidung auf. Und dadurch würde sich der Angstkomplex mittelfristig noch verstärken.

Also: Halten Sie durch und wählen Sie zunächst lieber eine kleinere Übung. Wenn ein Flughafenbesuch zu schwierig erscheint, dann können Sie erst einmal nur ein Video von einer Führung anschauen. Aber sobald Sie sich zu einem Schritt entschlossen haben, warten Sie unbedingt, bis die Erregung noch während der Konfrontation ganz klar absinkt – schließlich gar bis unter die Angstschwelle. Denn das Grundprinzip des Gewöhnungsprozesses ist klar und dokumentierbar: Der Angstpegel wird sinken und wieder steigen, doch auf Dauer definitiv sinken: immer weiter abwärts. Und damit geht es endlich und im wahrsten Sinne des Wortes aufwärts.

Stress vermeiden und eine stabile Entspannungsbasis schaffen

Übrigens wäre es sehr hilfreich, sich nicht nur auf einen realen Flug, sondern schon aufs Training mental und körperlich vorzubereiten. Prinzipiell sollte man »die Basis chillen«, wie man heutzutage gern sagt. Auch ohne Aussicht auf eine Flugreise schwelt meist eine gewisse basale Erregung in unserem Nervensystem, je nachdem, wie stressgesättigt sich der Alltag gerade gestaltet. Die Stimmungsbasis ist individuell unterschiedlich stark belastbar, je nach Verfassung, Temperament und Lebensumständen. Je gestresster man sich fühlt, desto schneller erreicht man die Angstschwelle – Stress wirkt dabei wie ein Turbo.

Der Zusammenhang von Stress und Angst lässt sich anhand eines Beispiels erklären: Anna hat schon vor dem Flug ein einigermaßen hohes Erregungslevel – aus Ärger oder Stress – und kommt daher bei akut zunehmender Unruhe schnell über die Angstschwelle (womöglich durch den Flug an sich, vielleicht auch erst bei Turbulenzen). Herbert ist erheblich entspannter und Michael tiefenentspannt. Selbst wenn nun alle drei einen gleich starken Erregungsanstieg durch den Flug erleben, ist nur Anna plötzlich wirklich ängstlich, Herbert und Michael bleiben unter der Angstschwelle.

Dieses Modell kann (neben ungewöhnlichen Erlebnissen etc.) auch eine Erklärung für den Umstand liefern, dass manche Menschen erst nach vielen Flügen Angst bekommen. Passend dazu zeigen Studien, dass vor dem Beginn einer Flugangst-Episode oft ein erhöhtes Erregungslevel vorhanden war – durch mehr Stress im Lebensalltag. Insofern scheint es plausibel, dass die größte Gruppe der Flugängstlichen sich altersmäßig in der sogenannten Rushhour des Lebens befindet, das heißt zwischen Ende zwanzig und Anfang fünfzig ist. In dieser Altersgruppe wird gewöhnlich an verschiedensten Fronten viel erwartet und noch mehr geleistet: berufliche Anforderungen und Ambitionen steigen, Hochzeiten und etwas später auch Scheidungen finden in dieser Phase am häufigsten statt, Kinder werden geboren und erzogen, Häuser gebaut und Bäume gepflanzt, und nicht selten brauchen in jenen Lebensjahrzehnten auch die eigenen Eltern mehr Unterstützung oder gar Pflege. Kein Wunder also, dass eine »allzeit gechillte Basis« nicht unbedingt zu erwarten ist.

Doch Stress lässt sich nicht so einfach vermeiden. Vielleicht hat man gerade Kleinkinder, die einen nicht durchschlafen lassen, und könnte sowieso bei jeder Gelegenheit aus der Haut fahren ... Viele Belastungen kann man nicht einfach so abstellen. Manchmal muss man es schlicht hinnehmen, etwas dünnhäutiger zu sein als zu entspannten Lebenszeiten – ohne sich zwangsläufig ausgeliefert zu fühlen. Ich war zum Beispiel vor Prüfungen immer extrem aufgeregt und konnte kaum schlafen, was mich natürlich umso nervöser machte. (Hedwig war in ihrem Element: »Schon halb vier! Jetzt musst du aber wirklich schlafen, sonst werden die Neurotransmitter in deinem Gehirn leider versagen.«) In dieser Phase äußerte Professor V. in einer Vorlesung den entscheidenden Satz: »Machen Sie sich keine Sorgen, wenn Sie mal ein paar Nächte vor Prüfungen schlaflos sind. Das Gehirn kann für die Dauer einer Prüfung vollkommen problemlos alle nötigen Energien aktivieren und Lerninhalte abrufen.« Und genau das gilt auch bei einem Flug. Abgesehen von der Möglichkeit, in der akuten Situation Atmungs- und Entspannungsübungen einzulegen, gibt es schon weit im Vorfeld einer Reise einfache und wirksame Maßnahmen, die Entspannungsbasis trotz einer stressigen Lebensphase zu stärken (nachzulesen in Teil III).

Veranlagung zur Nervosität

Was aber, wenn man ein Mensch ist, der alles Nötige getan hat – und trotzdem nervös bleibt? Einfach, weil man genetisch ein nervöser Typ ist? Vielleicht hat man eine Veranlagung zu Stress oder Angst? Ich habe schon berichtet, dass meine Mutter als soziales Vorbild für mich diente, um Flugangst zu erlernen. Hat sie mir außerdem vielleicht die Ängstlichkeit vererbt? Dafür spricht: Meine Schwester hatte zwar nie so starke Flugangst wie ich, entspannt ist sie aber auch nicht dabei. Mein Vater hingegen liebt das Fliegen, und auch mein Bruder hat nie Flugangst gehabt. Versichert er zumindest, und da er beruflich ca. 50-mal im Jahr fliegen muss, glaube ich ihm das auch. Hat der dann eher die Gene meines Vaters geerbt?

So einfach funktioniert Vererbung natürlich nicht. Fest steht, dass es möglich ist, eine Neigung zur Ängstlichkeit zu erben – eine Disposition. Keine stammesgeschichtliche, sondern eine individualgenetische Disposition, und die hat tatsächlich Einfluss darauf, wie erregbar wir sind. Vielleicht kann man also tatsächlich zu Nervosität neigen. Aber auch dann gilt: Ob diese Disposition zu Flugangst führt, hängt erheblich von den persönlichen Erfahrungen ab. Hat jemand mit Neigung zur Erregbarkeit also früh nur positive Flugerfahrungen gesammelt – stets in Begleitung einer vollkommen gelassenen Person zum Beispiel –, dann wäre die Wahrscheinlichkeit für die Entwicklung der Flugangst trotz der Disposition gering gewesen.

Selbst eine erbliche Mitverursachung der Angst hat rein gar nichts damit zu tun, ob man diese Angst bewältigen kann. Man kann sein Stressniveau (und damit die Angst) als Dünnhäuter genauso senken wie als Dickhäuter – es dauert nur (vielleicht) ein wenig länger. Wenn Vererbung bedeuten würde, dass man nichts verändern könnte, brauchte man bei einer genetischen Veranlagung zu Musikalität sein Instrument nicht zu üben. Oder man müsste Männern absprechen, ebenso fürsorglich sein zu können wie Frauen (siehe Exkurs 27).

EXKURS 27
Auch das Männchen kann fürsorglich werden

Die Bindungsforschung ist ein zentrales Feld der Entwicklungspsychologie, dem wir viele Experimente und Erkenntnisse zu verdanken haben. Zum Beispiel eines von J. S. Rosenblatt (1923–2014), der sich dafür interessierte, wann und warum Tiere ein fürsorgliches Verhalten an den Tag legen und was das mit Hormonen und dem Geschlecht zu tun hat. So erscheinen Rattenweibchen, die mit fremden Rattenjungen zusammengebracht werden, zunächst fürsorglicher als die Männchen: Sie halten das Nest immer schön in Ordnung und holen Babys, die sich zu weit entfernt haben, zuverlässig wieder zurück. Die Rattenmännchen hingegen tun nichts dergleichen – anfangs. Doch wenn sie länger mit dem Nachwuchs allein sind, scheinen auch sie sich in der Pflicht zu fühlen und beginnen, das gleiche Verhalten zu zeigen wie die Damen der Rattenschöpfung, und zwar ebenso gut: Nest in Ordnung halten, Babys in Sicherheit bringen. (Teilweise legten sie sich sogar über die Babys, als wollten sie sie säugen.)

Die Bindungsforscherin Mary Ainsworth (1913–1999) folgerte in einem Artikel von 1985 übrigens, dass, »obwohl es nicht gerechtfertigt ist, direkt von Ratte auf Menschen zu schließen«, es ihr »wahrscheinlich erscheint, dass der menschliche Mann eine Fürsorgeperson werden kann, wenn die Gepflogenheiten oder Umstände sicherstellen, dass er mit der Nachkommenschaft zusammen ist«. Bis heute muss um diese Selbstverständlichkeit immer wieder gerungen werden.

> Trotz genetischer Disposition können wir Verhalten verändern.

Kann man Angst nicht einfach vermeiden?

Der gute alte Sigmund Freud, Ahnherr meiner Zunft, wusste bereits: »Wir streben mehr danach, Schmerz zu vermeiden, als Freude zu gewinnen.«

Zugegeben, die im Bann des Teufelskreises auszustehenden Gefühle sind für die meisten Menschen nicht in erster Linie interessanter Anlass zur kreativen Selbsterfahrung und -optimierung, sondern schlichtweg unangenehm – vielen oft derart unangenehm, dass sie alles daransetzen, sie zu vermeiden. Sie begeben sich gar nicht erst in den Teufelskreis hinein. Fliegen also entweder überhaupt nicht mehr, oder nur in Ausnahmefällen, und wenn doch, nur mit Medikamenten oder Alkohol.

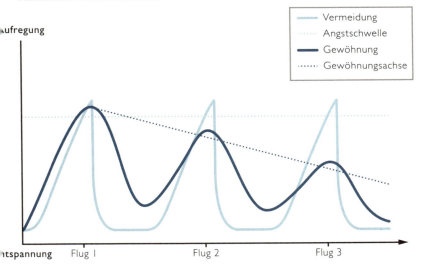

Abb. 10 Vermeidung und Gewöhnung

Vermeidung erster Ordnung: Sobald die Angst zunimmt, verlassen wir die Situation, bevor – so Hedwig – etwas Schlimmes passiert. Und damit vertun wir die Chance zur Habituation. Wir überlassen das Feld der übereifrigen Leibwächterin, die ihr Ding durchzieht, die Synapsen mit einem Streufeuer von Warnmeldungen übersät und unser Verhalten frühzeitig in Richtung Vermeidung steuert. Dieser Steuerungsimpuls steht unserem Ziel nicht nur passiv im Wege – er entfernt uns aktiv davon.

Und zwar mithilfe scheinbar harmloser Gedankenspiele. Angenommen, wir merken schon Wochen vor dem geplanten Flug, wie unsere Erregungskurve immer öfter und immer höher ansteigt, sobald wir nur daran denken. Allein durch die Vorstellung erleben wir ungute Gefühle oder regelrechte Angstanfälle, beruhigen uns aber mit dem vermeintlich rettenden Einfall: »Wer zwingt mich denn? Ich kann noch alles abblasen.« Und schon geht die Kurve wieder runter. Jede derart verlaufende Kurve bedeutet fürs Gehirn eine Lernerfahrung: Die Angst hört auf, wenn man die Gefahr vermeidet. Damit wird der neuronale Trampelpfad der Flugangst wieder ein Stück komfortabler – allein durch dieses Gedankenspiel. Natürlich umso mehr, wenn man den Flug tatsächlich storniert.

Vermeidung ist hirnphysiologisch nichts Passives, sondern etwas sehr Aktives – eine echte neuronale Lernerfahrung. Je öfter man die Formel »Kein Flugzeug bedeutet keine Angst« paukt, desto fester sitzt sie. Perfiderweise zieht Vermeidung unter Umständen weitere, subtile Konsequenzen nach sich, die nicht nur die Flugangst betreffen. Im schlimmsten Fall beginnen wir nämlich, andere Situationen ähnlich einzustufen (»besser vermeiden«), weil wir darin vergleichbare Merkmale einer Flugreise finden – die ja bereits neuronal getriggert sind. Und plötzlich fühlen wir uns auch in Fahrstühlen unbehaglich, in U-Bahnen, in Tunneln; bis hin zur ersten ausgewachsenen Panikattacke, sodass wir auch derlei Orte generell meiden müssen und unsere Bewegungsfreiheit immer weiter eingeschränkt wird.

Vermeidung zweiter Ordnung erfolgt quasi verschleiert: und zwar, indem wir dem Totstellreflex folgen, sprich, uns mit Medikamenten oder Alkohol zu beruhigen versuchen. Dann lautet das Ziel ebenso wenig »fliegen können«, sondern vielmehr »die beste Narkotisierung finden«.* Die meisten Menschen berichten, dass sich akute Angst unter Medikamenteneinfluss zwar kurzfristig etwas weniger schlimm anfühlt; doch die Angst vor dem nächsten Flug steigert sich wahrscheinlich. Das ist auch nicht weiter verwunderlich, nach allem, was wir inzwischen über neuronale Trampelpfade gelernt haben. Das Hirn merkt sich die Formel: »Nur mithilfe eines Medikaments überstehe ich die schreckliche Situation.« Durch die Einnahme des Medikaments verstärkt man den inneren Alarmismus im Flugzeug: Denn wann ist man laut Lernerfahrung des Gehirns gezwungen, Medikamente einzunehmen? Wenn man krank ist.

Aber kann ich nicht einfach darauf pfeifen? Echte Psychopharmaka wirken kurzfristig, und ob ich nun langfristig die Angst verstärke ... Okay, ich werde womöglich psychisch davon abhängig, auf Flügen stets Valium dabeizuhaben – aber ist das wirklich so schlimm? Dann habe ich eben immer eins dabei.

So in etwa habe ich früher argumentiert.

Bei häufiger Einnahme echter Tranquilizer – sogenannter Benzodiazepine – droht nicht nur psychische, sondern verhältnismäßig rasch auch körperliche Abhängigkeit. (Und damit die Qual der Wahl zwischen lebensbedrohlichen Organschäden bei fortgesetzter Medikation oder eben Entzugserscheinungen wie Wahrnehmungsstörungen, psychotischen Symptomen, Angstattacken, Schlaflosigkeit und Muskelzucken nebst Übelkeit, Erbrechen oder Bewusstseinstrübungen.) Selbst wenn wir von diesem schwerwiegenden Aspekt einmal absehen, so lautet das Hauptargument gegen Beruhigungsmittel, dass die Angst schlicht und einfach bleibt, weil man nichts Neues lernt, sondern die alten irreführenden Bahnen wählt. Die Angst wird

---

* Wie B. A. aus der TV-Serie *A-Team*, für den das allerdings seine Kollegen übernehmen. Und natürlich verliert B. A. seine Flugangst nie. An dieser Stelle (die einzige, vermutlich) ist die Serie übrigens sehr realistisch.

vielleicht dumpfer, weniger klar beschreibbar – aber sie ist weiterhin Reisebegleiterin; eine sedierte zwar, aber sie bleibt.

EXKURS 28
Medikamente zur Angstbehandlung

Die Gabe von klassischen Beruhigungsmitteln wie Valium birgt erhebliche Risiken und sogar Nachteile für die langfristige Heilung, weshalb auch in den Leitlinien der Arbeitsgemeinschaft der Wissenschaftlichen Medizinischen Fachgesellschaften e.V. (AWMF) davon abgeraten wird. Stattdessen könnten Medikamente vielversprechend sein, die sich auf das Angstgedächtnis auswirken – allerdings nur, wenn man sich dem Angstreiz direkt nach der Einnahme aussetzt. Also wieder: Konfrontation. Offenbar stören diese Medikamente auf biochemischem Wege dabei, während des angstauslösenden Reizes immer wieder die alten synaptischen Verbindungen einzugehen, also auf die gleichen neuronalen Irrwege zu geraten. Durch diese Störung wird es einfacher, die richtigen neuronalen Pfade einzuschlagen und sich neues (besseres) Wissen anzueignen. Das Medikament wird dann sozusagen zum Turbo für das Verlernen von Angst – was man allerdings auch ohne Turbo, oft sogar sehr schnell, schaffen kann.

Es bleibt also dabei: Wenn Medikamente bei bestimmten stark ausgeprägten Angststörungen notwendig erscheinen und wirksam werden sollen, können sie dies am besten mittels einer psychotherapeutisch begleiteten Konfrontation. Sie sind daher als Einzelmaßnahme fraglich und sollten nur in Kombination mit einer konfrontativen Verhaltenstherapie erwogen werden.

Flugangst verschwindet tatsächlich nur aufgrund der fundamentalen, entscheidenden und neuen Lernerfahrung: Ich saß im fliegenden Flugzeug, war mehr oder weniger aufgeregt (bzw. hatte Angst) und habe bewusst registriert, wie diese Erregungskurve irgendwann wieder sank. Ich habe bewusst Geräusche wahrgenommen und Abläufe beobachtet, vielleicht sogar Turbulenzen erlebt, und doch war meine Angst nur zeitweise auf Maximalniveau und hat sich immer wieder reguliert. Und so weiter.

Falls Sie sich fragen sollten, ob Sie all das nicht auch unter Alkohol- oder Medikamenteneinfluss lernen können, lautet die Antwort leider: Das ist sehr unwahrscheinlich. Trinkt man nicht gerade, um zu vergessen? Spaß beiseite: Das Einzige, was sich Ihr Hirn nachhaltig einprägen würde, wäre: »Mit Alkohol oder Medikamenten verspüre ich weniger Angst.« Allerdings auch kaum etwas anderes; denn Benzodiazepine sind der Erlebnisqualität abträglich – sie dämpfen auch die positiven Gefühle.

Medikamente und Alkohol sind nicht hilfreich, wenn man das Fliegen wirklich lernen will.

Wir sollten den Sekt also auf später verschieben, vielleicht auf den Zeitpunkt der Ankunft. Und allzu lange dauert es ja nicht mehr, denn inzwischen sind wir ...

...Ready for Check-in...

**TEIL III
Ich will können!**

Wer bis hierher vorgedrungen ist, brennt womöglich bereits darauf, gewonnene Erkenntnisse direkt umzusetzen. Ein anderer denkt vielleicht: »Ready for booking bin ich. Aber wie wird es mir beim Check-in gehen?« Die Nächste wiederum braucht noch mehr Zeit und Übung. Wie auch immer Sie sich zu genau diesem Zeitpunkt Ihrer Lektüre fühlen, vergessen Sie nicht: Wissen ist zwar Macht, doch auch Gefühle sind mächtig. Und deshalb macht erst Übung mit Kopf und Bauch den Meister. Erst die wiederholte Begehung der neu vermessenen Bahnen lässt die Irrwege ins Labyrinth der Angst zuwachsen.

Es ist also zu erwarten, dass Ihre Aufregungskurve beim anstehenden Flug erst einmal ansteigt. Nur werden Sie dieses Gefühl dann höchstwahrscheinlich nicht länger als unüberwindlich erleben (Stichwort: Scheinriese), sondern womöglich sogar eine prickelnde Neugier auf die Veränderungen verspüren. Versorgt mit all dem Stoff aus diesem Buch, werden Sie diesmal unweigerlich bewusster wahrnehmen, was an Bord passiert – im Flugzeug selbst, aber auch in Ihrem Kopf und Körper. Und diesmal sind Sie bestens dafür gerüstet, diese Bewusstheit nicht als Bedrohung, sondern als fundierte Beruhigung willkommen zu heißen.

Konfrontation und Gewöhnung

Theoretisch ist nun alles klar. Damit auch der Bauch das neue Wissen empfindet, kommt man nicht umhin, sich mit der realen Situation zu konfrontieren – diesmal mit dem Motto »Augen auf und durch«. Denken Sie an das Beispiel mit dem Linksverkehr: Man muss einfach ein Weilchen auf der vermeintlich falschen Straßenseite gefahren sein, bis das Gefühl mit dem Verstand gleichzieht und man sich an die neue Wirklichkeit gewöhnt hat.

Es wäre also sinnvoll, einen Flug nach dem anderen zu buchen: je öfter und je länger, desto besser. Vielflieger trainieren sich so jeden Rest von Flugangst oft schon allein durchs Vielfliegen ab. Psychologisch eine einwandfreie Methode – ökologisch aber alles andere als das (zumindest solange es noch kein grünes Fliegen gibt). Wer frei von beruflichen Zwängen entscheiden kann, braucht also andere Trainingsmethoden für die Gewöhnung – und davon gibt es viele. Die Konfrontation mit flugtypischen Vorgängen funktioniert auch sehr gut außerhalb des Flugzeugs. Die mittlerweile immer öfter angewandte Verhaltenstherapie mittels virtueller Flugsimulatoren (Virtual Reality Exposure Therapy = VRET, siehe Anhang) ist bald genauso erfolgreich wie Verhaltenstherapien in echten Flugzeugen. Und auch wenn man gerade keinen Flugsimulator zur Hand hat, gibt es viele Möglichkeiten für die Konfrontation, denn alle konkreten Schilderungen der Geräusche und Vorgänge an Bord in Wort, Bild und Ton sind bestens geeignet, um an neuralgischen Stellen des Teufelskreises anzusetzen. Am besten erzählt man außerdem noch von seinem neuen Wissen. Viele Studien zeigen nämlich, dass allein das wiederholte Äußern von neuen Einstellungen (selbst wenn sie konträr zu den bisherigen sind) dazu führt, dass diese Einstellungen mehr und mehr verinnerlicht werden und entsprechendes Verhalten nach sich ziehen.

Im Folgenden können Sie drei Arten von Flugsimulation nutzen (oder zumindest simulierter Simulation) – je nach Angstschwerpunkt.*

Flugsimulation 1: im Flugzeug (Ablauf, Geräusche, Videos)

Liegt der Angstschwerpunkt auf dem potenziellen Ausfall aller Maschinenfunktionen (Hedwig als Magierin, Co-Pilotin oder Physikerin, folglich vor allem Flugangst-Typ A), kann man sich in den nachstehenden Abschnitten bereits mit dem Fluggeschehen konfrontieren und dabei das neue Wissen aktivieren sowie integrieren, sprich trainieren – und das noch mit festem Boden unter den Füßen. Die gelesenen (ggf. auch gehörten und im Video betrachteten) Abläufe wird man später, in der realen Praxis, als bekannt bewerten. (Und das beruhigt intuitiv, man denke an die Faustregel »Was ich kenne, das mag ich«.) Wahrscheinlich sogar als irgendwie befriedigend, weil man sie identifizieren, einordnen und teilweise sogar vorhersagen kann – was das eigene Kontrollempfinden stärkt und Halbwissen, Magie sowie Babyphysik den Garaus macht.

---

* Hinsichtlich der Teile »Flugsimulation I und II« habe ich streckenweise von der Kollegin Karin Bonner profitiert, deren Ratgeber *Nie mehr Flugangst* mir übrigens bei meinem ersten Schritt aus dem Labyrinth der Angst geholfen hat.

Kurz nach dem Einsteigen

Nachdem man über die Gangway das Flugzeug bestiegen hat, nett begrüßt worden ist, sein Gepäck verstaut und sich hingesetzt hat, nimmt man ungewohnte Geräusche wahr, vor allem das der Hilfsturbine am Heck: eine Art helles Rauschen. Wenn vorher noch ein Bodenstromaggregat angeschlossen war und erst dann zur Hilfsturbine gewechselt wird, erlischt kurz das Licht und geht sofort wieder an. Außerdem hört man auch oft noch die Hydraulik der Gepäckbeladung (klingt wie ein rhythmisches Knarzen oder auch Bellen), für technikferne Ohren wirklich ungewohnt.

Dass die Klimaanlage läuft, ist zudem nicht vorwiegend hör-, aber oft sichtbar: Kalte Luft wird ins je nach Witterung oft feuchtere, wärmere Kabineninnere geschleust, wodurch Wasserdampf entsteht. (Wohlgemerkt Dampf – und nicht etwa irgendein Gas.)

Der Schlepper setzt das Flugzeug zurück (»Pushback« genannt), und die Triebwerke werden gestartet. Ab jetzt wird der Strom aus den Triebwerken erzeugt – und bei diesem Wechsel von der Hilfsturbine zu den Triebwerken erlischt wiederum kurz das Licht (wobei eventuell ein leises Knacken zu hören ist).

Die erste Ansage erfolgt, und die (gesetzlich vorgeschriebenen) Sicherheitsvorschriften werden vorgeturnt oder vorgespielt. Leider sind die Performances der Flugbegleiter nicht immer so lustig und kunstvoll wie zum Beispiel bei Air New Zealand, in deren Videos die Sicherheitsanweisungen jüngst gerappt wurden oder in denen der Kosmos von *Der Herr der Ringe* als Kulisse dient.

Auf dem Weg zur Startbahn

Das Flugzeug rollt zu der zugewiesenen Startbahn, was eine Weile dauern kann. Dabei werden Klappen an den Tragflächen ausgefahren, die man Vorflügel nennt. (Und wir wissen jetzt, wofür sie gut sind: Sie machen den Flügel größer und verstärken seine Wölbung, um den Auftrieb zu erhöhen, den man zum Abheben braucht.) Das Geräusch ist am besten mit einem Surren beschrieben und der Vorgang selbst je nach Sitzplatz natürlich auch zu sehen.

Beim Start

Ein Flugzeug startet immer gegen den Wind. »Komisch«, sagt eventuell der Babyphysiker, »da kommt man ja gar nicht voran!« »Logisch«, urteilt hingegen der erwachsene Physiker: Gegenwind produziert schon im Stand Auftrieb, den man nutzen kann. (Man denke an den angepusteten Papierstreifen.) Wenn die Piloten dann Schub geben und die Maschine mit Vollgas losprescht, nimmt der Auftrieb durch die Geschwindigkeit so stark zu, dass das Flugzeug weit genug vor dem Ende der Startbahn abhebt. Die Triebwerke sind nun sehr laut und nicht besonders melodiös: Das Geräusch schwillt zunehmend an, wird höher und klingt in meinen Ohren wie eine Mischung aus Aufheulen und Schnarren. Man wird in den Sitz gepresst, und um es mit den Worten Elena Ferrantes zu sagen:

»Wie überwältigend es war, mit einem Ruck von der Erde abzuheben und zu sehen, wie die Häuser zu schrägen Gebilden wurden und die Straßen sich in dünne Striche verwandelten und die Landschaft zu einem grünen Fleck zusammenschrumpfte und das Meer sich wie eine feste Platte neigte und die Wolken unten in einen Bergrutsch weicher Felsen glitten und die Angst, der

Schmerz und sogar das Glück Teil einer einzigen Bewegung voller Licht wurden.«

Nach ungefähr einer Minute in der Luft werden die Fahrwerke eingefahren und die Fahrwerksklappen geschlossen (es rumpelt relativ laut). In einigen Flugzeugen führt das Aus- bzw. Einfahren des Fahrwerks zum Aufleuchten bzw. Erlöschen der Exit-Schilder, und ein Signalton erklingt. (Kein *Alarmton!*)
Das Geräusch der Triebwerke ändert sich von nun an öfter: Es schwillt mal an, dann wieder ab. Außerdem bemerkt man Bewegungen des Flugzeugs: Nachdem es erst aufwärtsging, geht es scheinbar wieder abwärts und dann wiederum aufwärts. In Wahrheit geht es jedoch meist stetig aufwärts, und zwar in »Lufttreppen«, damit viele Flugzeuge gleichzeitig starten und landen können. Das Gefühl des Absinkens ist nur eine Wahrnehmungsillusion.

Beim Steigflug

Ab einer bestimmten Höhe werden die Vorflügel wieder eingeklappt. Das kann man je nach Sitzplatz wieder selbst sehen oder aber anhand des Surrens wahrnehmen. Zunächst werden die hinteren Klappen (»Slaps«) eingefahren; nach Erreichen der Reiseflughöhe auch die vorderen (»Slats«). Denn nun geht es um die Geschwindigkeit – und da stören zu starke Krümmungen eher. In dieser Phase fliegt man (zumindest in Deutschland meistens) durch eine Wolkendecke, was kleine Turbulenzen mit sich bringt: Wegen der unterschiedlichen Luftmassen bzw. der unterschiedlich aufsteigenden Luftpartikel ruckelt und wackelt es mal mehr, mal weniger stark. Außerdem fliegt das Flugzeug meist eine spürbare Kurve, um auf die richtige Flugstraße zu gelangen. Der Neigungswinkel in der Kurve beträgt ungefähr 25 bis 30 Grad. Zwar wären auch Kurven mit einem Neigungswinkel von 60 Grad und mehr möglich, aber das würden die meisten Menschen als sehr ungemütlich empfinden. Aus Komfortgründen belässt man es also bei relativ sanften Kurven, die der Intuition (nicht nur der eines Flugneulings) nichtsdestoweniger – doch fälschlicherweise – gewagt vorkommen.

Im Reiseflug

Die Reiseflughöhe beträgt ungefähr 10 000 Meter über dem Meeresspiegel. Jetzt erlischt das Anschnallzeichen, und ein kurzer Signalton ertönt. Diesen hört man nun immer wieder – mit unterschiedlicher Bedeutung: Die Anschnallzeichen gehen aus und ggf. wieder an; außerdem dient der Signalton als Ruf für den Service.

Ab jetzt nutzt man den Rückenwind, der beim Starten eher hinderlich wäre. Aufgrund des Rückenwinds durch den Jetstream von West nach Ost ist ein Flug von den USA nach Europa 30 bis 60 Minuten kürzer als umgekehrt.

Auf großen Luftstraßen von ungefähr 18 Kilometern Breite fliegt man ohne jeden Gegenverkehr seinem Ziel entgegen.* Kollisionen sind ausgeschlossen, nicht nur durch die Arbeit der Piloten und Fluglotsinnen, sondern zusätzlich durch ein Antikollisionssystem an Bord (Traffic Alert and Collision Avoidance System, kurz TCAS). Wie faszinierend die Flugrouten ausgeklügelt sind, können Sie weiter unten nachlesen.

---

* Ein Wechsel der Straßen erfolgt an bestimmten Punkten. Wer daran im Detail interessiert ist, dem sei die Folge *Luftstraßen und Navigation* des Podcasts von »Cockpitbuddy« Suk-Jae empfohlen.

Bei Turbulenzen

Vor kurzfristig erwarteten oder während unerwarteter Turbulenzen wird der Anschnallton erfolgen, eine Ansage an das Team durch den Kapitän (»Cabin crew, please be seated«) und manchmal auch eine ausführlichere Ansage des Kabinenchefs oder der Kapitänin.

Bei dem typischen Geruckel könnte einem aufmerksamen Fluggast auffallen, dass die Geschwindigkeit gedrosselt wird (also hört man die Triebwerke wieder mehr oder weniger aufheulen). Das liegt daran, dass es sonst noch viel mehr wackeln würde (über eine mit Schlaglöchern übersäte Straße fahren Sie ja auch nicht mit Höchstgeschwindigkeit).

Bei der Landung

Jetzt ertönen alle bereits von der Startphase bekannten Geräusche noch einmal, nur in umgekehrter Reihenfolge: Im Landeanflug schwillt der Lärm der Triebwerke wieder an und ab, weil nach Bedarf die Geschwindigkeit gedrosselt, dann wieder etwas mehr Schub gegeben wird – je nach Wetterlage. Außerdem werden die Klappen wieder ausgefahren (Surren) und ebenso das Fahrwerk (Rumpeln). Durch den erhöhten Luftwiderstand wird das Tempo gedrosselt und der Schub entsprechend angepasst.

Zudem kommen – und das ist neu –, entweder erst am Boden oder schon kurz vorher, die Störklappen (»Spoiler«) zum Einsatz; sie weisen vom Flügel aus schräg nach oben und stören dementsprechend den Auftrieb. Es wirkt, als würden sie flattern – sie werden aber natürlich wie alles andere präzise gesteuert.

Am Boden wird durch Schubumkehr gebremst (sehr deutlich spür- und hörbar) und auf dem Weg zum Parkplatz wieder die Hilfsturbine eingeschaltet (also Lichtflackern und ggf. Knacken).

Nachhören und Videos schauen

Im Internet sind alle möglichen Geräusche zu finden. Auf YouTube zum Beispiel das eines Föhns – geschlagene zwei Stunden lang. Oder das Innengeräusch eines fahrenden Autos. Eltern wissen, wofür man so etwas Seltsames brauchen könnte: Babys schlafen oft bei genau dieser Geräuschkulisse ein. Selbst bei Erwachsenen funktioniert das mitunter. Mein Vater zum Beispiel mochte anfangs sein nächtliches Beatmungsgerät (zur Behandlung der gefährlichen Schlafapnoe) nicht so gern. Mittlerweile hat er sich nicht nur daran gewöhnt, es ist sogar zur Einschlafhilfe avanciert: Sobald das leise Rauschen der Maske beginnt, schläft er ein.

Und man ahnt das Unglaubliche: Einige Menschen koppeln die Fluggeräusche ans Schlafen und nicken noch vor dem Start ein. Manche brauchen diese Geräusche gar zu Hause zum Einschlafen.* Andere wiederum überkommt dabei die Lust, zu lesen, zu stricken oder Differenzialgleichungen zu lösen (man denke an Herrn Menzio). Für diese Gruppe gibt es auf YouTube zehn Stunden lang Kabinengeräusche aus dem Flugzeug.**

Zur Gewöhnung kann auch dieses ziemlich eintönige Geräusch ein Einstieg sein. Spannender, vielfältiger und auditiv anregender (und daher noch wichtiger für die Gewöhnung) sind die Geräusche bei Start und Landung. Auch dazu ist Material zum Anhören im Internet zu finden. Aber auch hier gilt: gewusst, wie. Denn bei

---

* Ein großer amerikanischer Hersteller von Lautsprechern und Kopfhörern hat winzig kleine sogenannte Sleepbuds entwickelt, die zur Reduzierung von Nebengeräuschen dienen sollen. Und zwar anhand einer neuen Technik, die unter Geräuschmaskierung firmiert. Außer »Küstenlinie«, »Windraschseln« und »Lagerfeuer« gibt es auch »Höhenflug – mit dem sonoren Geräuschteppich, wie er im Flugzeug zu hören ist«.

** Suchformel: »Airplane Cabin White Noise Jet Sounds | Great for Sleeping, Studying, Reading & Homework | 10 Hours«; übrigens über 6 Millionen Aufrufe.

unstrukturierter Suche stolpert man unweigerlich über Beiträge, die allenfalls Hedwig in die alarmistischen Karten spielen: Videos etwa, in denen dokumentarische Filmaufnahmen mit Bildern aus fiktionalen Werken wie *Die unglaubliche Reise in einem total verrückten Flugzeug* zusammengeschnitten wurden; der Himmel weiß, wozu ... Sich beispielsweise auf den Homepages der Flughäfen umzuschauen ist jedoch unbedenklich; besonders viele interessante Videos bieten Berlin und Stuttgart an.

Außerdem besteht die Möglichkeit, sich in Ruhe Flüge aus der Cockpit-Perspektive anzusehen. Falls es bisher für Sie irrelevant war, nach Ihrem Kenntniszuwachs aber interessant wäre: Auf pilotseye.tv kann man eine deutsche Reihe von Dokumentationen in Spielfilmlänge bestellen, die detaillierte Einblicke in die Cockpits von Linienflugzeugen und somit den Arbeitsalltag von Piloten bietet. Die Piloten und Pilotinnen erklären jeweils, was passiert – ansonsten gibt es keine Kommentare. Eine Folge umfasst den Hinflug, die Aktivitäten der Crew an ihren freien Tagen am Zielort und den Rückflug. Gratis sind Ausschnitte daraus zu finden, die für die meisten vollkommen ausreichend sein dürften, um einen Eindruck von der (ehrlich gesagt eher unspektakulären) Normalität des Berufsalltags zu gewinnen. Spektakulär sind allerdings oft die Ausblicke aus dem Panoramafenster des Cockpits.

Flugsimulation 2: mein Körper an Bord

Sollte der individuelle Angstschwerpunkt eher auf dem potenziellen Ausfall aller Körperfunktionen liegen (Hedwig im Arztkittel, also Flugangst-Typ C), werden neben den Atem- und Entspannungsübungen und der Förderung der Entspannungsbasis die Schilderungen der körperlichen Vorgänge wichtig sein. Unser Körper ist allerdings keine Maschine. Was bei einem Flug an physiologischen Abläufen und Sensationen spürbar ist, lässt sich deshalb nicht so perfekt und minutiös schildern. Ein paar Vorgänge sind aber ziemlich sicher zu erwarten (und teils auch zu beeinflussen).

Beim Start

Sobald das Flugzeug startet, wird man in den Sitz gedrückt. Diese immense horizontale Beschleunigung kann die (Schein-)Empfindung erzeugen, als würde der Kopf nach hinten gezogen werden und es gehe bereits aufwärts. Das liegt an den Sinneshärchen im Innenohr, die sich nach hinten biegen. Als entsprechend noch steiler wird der Steigflug empfunden. Wenn das Flugzeug die Geschwindigkeit wieder drosselt, verändert sich die Lage der Härchen in die Gegenrichtung. Diese Entschleunigung wird vom Körper intuitiv (aber falsch) als Sinken interpretiert.

Selbst Piloten müssen diese Scheinempfindung verlernen bzw. lernen, entgegen ihrer eigenen Intuition den Instrumenten zu vertrauen. Jene Sinneshärchen können also Beschleunigung oder Bremsung wahrnehmen, nicht aber Geschwindigkeit an sich. Bleibt diese konstant, stellen sich die Härchen wieder auf; wie schnell man fliegt, merkt man nicht.

In Kurven

Vor allem solange wir noch etwas vom Erdboden sehen, erscheint uns eine Kurve sehr scharf – als würde sich das Flugzeug gleich komplett um die eigene Achse drehen. (Was natürlich nicht der Fall ist. Es sei denn, wir sind mit einem Kunstflieger unterwegs.) Der Neigungswinkel ist viel geringer, als er uns vorkommt – auch hier greift eine Scheinempfindung. Über den Wolken schließlich, wenn wir keinen Horizont mehr erkennen können, bemerken wir dagegen die gleichen Kurven viel weniger oder gar nicht mehr. Und je öfter wir Kurven fliegen, desto mehr gewöhnen wir uns daran. Bis dahin heißt es: den prickelnden Unterschied von Wissen und Fühlen genießen.

Atmung in Reiseflughöhe

Die Kabinenluft ist gut verträglich, aber sie ist auch etwas dünner – ungefähr wie in den Bergen: Man bekommt auch dort genug Sauerstoff, aber etwas weniger leicht als im Tal. Es ist also etwas »aufwendiger« für den Körper, die gleiche Portion Sauerstoff aufzunehmen: Man muss häufiger einatmen, wofür das Herz schneller schlagen muss. Zwar dürfte die Qualität der Luft bei einer Hochgebirgswanderung als angenehmer empfunden werden als an Bord eines Flugzeugs (schon allein, weil nicht so trocken) – entscheidend ist aber, dass die Sauerstoffsättigung ähnlich ist und somit eine etwas schnellere Atmung und schnellerer Herzschlag sinnvolle ausgleichende Reaktionen unseres Organismus sind (und nicht, wie Hedwig im Arztkittel behauptet, Anzeichen eines baldigen Kreislaufkollapses). Die meisten Fluggäste passen sich unbewusst an und bemerken das gar nicht – körpersensible Menschen vielleicht eher.

Grundsätzlich müsste man also eigentlich gar nichts tun. Falls man sich unwohl fühlt, kann man jedoch gegensteuern. Hilfreich für ein besseres Gefühl ist bewusste und kontrollierte Atmung (siehe Atmungs- und Entspannungsübungen). Auch Schlafen ist eine probate Maßnahme; zugegebenermaßen eher für Fortgeschrittene, aber irgendwann könnte es klappen (wenn man es wirklich will). Im Schlaf braucht man nämlich nicht so viel Sauerstoff.

Für gesunde Menschen ist ein leichter Sauerstoffmangel weder im

Gebirge noch im Flugzeug ein Problem. Für Patienten mit chronisch geringer Sauerstoffsättigung im Blut oder mit Herz-Kreislauf-Erkrankungen hingegen kann sich der Effekt unangenehmer auswirken. Bei Vorerkrankungen und Zweifeln sollte man daher mit einem Arzt sprechen (aber nicht mit der Hochstaplerin Hedwig – und auch nicht mit Dr. Google).

Puls und Herzschlag

Wenn der Puls nun nicht nur ein bisschen, sondern deutlich erhöht ist oder das Herz spürbar sehr schnell schlägt: Für den gesunden Körper ist auch das völlig unbedenklich. Sollte man diesen Umstand als problematisch empfinden, liegt das an einer verzerrten Wahrnehmung und Fehlinterpretation, zumal wir uns wegen der ungewohnten Situation plötzlich übertrieben auf das Herz fokussieren. Im vertrauten Umfeld, bei sportlichen Aktivitäten, beim Treppensteigen und anderen Gelegenheiten (die ja auch ausdrücklich empfohlen werden, um die Herzmuskulatur zu stärken und die Regulation des Blutdrucks zu verbessern) spüren wir das Herz naturgemäß oft viel stärker; in diesen Fällen nimmt man das pumpende Organ aber als ganz natürlich wahr.

Hedwig ist allerdings, wie ausführlich erläutert, nicht sehr sportlich. Sie schafft es nicht, Blutdruck und Herzschlag länger als 20 bis 30 Minuten konstant auf erhöhtem Niveau zu halten, weil die Stresshormone einfach irgendwann aufgebraucht sind und die Produktion nicht mehr hinterherkommt.

Turbulenzen

Bei stärkeren Turbulenzen erleben viele Menschen das Ruckeln als unangenehm. Im Vergleich zu früher (als man noch in geringer Flughöhe unterwegs war) oder einem schwankenden Schiff auf hoher See ist es jedoch meist erträglich. Deshalb werden die Spucktüten ja auch seltener für ihren ursprünglichen Zweck genutzt. Gefährlich für den Körper ist das Ruckeln jedenfalls nicht – solange man angeschnallt ist.

Um sich ansonsten möglichst wohlzufühlen, sollte man keinen ganz leeren Magen haben, sondern leicht Verdauliches essen (Toast, Zwieback). Auch die Platzwahl kann helfen: Vorne und in der Mitte, auf Höhe der Flügel, wackelt es am wenigsten, hinten dagegen am meisten.

Flatulenzen

Der geringere Luftdruck führt dazu, dass Gase sich mehr ausdehnen als normalerweise – und zwar *alle* Gase. Insofern ist es ganz natürlich, sich etwas aufgeblähter zu fühlen als am Boden. Ausgleichen kann man durch die Wahl des Essens und Trinkens (keine Kohlensäure, kein Kohl, keine Hülsenfrüchte und andere verdächtige Substanzen), durch bequeme Kleidung und Bewegung zwischendurch. (Und falls Ihnen überdurchschnittlich viele Passagiere in Lederhose auffallen sollten: Der charmante Tipp entstammt dem *Travelbook*. Lederhosen riegeln demzufolge etwaiges Gasaufkommen vorerst hermetisch ab, sodass man es später unter kontrollierten Bedingungen emittieren kann.)

Husten, Augenbrennen, trockene Nase

Die Luft an Bord ist sehr trocken, vor allem für Nordlichter, die im Winter sehr oft um die 88 Prozent Luftfeuchtigkeit erleben. In Räumen sind es meist 40 bis 60 Prozent. Auf Gran Canaria etwa herrschen um die 50 Prozent, optimal zum Wohlfühlen. Im Flugzeug sind es 25 Prozent oder weniger. Wenn man Reizhusten hat, die Augen brennen oder Nase und Mund trocken werden, sind das also einzig und allein Indizien für trockene Luft – und nicht etwa (wie uns Hedwig durch ihre hektisch übergestülpte Atemschutzmaske panisch mitteilt) für einen Giftgasanschlag oder irgendwelche Defekte. Viel Wasser trinken ist hilfreich, wie auch Augentropfen oder Nasenspray zur Befeuchtung.

Ohrenschmerzen

Gerade bei Start und Landung kann es durch die Luftdruckveränderungen zu einem Überdruck im Mittelohr kommen, was einige Menschen als (teils gar sehr) unangenehm empfinden, was aber unbedenklich ist. Um sich besser zu fühlen, hilft meist die übliche Methode zum Druckausgleich (Mund zu, Nase zuhalten und kräftig schnauben), Kaugummikauen und Gähnen.

Eingeschlafene Beine

Wer lange still sitzt, dem schlafen aufgrund eines eingeklemmten Nervs womöglich die Beine ein – was bei gesunden Menschen über den Wolken ebenso wenig ein Grund zur Beunruhigung ist wie auf dem heimischen Sofa. Dagegen hilft natürlich Bewegung. Risikopatienten allerdings sollten in diesen wie in anderen Situationen verstärkt darauf achten und zur Vermeidung von Thrombose auf Langstreckenflügen wirksame Kompressionsstrümpfe tragen.

Überblick zu gewinnen wirkt beruhigend. Daher nun vom Besonderen zum Allgemeinen ...

Flugsimulation 3: internationaler Flugverkehr

Würden Sie sich als technophob, technikskeptisch oder Technikfreak bezeichnen? Ich jedenfalls bin eine Mischung aus allem, je nachdem, worum es gerade geht und wie es mir gerade geht. Nutzen wir nicht ständig Technik, die wir bei Weitem nicht komplett verstehen? Stören wir uns etwa daran, wenn uns im Auto eine Stimme den Weg weist und wir keine Ahnung haben, wie genau sie das macht?

Nur wenn das Bauchgefühl Alarm schlägt, fängt man plötzlich an, alles infrage zu stellen, der Technik generell zu misstrauen oder sie mit Magie zu verwechseln: Wie soll das funktionieren, das Fliegen an sich, geschweige denn die Koordination und Routenplanung von ungefähr 200 000 Flügen pro Tag? Das kann eigentlich gar nicht funktionieren – sagt zumindest der innere Schlaumeier.

Es klappt sehr wohl, doch Flugnavigation zu erklären ist kompliziert. Eine Ahnung davon vermittelt Folge 54 des Podcasts von »Cockpitbuddy« Suk-Jae. Man muss sie allerdings auch nicht vollständig verstehen, um die Funktionalität und Genauigkeit dieser Technik zu erleben: Einen faszinierenden Eindruck davon verschafft uns zum Beispiel eine Animation des internationalen Flugverkehrs (siehe Link im Anhang). Außerdem kann man sich auf flightradar24.com immer wieder die jeweils aktuelle Lage anschauen: Wie viele Flugzeuge sind eigentlich gerade hoch über meinem Kopf unterwegs?

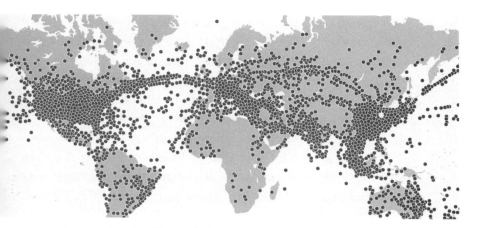

Abb. 11 Internationaler Flugverkehr

So habe ich die aktuellen Flugbewegungen weltweit auf meinem eigenen Radar und sehe, wie unglaublich viele Flugzeuge im Minutentakt starten, friedlich über mich hinwegfliegen und wieder landen. Und wenn ich in einem dieser Flieger sitze, haben mich gerade ebenfalls nicht nur die Fluglotsen, sondern auch andere Menschen auf ihrem kleinen Radar, während ich friedlich über sie hinwegfliege. (Schon ein recht irrwitziger Gedanke, dass ausgerechnet meine Präsenz an Bord irgendetwas daran ändern könnte, nicht wahr?)

Durch ein derartiges, hin und wieder wiederholtes Liveerlebnis der täglichen weltweiten Flugnavigation verleibt sich der Bauch geradezu selbsttätig die Erkenntnis ein: Natürlich funktioniert Flugnavigation. Und zwar faszinierend präzise.

Die Bahn von Flugobjekten vorhersagen

Bei der ersten bemannten Mondlandung am 21. Juli 1969 hatte man sich bezüglich des Landeplatzes noch um 20 Kilometer verrechnet – so etwas würde nicht einmal mehr meinem Smartphone passieren.

Damit oder mit dem Laptop ist es heutzutage nämlich möglich, nicht nur die Flugbahn aller Verkehrsflugzeuge weltweit vorherzusagen, sondern sogar die der Internationalen Raumstation (ISS). Wer jetzt abwinkt, weil kein Technikfreak, dem sei gesagt: müssen Sie dafür nicht sein. Es reicht völlig, wenn Sie eine Internetseite aufrufen oder eine App laden können. Gerade als eher unterdurchschnittlich technikaffiner Mensch sollte man diese Erfahrung nicht versäumen: Durch Technik, die ich selbst abrufen kann, wird Flugtechnik ein Teil meines eigenen Horizonts. Ja, ich kann sogar vorhersagen, was am Horizont passiert! Und das fördert eine Empfindung, die dem Gefühl der Kontrolle nicht unähnlich ist.

ISS Tracker*

Meine Empfehlung: einmal ganz hoch hinaus – bis zur ISS. Die Internationale Raumstation rast mit 27600 Stundenkilometern in 400 Kilometern Höhe über die Erde hinweg; für eine Umkreisung benötigt sie daher bloß anderthalb Stunden.

Mit einem Tracker ist es möglich, die Station zu orten. Auch das kann man also persönlich erleben: in der Karte auf dem Display oder Bildschirm nachsehen, wo die ISS gerade entlangfliegt – und vorhersagen, wann genau sie aus welcher Richtung am Himmel auftauchen und über uns hinwegsausen wird. (Allerdings nur, wenn der Nachthimmel klar ist, und nur in bestimmten Phasen; in anderen wiederum ist sie nur tagsüber bzw. in zu großer Entfernung unterwegs.) Dann richtet man den Blick zum Himmel – und da ist sie schon. Nicht viel größer als einer der leuchtenden Sterne, aber rasend schnell. Unglaublich eindrucksvoll: Gerade eben sah ich sie

---

* Einfach ISS Tracker oder ISS Spotter im Internet recherchieren – dazu gibt es sowohl Internetseiten als auch Apps fürs Smartphone.

noch als Punkt auf dem Display über England hinwegdüsen – und nur wenige Augenblicke später live über Osnabrück.

Flightradar24

Auch Flightradar24 ist nicht nur für den groben Überblick über Flugnavigation nützlich, sondern spezifisch für einzelne Flugzeuge einsetzbar. Man kann also bei der nächsten Maschine, die man gerade am Himmel sieht, auf flightradar24.com nachschauen: Welches Flugzeug ist das? Wann und wo ist es abgeflogen? Wohin fliegt es? Wie schnell ist es gerade und wie hoch?

Oder umgekehrt: Sieht man auf dem Radar, wie ein Flugzeug, aus nördlicher Richtung kommend, gleich über meine Stadt hinwegfliegen wird, kann man den Blick himmelwärts richten und treffend vorhersagen, wo es auftaucht.

Natürlich ist die befriedigende Erfahrung von Kontingenz hierbei noch schneller möglich als bei der ISS, weil so viel mehr Flugzeuge unterwegs sind (insgesamt ungefähr 20 000 bis 30 000 gleichzeitig) und weil man nur klaren Himmel braucht, anstatt auf Sichtbarkeitsphasen warten zu müssen.

Bei der ISS ist eine App unbedingt zu empfehlen, bei Flightradar24 würde ich die Onlineverfolgung der Flugzeuge am PC vorziehen. Es gibt zwar auch eine App für das Handy – die ist aber etwas für Fortgeschrittene, denn dort lassen sich Funkausfälle und Notrufe aller Flugzeuge einstellen, die aber für Laien nicht akkurat nachvollziehbar sind. Funkausfälle kommen zum Beispiel ab und zu vor, ohne dass es sich um eine dramatische Situation handelt, aber die Gründe erfährt man nicht. Verfolgt man nun jeden Funkausfall, ohne je eine Erklärung dafür zu erhalten, beginnt man womöglich wieder, auf einem alarmistischen Irrweg herumzugeistern.

Ähnliches gilt für die mögliche Verfolgung eines ganz bestimmten Fluges. Wenn ich will, kann ich anhand einer Flugnummer die entsprechenden Flüge online verfolgen und nachsehen, ob mein Kind den Atlantik schon überflogen hat. Ist man aber noch nicht ganz sattelfest bzw. flügge, macht es einen eventuell ziemlich nervös, wenn der Flieger kurzzeitig nicht zu sehen ist oder verzögert landet. (Denn im Gegensatz zu den Geräten der Fluglotsen ist unsere Technik zu Hause nicht ganz so ausgefeilt.)

Wenn man den Radar also nutzen will: einfach ab und zu schauen, was da oben gerade los ist. Doch die Feinheiten sollte man lieber den Experten überlassen.

Flughafenbesuch und -führung

Eine weitere probate Möglichkeit zur Konfrontation und Gewöhnung: Besuchen Sie einen Flughafen, registrieren Sie die alltägliche Normalität dort und verfolgen Sie von der Aussichtsplattform aus den Rhythmus der landenden und startenden Flugzeuge.

Oder nehmen Sie am besten direkt an einer Führung teil. Fast alle großen Flughäfen bieten Vorträge und Führungen an – und zwar nach Kundengruppen geordnet (Kinder, Erwachsene) und mit unterschiedlichen Schwerpunkten: »Passagiere und Verkehr« oder auch »Nachhaltigkeit«. Nur zum Spaß könnte man sich Vorträge über nicht so spannende Themen anhören (Gepäckverteilung etwa), damit Hedwig sich zur Abwechslung einmal gepflegt langweilen darf – und das an einem Flughafen.

Und falls Sie die Gelegenheit haben, einen Flugkapitän kennenzulernen, nehmen Sie sie wahr: Weil wir soziale Wesen sind, lassen wir uns eher vom überzeugenden Einzelfall eines anderen sozialen Wesens beeinflussen als von einer nachweislich auch noch so gut ausgebildeten, aber eben anonymen Masse.* Selbst bei Videos und

Podcasts hat diese virtuelle Begegnung einen gewissen Effekt – schon allein aufgrund der offensichtlichen Kompetenz – und einen umso größeren bei leibhaftigen Begegnungen.

* Zwei Aspekte werden nach Flugangstseminaren regelmäßig als besonders hilfreich genannt: die Erklärung der Flugtechnik und die persönliche Überzeugungskraft des Piloten.

Atmungs- und Entspannungsübungen

Diese Übungen sind dazu geeignet, den Teufelskreis zu unterbrechen, indem sie direkt an den physiologischen Symptomen ansetzen. Denn wenn man seine Atmung unter Kontrolle bekommt und Entspannung in den Muskeln fördern kann, werden Alarmreaktionen des Körpers automatisch abgeschwächt. Die Forschung zeigt, dass die Übungen in der akuten Situation am besten wirken, wenn man sie bereits ein paar Wochen vor der Reise regelmäßig durchgeführt hat. Unter kontrollierten, sicheren Bedingungen macht man Selbsterfahrungen mit der Funktions- und Reaktionsweise des eigenen Körpers – und lernt, dieselben zu beeinflussen.

Atemübungen gibt es in Hülle und Fülle. An dieser Stelle möchte ich eine ebenso einfache wie wirkungsvolle, von Psychologin und Flugbegleiterin Karin Bonner empfohlene anführen: Anstatt unbewusst in immer schnellere Atmung zu verfallen (Hedwig zufolge ein Anzeichen für Gefahr), machen Sie ganz bewusst eine Pause (anfangs 2 Sekunden) zwischen den Atemzügen. Also: einatmen – Pause – Pause – ausatmen. Je nach dem Grad der Erregung fällt einem das sehr leicht oder eher schwer. Doch zu Hause kann man diese Atemtechnik üben und die Pausenzeit allmählich bis auf 4 Sekunden verlängern. Wenn dann an Bord aufgrund zunehmender Aufregung physiologische Veränderungen erfolgen, kennt man das schon (und dann ist es weniger bedrohlich), sodass die Möglichkeit besteht, aktiv gegenzusteuern.

Die progressive Muskelentspannung nach Jacobson (PME) ist eine weithin anerkannte, funktionelle und effiziente Entspannungsmethode, weshalb ich hier nur diese explizit benenne (es gibt natürlich noch sehr viele andere Methoden). Wie schon erwähnt, finde ich persönlich die PME ausgesprochen langweilig. Aber das ist gut so! Der Sinn liegt schließlich nicht in Amüsement und Zeitvertreib, vielmehr geht es auch hier einzig und allein darum, den eigenen Körper besser kennenzulernen; vor allem, den Unterschied zwischen muskulärer An- und Entspannung wahrzunehmen. Deswegen spannt man die Muskulatur bei diesen Übungen auch erst an – um danach die Entspannung zu fühlen, sobald man die absichtliche Anspannung beendet, also wieder loslässt. Und hier funktioniert das insbesondere in esoterischen Kreisen viel zitierte Loslassen endlich einmal relativ einfach.

Was?	Wann?	Wie?
Einfache Atemübung	jederzeit; auch akut anwendbar	• langsam und nicht zu tief einatmen • ausatmen • Pause vor dem Einatmen (2 Sekunden) • langsam und nicht zu tief einatmen • ausatmen • Pause vor dem Einatmen (2 Sekunden) *und so weiter* Bei weiteren Durchgängen – falls möglich – Pausen steigern auf 3, später auf 4 Sekunden
Stoppen von Hyperventilation	nur falls akut notwendig	• in eine Tüte atmen *oder* • Hände gewölbt vor Mund und Nase halten • normal aus- und einatmen (so lange, bis es einem besser geht; mindestens 10 Wiederholungen)

Was?	Wann?	Wie?
Muskuläre Entspannungsübung (PME: progressive Muskelentspannung nach Jacobson)	ideal: regelmäßig im Vorfeld der Flugreise, dann auch akut einsetzbar	Setzen Sie sich auf einen Stuhl. Dann: Faust ballen, Arme anwinkeln und Unterarm- sowie Oberarmmuskeln anspannen, sodass Sie die Anspannung deutlich fühlen. 5 bis 10 Sekunden halten, dann wieder lösen: Arme und Hände ruhen lassen, bewusst registrieren, wie anders sich der Körper beim Loslassen anfühlt und wie die Arme und Hände buchstäblich wieder entspannen.

Dieses deutlich spürbare Gefühl der Entspannung kann man nun immer weiter verfeinern – und eben auch selbst steigern, wenn man gerade angespannt ist. Dazu geht man alle Muskelgruppen des Körpers durch: Schultern (hochziehen), Gesicht (Gesichtsmuskeln anspannen, Grimasse schneiden), Rumpf (Rücken- und Bauchmuskeln anspannen), Beine (Gesäß, Ober- und Unterschenkel anspannen).

Die PME funktioniert also sehr einfach, und gleichzeitig muss man sie für echte Effekte trainieren. Oft geht das mit Anleitung besser. Literaturtipps und Internetlink (inklusive kostenloser Audio-Anleitung – mit und ohne Musik) finden Sie im Anhang des Buches in den Quellennachweisen.

Entspannungsbasis stärken

Wie bereits beschrieben, erreicht man die Angstschwelle bei gestresstem Grundbefinden sehr viel schneller als bei entspanntem. Es lohnt sich also, den grundlegenden Entspannungszustand zu fördern und sich – mit teils einfachsten Mitteln – schon im Vorfeld von der Angstschwelle zu entfernen. Sie können zum Beispiel …

… darauf achten, was Sie vor dem Abflug essen und trinken

Kaffee und Tee etwa werden für einen Anstieg des Erregungsniveaus sorgen; Koffein treibt Blutdruck und Herzschlag bekanntlich nach oben. Genau das soll es ja auch: Morgenmuffeln den Start in den Tag erleichtern. Will ich mich jedoch einer Situation aussetzen, die ich fürchte, mache ich es mir hinsichtlich einer »gechillten Baseline« mit Cola, Kaffee, Tee, Mate-Tee u. Ä. natürlich schwerer, als es sein müsste. Auch manche Nahrungsmittel können die Nerven unangenehm aufreiben, zum Beispiel rohe Zwiebeln und Knoblauch.

Außerdem sollte man – versteht sich eigentlich von selbst – auf keinen Fall verkatert ins Flugzeug steigen; jeder weiß, wie dünnhäutig und empfindlich man in diesem Zustand bereits in normalen Situationen ist. Am Abend vor der großen Reise also Mut antrinken? Oder auch bloß, um vermeintlich besser schlafen zu können? Definitiv keine gute Idee.

Ein bisschen was im Magen zu haben, ist bei empfindlichen Menschen erstens günstig, weil man dadurch den Parasympathikus aktiviert (das Nervensystem, das dem Sympathikus, dem Hedwig'-schen Stresssystem, entgegenwirkt). Zweitens fühlen sich die meisten Menschen wohler, wenn der Magen nicht übersäuert ist (was durch leichte Kost erreicht wird). Sinnvoll kann es auch sein, blähende Nahrungsmittel zu vermeiden (Kohl, Hülsenfrüchte, Vollkornbrot, Zwiebeln etc.), die einen in 10 000 Metern Höhe mehr ärgern als auf dem Boden und in gewisse Stresssituationen bringen könnten (wie in Flugsimulation 2 beschrieben).

... Sport treiben und Entspannungsübungen machen

Da die körperlichen Angstsymptome jenen Symptomen ähneln, die wir auch bei leichten körperlichen Anstrengungen erleben (erhöhter Blutdruck, Muskelanspannung, schnelle Atmung), ist es günstig, sie in ihrer Funktion als ganz normale Körperreaktionen wahrzunehmen – und aufmerksam zu registrieren, wie sich der Körper jeweils wieder beruhigt und regeneriert. Ein körperliches Habituationstraining, mit dem man seine Selbstkontrolle fördert: Ich selbst bin es, der meinen Blutdruck und meinen Herzschlag steigen lässt; ich atme schneller und schwitze – und danach erlebe ich die vollständige Regeneration.

Von Schonung, zu der einige Menschen vom Flugangst-Typ C neigen, ist abzuraten, weil man sich so um diese Erfahrung bringt. Schonung passt ohnehin nicht zu unserem Körper als gesundem, lebendem, sich selbst erneuerndem Organismus; Schonung brauchen allenfalls Schuhe oder Möbelstücke. Wer regelmäßig Sport treibt, sorgt sogar generell für eine entspannte Basis, denn der Ruhepuls sinkt.

Das Gleiche gilt für Atmungs- und Entspannungsübungen oder auch Meditation: Man nimmt unterschiedliche Zustände präzise wahr, merkt, dass man sich kontrolliert an- und entspannen kann, erlebt sich dadurch als selbstwirksam – und wer es regelmäßig betreibt, kann auch damit seinen Ruhepuls senken. Ein weiteres Plus für die Entspannungsübungen. Vor allem vor der Reise sind sie überzeugend wirkungsvoll – vorausgesetzt, man hat ein Faible für Übungen dieser Art.

... optimal planen

Wer ein Planungs- und Vorbereitungsgenie ist, für jeden Urlaub die passende Checkliste parat und Spaß daran hat, kann diesen Absatz getrost überspringen: Gratulation, Sie machen sowieso alles richtig. Eventuell ist jedoch das Kapitel zum Kontrollzwang für Sie relevant ...

Wie dort bereits angerissen, gibt es aber auch Menschen, die alles am liebsten spontan und auf den letzten Drücker machen. Schon die Begriffe Planung, Organisation, Vorbereitung, Zeitreserve etc. führen zu sofortigem Aufmerksamkeitsverlust und extremer Langeweile. Will man diese Menschen zu mehr Planung zwingen, erscheint es ihnen wie Freiheitsberaubung. Klar, man hat etwas mehr Stress, wenn man nicht alles perfekt vorbereitet; dafür muss man aber auch nie lange irgendwo warten, nur, weil man aufgrund der übertriebenen Planung Stunden zu früh da ist – zum Beispiel am Flughafen. Und trotzdem hat bisher alles immer prima geklappt. Jedenfalls fast immer.

Zugegeben, zu diesem Menschentypus gehöre auch ich. Lange erschien es mir nicht einsichtig, irgendetwas an meinem Planungsstil zu ändern. Dennoch ist es die nackte Wahrheit: Wenn man vor einer Flugreise alles mit doppelter Zeitreserve und planvoll organisiert angeht, kann das für eine stabile Stimmungsbasis nur von Vorteil sein. Beziehungsweise sehr ungünstig, den Koffer wie immer abends zu packen, denn man muss ja die gerade noch gewaschene Wäsche bis zum nächsten Morgen trocknen und kann sie erst dann einpacken;

außerdem muss man schnell noch den Müll rausbringen, dann Taxi rufen, zur Straße rennen, wo einem einfällt, dass man ein Ladekabel vergessen hat, wieder zurückrennen und so weiter. Körper auf Hochtouren, Geist auf Hochtouren, Basis maximal »ungechillt«.

... Rituale und Gewohnheiten nutzen

Rituale verschaffen vielen Menschen Struktur, Sicherheit und Wohlbehagen: der Kaffee am Morgen, der Twitter-Check dabei, Mini-Meditation in der U-Bahn, ein Podcast zum Joggen, der spezielle Rotwein zu besonderen Anlässen, am Abend in Jogginghosen eine Folge der derzeitigen Lieblingsserie ...

Solche selbst gewählten Rituale fördern das Vertrauen (ob generell ins Universum, ob in Wissen oder die Welt der Fliegerei). Sie wirken grundsätzlich beruhigend, weshalb gerade Kinder sie besonders toll finden. Rituale vor einem Flug sollten also nur der Gewohnheitsausbildung dienen (und nicht etwa einem dubiosen Abwehrzauber oder ähnlichem Hokuspokus) und dürfen gern sehr langweilig sein.

Eine meiner Interviewpartnerinnen liest zum Beispiel rituell die gastronomischen Informationen an Bord durch und sucht nach Erreichen der Reiseflughöhe immer die Bordtoilette auf, selbst wenn sie gar nicht muss. Ihr Argument ist vielleicht schräg, aber rituell wertvoll: »Wenn man aufs Klo geht, ist das so etwas Banales und Normales.« Sie macht folglich aus einer besonderen Situation eine alltägliche. Früher wäre sie niemals auf diese Idee gekommen, denn kurz vor dem vermeintlichen Ende braucht man ja schließlich auch nicht mehr auf die Toilette zu gehen.

Vorschläge für andere Rituale: Am Flugtag einen bestimmten (koffeinfreien) Kräutertee oder Gerstenkaffee trinken, eine besondere Schokolade am Flughafen kaufen, den Menschen mit der schönsten Frisur an Bord suchen, einen Tomatensaft trinken, bestimmte Musik hören (siehe unten) …

… für entspannenden Zeitvertreib vorsorgen

Das tun Sie bestimmt ohnehin schon – zum Beispiel, indem Sie eine entspannende Playlist laden. Die irische Psychologin Dr. Rebecca Spelman glaubt den perfekten Soundtrack gegen Flugangst gefunden zu haben. Herrlich, wenn es so einfach wäre, oder? Es handle sich um Musik, deren Harmonien und Tempo ideal geeignet seien, um gute Atmung zu fördern, außerdem beide Gehirnhälften zu stimulieren und das rationale Denken sowie positive Emotionen gleichermaßen zu fördern. Klingt gut.
Oder doch nicht …?

Adele, *Someone Like You*
Enya, *Orinoco Flow (Sail Away)*
Liborio Conti, *Piano on the Beach*
Wolfgang Amadeus Mozart, *Piano Concerto No. 21 in C major* (»Elvira Madigan«) K. 467
Jack Johnson, *Better Together*
All Saints, *Pure Shores*
Bob Marley, *Buffalo Soldier*
Red Hot Chili Peppers, *Scar Tissue*
Coldplay, *Paradise*
Sophie B. Hawkins, *As I Lay Me Down*
Britney Spears, *Inside Out*
R. Kelly, *Ignition*
Beyoncé, *Flaws and All*
Nat King Cole, *The Christmas Song*
David Bowie, *Space Oddity*

Hirnforschung hin oder her – meine persönliche Playlist fängt ganz anders an ... (Nämlich absichtlich antimagisch mit John Denvers *Leaving on a Jet Plane*, gefolgt übrigens von Element of Crime, *Jetzt musst du springen*.)

Einen Link zu konkreten Spielen und Ideen, die nicht viel Platz beanspruchen (für Kinder und Erwachsene) finden Sie im Anhang.

... durch Selbstbeobachtung Entspannungspotenzial erkennen

Anstelle des vergeblichen Versuchs, die Angst zu ignorieren, ist Beobachtung sehr viel sinnvoller. Hören Sie Ihren Gedanken aufmerksam zu. Lauschen Sie in Ihr Inneres, wie »es Sie denkt« (so die treffliche Formulierung des von mir bewunderten Coachs Jens Corsslen). So erlangen Sie nämlich ein ordentliches Stück Kontrolle zurück. Sie sind schließlich das Oberhaupt über Hedwigs diverse Verkörperungen – vom Babyphysiker über den Schlaumeier bis hin zur hochstapelnden Ärztin. Manche inneren Dialoge mit ihr mögen langwierig und anstrengend sein. Doch es ist ein großer Unterschied, ob Sie erst einmal zuhören, bevor Sie dann selbst Entscheidungen treffen, oder ob Sie sich ihr gefügig überlassen und Ihre Rolle als Oberhaupt aufgeben. Da Humor in allen Lebenslagen hilfreich ist, kommt also durchaus auch ein selbstironisches Selbstgespräch mit Hedwig infrage, und sei es, dass Sie mit ihr reden wie mit einem lieben, verängstigten Kind: »Nein, Hedwig, das war kein Vogelschlag im Triebwerk – da hat nur jemand gehustet.«

Wem das zu albern ist, wer also eher nüchterne Methoden der Selbstbeobachtung bevorzugt, der kann beispielsweise einfach registrieren, wie sich während eines Fluges (oder bereits während einer Vorübung dazu) die Anspannung verändert. Das Aufregungsprotokoll ist ein Vorschlag für die Praxis (s. u.; statt des Begriffs »Angst« habe ich »Aufregung« gewählt, da jeder für sich selbst beurteilen muss, ab wann Aufregung in Angst umschlägt). Durch das Ausfüllen lernt man, Anspannung als schwankenden und vorübergehenden Zustand zu akzeptieren, Veränderungen und dem eigenen Einfluss auf das Geschehen nachzuspüren und die Annäherung an die Entspannung zu erkennen.

Entwurf eines Aufregungsprotokolls

Uhrzeit	Erregung von 0 bis 10	Optional: Gedanken auf dem Irrweg	Optional: Gedanken auf dem Ausweg
__.00			
__.15			
__.30			
__.45			
__.00			
__.15			
__.30			
__.45			
__.00			
__.15			
__.30			
__.45			

Tragen Sie die jeweilige Uhrzeit in die linke Spalte ein und beurteilen Sie im Viertelstunden-Rhythmus die Intensität Ihrer Aufregung nach folgender Skala*:

---

* Diese verbalen Beschreibungen sind nicht zufällig gewählt, sondern laut Studien besonders gut zur Intensitätsabstufung geeignet.

Empfundene Aufregung:

0. keine
1. sehr schwach
2. schwach
3. relativ schwach
4. einigermaßen
5. mittelmäßig
6. überwiegend
7. relativ stark
8. stark
9. sehr stark
10. voll

Diese Selbstbeobachtungsübung zeigt: Angst ist nicht immer gleich stark. Manchmal ist sie eventuell nur eine *relativ schwach empfundene Aufregung* (also eine 3). Unter Umständen mag es auch hilfreich sein, die persönliche Angstschwelle bewusst zu markieren: Ab wann ist die Erregung auf der Zehnerskala eigentlich wirklich Angst? Wenn meine Angstschwelle bei 5 liegt und meine Aufregung zwischendurch nur 4 oder gar 2 erreichte, dann ist das doch bereits recht eindrucksvoll, oder?

> **Angst ist nicht unermesslich – sie ist messbar.**
> **Ein Protokoll macht die Schwankungen augenfällig.**

Hält man diese Übung lang genug durch, erkennt man: Die Werte schwanken; im Durchschnitt sinken sie, und je öfter man den Bogen ausfüllt, desto tiefer. Wenn Sie auch den Einfluss Ihres Wissens beobachten wollen, schreiben Sie in die Spalten rechts die Gedanken, die Ihnen auf dem Irrweg begegnen, und daneben diejenigen, die Sie auf den richtigen Weg führen. Einige positive Effekte:

- Sie verlernen die Angstformeln.
- Sie erkennen Zusammenhänge. (Wann kommen welche Gedanken bei mir auf?)
- Sie können später die Skurrilität einiger Gedanken bewundern (anstatt sie zu verdrängen).
- Sie modifizieren die Erinnerung an Angstflüge und arbeiten aktiv für das »erlebende Selbst« (siehe Exkurs 29, Seite 285).

Wichtig ist auch bei dieser Technik, dass nur Sie in Ihrer Eigenschaft als Oberhaupt das Signal für das Ende der Übung geben (nicht Hedwig). Und das Ende der Übung ist erst erreicht, wenn die Aufregungskurve deutlich abgefallen ist.

Was aber, wenn Lebensstress scheinbar chronisch ist?

Meistens ahnen wir, was genau uns Stress bereitet. Zum einen die üblichen Verdächtigen: beruflicher Ärger, Streit, Konflikte, Schlafmangel – alles Dinge, die uns allen leider ab und zu widerfahren. Zum anderen gibt es aber auch Ereignisse im Leben, die (ob kürzer oder länger andauernd) unsere Sensitivität erhöhen: Scheidung, ein Unfall, Krankheiten und Verlusterfahrungen, Traumata. Psychologen nennen solche Vorfälle »kritische Lebensereignisse«. Wobei als kritisch selbst vermeintlich undramatische, ja sogar schöne Ereignisse eingestuft werden, da sie uns erschüttern und empfindlicher machen: Umzug, Heirat, die Geburt eines Kindes und Ähnliches.

Es ist völlig normal, wenn wir in solchen Zeiten dünnhäutiger sind oder gar eine echte Krise durchleben. Nicht von ungefähr gibt es die Diagnose »Anpassungsstörung«: Es fällt uns schwer, uns an die neuen Lebensumstände gesund anzupassen. Umso wichtiger ist es, in derartigen Phasen mit sich selbst geduldig und empathisch umzugehen, gut auf sich aufzupassen und für sich zu sorgen. Das bedeutet auch, eine niedrige Angstschwelle erst einmal als solche hinzunehmen und nicht mit sich zu hadern; dann dauert es eben ein bisschen länger, bis man sein Ziel erreicht hat.

Sollte man merken, dass sich die Auswirkungen von Stress nicht nur beim Fliegen bemerkbar machen, sondern dass Entspannung generell immer schwieriger wird und der Leidensdruck zunimmt, dann könnte das Anlass für eine Psychotherapie sein.

Erinnerung an Angstflüge

Hat man einen bestimmten Flug (oder gar mehrere) als sehr unangenehm erlebt, ist die Erinnerung daran oft sehr hartnäckig. Zwar war dieser Flug höchstwahrscheinlich nicht mit einer realen Gefahr verbunden (auch wenn sich das im Nachhinein schwer aufklären lässt), doch unser Gehirn macht es uns nicht leicht, ihn einfach zu vergessen.

Dennoch, selbst auf den vermeintlich schlimmsten Flügen wird die Angst unterschiedlich groß gewesen sein. Diese Nuancen sind aber mit ziemlicher Sicherheit einfach in Vergessenheit geraten ... Das menschliche Gedächtnis arbeitet nämlich nach dem Prinzip »je extremer, desto erinnerungswürdiger«: Abgespeichert werden demnach vor allem die Maximalwerte der Angst – und zwar vollkommen unabhängig davon, wie lange diese Angstphasen überhaupt angedauert haben. Selbst wenn wir während des Fluges bloß fünf Minuten lang bei Intensität 10 waren und zwei Stunden bei 5 bis 7, merkt sich das Angstgedächtnis nur die 10.

Die selektive Erinnerung gilt übrigens nicht nur in puncto Flugangst – sie ist vielmehr typisch: Auch an andere Erlebnisse erinnert man sich vor allem anhand emotionaler Höhepunkte sowie der jeweiligen Schlusspunkte (siehe Exkurs 29).

EXKURS 29
Das erinnernde und das erlebende Selbst

Diverse Studien belegen, dass die Erinnerung an eine Erfahrung durch emotionale Extreme verzerrt wird.

Berühmt geworden ist eine Studie, in der es um Schmerz ging (auch an dieser war Daniel Kahneman beteiligt). In den 1990er-Jahren wurde eine – damals noch sehr unangenehme – Darmspiegelung durchgeführt, die zwischen 4 und 69 Minuten dauerte. Die Probanden sollten alle sechzig Sekunden bewerten, wie stark sie den Schmerz erlebten, und nach der Untersuchung ein Gesamturteil über den Schmerz für die gesamte Dauer der Prozedur abgeben. Man stellte fest: Die später erinnerte Schmerzintensität wurde nicht etwa über die Untersuchungsdauer hinweg gemittelt oder hing von der Dauer der Untersuchung ab; das Gesamturteil über den Schmerz ergab sich vielmehr aus dem Mittelwert des erlebten Schmerzhöhepunkts (der Maximalwert während der gesamten Untersuchung) und der zuletzt angegebenen Intensität (der Wert kurz vor dem Ende der Untersuchung). Die Dauer der Untersuchung war folglich für die Schmerzeinschätzung vollkommen irrelevant.

In einer anderen Studie ließ man Menschen ein Protokoll von jedem einzelnen Urlaubstag nebst Bewertung führen. Am Ende wurde gefragt, ob man den gleichen Urlaub wieder wählen würde. Diese Entscheidung orientierte sich allein am abschließenden Urteil über den Urlaub, welches viel stärker gewichtet wurde als die vorherigen. Fast jedem dürfte dazu ein eigenes Beispiel einfallen. Ich erinnere mich jedenfalls an einen wunderschönen Urlaub auf der malerischen Insel Ithaka. Wir bewohnten ein frei stehendes Häuschen in einer Aussteigersiedlung – absolute Ruhe, zeitweise einsame Badebucht, ein wunderbares Dörfchen und viele inspirierende Geschichten. Am Abreisetag, eine Stunde vor Abfahrt der Fähre: Autopanne. 5000 Euro Schaden, die wir wegen eines lausigen Versicherungsvertrags selbst zahlen mussten. Und wann immer ich an Ithaka denke, fällt mir natürlich als Erstes dieser schockierende emotionale Höhepunkt ein. Drei Wochen Traumurlaub – und die letzte Stunde verdirbt die Erinnerung an alles davor.

Wie schade! Allerdings ist es möglich, entgegen dieser fatalen Neigung unseres Gehirns die guten Erinnerungen ganz bewusst zu aktivieren – aber das ist nicht so leicht. Daniel Kahneman nennt dieses Phänomen treffend »die Tyrannei des erinnernden Selbst«. Unserem erlebenden Selbst (und dem Hier und Jetzt) sollten wir hingegen unbedingt mehr Aufmerksamkeit schenken – um jeden Tag ganz bewusst genießen zu können. Mindestens in diesem Aspekt dürften sich Wirtschaftspsychologe Kahneman und die Zen-Meister einig sein.

Und auch die Angst ist es wert, bewusst erlebt zu werden; ihren Anfang, Höhepunkte und Tiefpunkte, Schwankungen und ihr Ende. Wir liefern uns dadurch weder der Tyrannei der Angst noch der Tyrannei des erinnernden Selbst länger aus, sondern gewinnen im erlebenden Selbst die Kontrolle zurück.

Kleine physikalische Experimente

Wie im Kapitel zum Irrweg »Babyphysik« versprochen, hier nun noch weitere simple Experimente, die beweisen, dass Luft nicht nichts ist, bzw. die Strömungslehre verdeutlichen.

Stellen Sie eine dicke Flasche (oder ein Glas – Hauptsache, rund und glatt) vor sich hin. Direkt dahinter bitte ein brennendes Teelicht postieren. Jetzt pusten Sie die Flasche von vorne an. Garantiertes Ergebnis des Experiments: Das Teelicht verlischt, weil die Flamme nicht etwa hinter dem runden Objekt geschützt ist, sondern die Luftpartikel unseres Atemstoßes – wie alle Gase – an der Rundung entlang verlaufen und dahinter wieder zusammentreffen. (Sucht man bei Sturm Zuflucht, sollte man folglich Bäume mit relativ glatten Stämmen meiden und lieber einen eckigen Windschutz suchen.) Das Gleiche ist zu beobachten, wenn Sie einen runden Gegenstand unter einen Wasserstrahl halten: Das Wasser perlt nicht an beiden Enden senkrecht ab, sondern folgt der Rundung erst noch ein Stück aufwärts. Helle Begeisterung bei physikunbegabten Menschen wie unsereins!

Aber was ist mit Zeitgenossen, die etwas mehr von Physik verstehen, zum Beispiel Ingenieuren? Ich höre schon den Einwand: »Sehr niedlich. Aber ich bin Ingenieurin und weiß so etwas, übrigens seit der fünften Klasse.« Bestimmt – und sicherlich wird »Babyphysik« nicht zu den Kernproblemen dieser Menschen gehören. Dennoch ist es eine Tatsache, dass auch sie nicht schon immer so viel wussten wie als Erwachsene; sprich, dass sie – gerade weil sie höchstwahrscheinlich aufgeweckte und neugierige Kinder waren – einen kleinen Welterklärer in sich hatten, der fleißig alles beobachtete und intuitiv erklärte. In einem sehr interessanten Artikel nennt die Wissenschaftsjournalistin Manuela Lenzen Beispiele für verschiedene intuitive Theorien dieser naiven inneren Instanz – und erläutert, wie man messen kann, dass sie irgendwo in unserem Kopf (oder eben Bauch) überlebt haben:

In Experimenten sollten die Probanden »richtig« oder »falsch« ergänzen – und zwar möglichst schnell, ohne allzu lange nachzudenken –, sobald sie Aussagen hörten wie zum Beispiel:

Stein besteht aus Materie.
Menschen stammen vom Schimpansen ab.
Tiere sind Lebewesen.
Luft besteht aus Materie.
Besenstiele sind Lebewesen.
Die Sonne kreist um die Erde.
Pflanzen sind Lebewesen.
Ein Mantel produziert Wärme.
Der Mond kreist um die Erde.
Pflanzen verwandeln Nahrung in Energie.
Feuer produziert Wärme.

Eine lösbare Aufgabe. Einige Aussagen erscheinen sofort stimmig; entsprechend sind Bauch und Kopf sich direkt einig. Andere wiederum nicht, man zögert einen fast unmerklichen Moment lang – stimmt's?

Auch in den offiziellen Experimenten unterschieden sich die Reaktionszeiten bei den richtigen Phänomenen von denen bei den falschen. Sogar Wissenschaftler brauchten länger, um die Aussage »Die Sonne kreist um die Erde« als falsch einzuordnen – jedenfalls etwas länger, als sie brauchten, um »Der Mond kreist um die Erde«

als richtig zu bewerten. Es geht dabei keineswegs um allzu erhebliche Reaktionsverzögerungen, doch nichtsdestoweniger um deutlich mess- und fühlbare.

Wenn also selbst Ingenieure etwas mehr Zeit benötigen, bevor sie die Aussage »Luft ist Materie« als korrekt identifizieren – warum dann nicht erst recht Laien wie unsereins? Der intuitive Welterklärer ist einfach unglaublich schnell und nutzt noch die kleinste gedankliche Verzögerung, um seine flugneurotische Angstformel in diese Pause hineinzurufen; insbesondere, wenn Hedwig ihn ermutigt. Also: Haben Sie Geduld mit ihm.

Kleine Experimente zur Horizonterweiterung

Menschen, die ihr Flugunbehagen überwinden, erweitern möglicherweise ihren geografischen Bewegungsspielraum – und dadurch im besten Fall auch ihre kulturelle Perspektive. Darüber hinaus ist sogar eine fundamentale Horizonterweiterung möglich.

»Es gibt viele Leute mit einem geistigen Horizont vom Radius null. Den nennen sie dann ihren Standpunkt.« Dieses fälschlicherweise oft Einstein zugeschriebene, ziemlich misanthropische Bonmot des Mathematikers David Hilbert (1862–1943) trifft sicherlich leider nicht selten zu. Aber so, wie unser Geist nun einmal konstruiert ist, betrifft es – mit Verlaub – prinzipiell uns alle; die einen mehr, die anderen weniger. Zumindest nehmen wir die Welt oft aus begrenzter, verfälschter Perspektive wahr. Denn unser Gehirn filtert unsere Wahrnehmungen und kann uns diese geradezu vorgaukeln. Es trifft reflexartig (Vor-)Urteile – je nachdem, was wir schon kennen oder mögen, und oft wider besseres Wissen. In Teil II wurden zahlreiche Beispiele für (flugangstrelevante) Scheinwahrnehmungen und -empfindungen, für Reflexe und Vorurteile genannt.

Anstatt sich dem Frust über die menschliche Unvollkommenheit hinzugeben, kann man derlei Ent-Täuschungen zur Erweiterung des geistigen Horizonts nutzen: Vielleicht tappen wir seltener in unbewusste Denkfallen und gewinnen so zu Recht mehr Vertrauen in unser Denken und Handeln – unter anderem, weil wir wissen, was wir nicht wissen. Ohne Flugangst hätten wir darüber vielleicht nie so gründlich nachgedacht ...

Experimente zu optischen Illusionen

Vision

Unten sehen Sie eine sehr populäre optische Täuschung, die (vereinfacht gesagt) mit der Ermüdung der Augenzäpfchen zusammenhängt: ein Nachbild-Effekt. Fixieren Sie ca. 30 Sekunden lang ausschließlich die vier vertikal angeordneten Punkte in der Mitte des Bildes. Schauen Sie anschließend auf eine helle Fläche (z. B. eine Wand oder ein leeres Blatt Papier) und blinzeln Sie ein paarmal kräftig.

Abb. 12 Optische Täuschung

Endlich hat man auch einmal eine religiöse Erscheinung!

Tänzerin

Überraschend ist auch das Experiment, das Sie unter dem Suchbegriff »Tänzerin optische Täuschung« im Netz finden. Dreht sich die Tänzerin Ihrer Meinung nach rechts herum oder links herum? Oder abwechselnd? Betrachten Sie das Schauspiel gemeinsam mit Ihrem Partner, mit Gästen auf einer Party oder mit Arbeitskollegen: Wer nimmt links wahr, wer rechts, wer beides?

Aus einem psychologischen Fortbildungsseminar ist mir berichtet worden, wie dieses Phänomen von einigen Teilnehmern – Richtern übrigens – heftig abgelehnt und als »Psychotrick« bzw. »irrelevant« bezeichnet wurde. Eigentlich nachvollziehbar: Gerade für Richter ist es herausfordernd, auf die Beschränkung unserer Wahrnehmung derart plakativ hingewiesen zu werden. Aber wer ist die bessere Richterin, der bessere Richter: die um die Beschränkung wissende – oder der andere?

Beispiele für sprachliche Trigger

Angstformeln bleiben sehr lange als Trigger aktiv. Lange nachdem meine Flugangst durch Fluglust ersetzt worden war, hörte ich ein Interview mit einer Flugbegleiterin. Eine ihrer Aussagen begann wie folgt: »Der Job ist schon anspruchsvoll. Man muss immer lächeln und auch dann cool bleiben, wenn ...« Und wie die Vervollständigungsfunktion einer Suchmaschine ergänzte ich im vorauseilenden Geiste prompt: »... Notfälle eintreten ... oder Turbulenzen ...« Sie aber fuhr fort wie folgt: »... man vor 200 Leuten eine Ansage auf Englisch machen muss.«

Ein anderes Interview mit der angehenden Pilotin Bianca. Wenn man den Beruf wähle, müsse »man sich der Risiken bewusst sein«.

Was glauben Sie: Welche meinte sie wohl? Ich jedenfalls dachte sofort ... Sie ahnen es schon. Bianca aber sprach von den sozialen Risiken durch die ständig variierenden Dienstpläne und die zeitweise recht hohe Arbeitsbelastung.

Ein weiteres Beispiel für Angst-Trigger: In Osnabrück verunglückte im Mai 2016 eine Piper Seneca. Alle vier Insassen überlebten. Bei dem Geschehen spielte ein Iraker aus der nahen Flüchtlingsunterkunft eine wesentliche Rolle. Was glauben Sie, welche? Richtig: Er rannte (übrigens in Unterwäsche direkt aus dem Badezimmer), ohne zu zögern, zum Unglücksort, löschte Feuer und barg – zusammen mit einem Mitbewohner – zwei Verletzte aus dem Wrack.

Wie schnell man nicht nur wegen seiner Religion oder Staatszugehörigkeit als Terrorist verdächtigt wird, sondern schon allein aufgrund optischer Merkmale, hat nicht nur Guido Menzio beim Lösen von Differenzialgleichungen erlebt. Und damit kommen wir zur anspruchsvollsten, heikelsten Lektion.

Experiment zu Vorurteilen

Eindrucksvolle Einblicke in unsere heimlichen, uns selbst nicht bewussten Vorurteile erlaubt uns der Implizite Assoziationstest (IAT) – zu Themen wie etwa dick/dünn, homosexuell/heterosexuell, hellhäutig/dunkelhäutig ...

... oder zum Beispiel Geschlecht/Karriere. Dabei schaut man auf den Computerbildschirm, während der linke Finger über der »E«-Taste schwebt, der rechte über dem »I«. In der ersten Runde erscheint auf dem Monitor jeweils ein paar Sekunden lang entweder ein Männername (Johannes, Lukas, Daniel, Paul, Thomas) oder ein Frauenname (Julia, Michaela, Anna, Laura, Sofie), und zwar in willkürlicher Reihung (m, m, w, m, w, w usw.). Bei Männernamen soll man nun das »E« und bei Frauennamen das »I« drücken. Das ist simpel, zugegeben.

Nächste Runde. Auf dem Bildschirm erscheint nunmehr entweder ein Wort, das schnell mit Karriere (Verwaltung, Berufstätigkeit, Unternehmen, Gehalt, Büro, Verdienst, Karriere), oder ein Wort, das sofort mit Familie assoziiert werden kann (Zuhause, Eltern, Kinder, Familie, Hochzeit, Ehe, Verwandte). Auch hier gilt es, spontan zu sortieren: bei Karriere-Wörtern ein »E« drücken und bei Familien-Wörtern ein »I«. Ähnlich unproblematisch.

In der dritten Runde wird es interessanter (und schwieriger). Nun soll man »E« drücken, wenn ein Frauenname oder ein Karriere-Wort auftaucht, und »I«, wenn ein Männername oder ein Familien-Wort erscheint.

In Runde vier wird die Markierung vertauscht: Frauennamen werden mit »E« und Männernamen mit »I« markiert – und in Runde fünf schließlich Männer und Karriere unter einem Buchstaben zusammengefasst sowie Frauen und Familie. Gemessen werden dann die Reaktionszeiten. In welcher Runde ist man schneller – bei »Frau/Karriere« plus »Mann/Familie«? Oder bei »Frau/Familie« plus »Mann/Karriere«? Oder ist man gleich schnell – was man als Mensch, der unvoreingenommen zu sein glaubt, natürlich hofft?*

Wir wissen ja inzwischen, dass die in unserem Bauchsystem jahrelang abgelegten Vorurteile und Einstellungen gewöhnlich viel schneller sind als unser aufgeklärter Kopf, der zwar langsamer, aber schon viel weiter ist. Die intuitive Erstreaktion mag sexistisch, rassistisch oder auch nur schlicht engstirnig sein – die erwachsene, reflektierte Zweitreaktion ist es deswegen noch lange nicht.

* Wie schneiden Sie ab? Einfach selbst ausprobieren (Link im Anhang).

Wer sich folglich (wie ich auch) bei impliziten Vorurteilen ertappt hat, sollte sich nicht peinlich berührt ins Schneckenhaus zurückziehen; es ist gut, sich diese Schwäche einzugestehen. Einerseits, um sich nicht unbewusst davon beeinflussen zu lassen; andererseits, um sich nicht über andere moralisch zu erheben, denen es ähnlich ging. Wichtig ist allein, ob wir unser Verhalten unkritisch an unseren inneren Stereotypen ausrichten – oder, und das ist die eigentliche Freiheit: uns fürs Nachdenken entscheiden.

Umwege erhöhen die Ortskenntnis

Das Training kann man auch verkürzen und komprimieren. Die Chancen stehen gut, dass ein professionelles Intensivtraining an einem einzigen Wochenende inklusive zweier echter Flüge zur Befreiung von der Flugangst führt. In einer Studie sind 79 Prozent der Teilnehmer eines solchen Seminars auch 12 Monate nach dem Seminar noch geflogen. Wenn man dann konsequent viel weiterfliegt, bleibt es auch dabei.

Aber wie aufgezeigt: Seltenflieger sein und trotzdem trainieren ist ebenso möglich, und damit auch die Vereinbarkeit von psychologischen und ökologischen Zielen. Das Training erscheint vielleicht etwas umständlicher und dauert vielleicht etwas länger. Dafür eröffnet es den Neugierigen allerdings auch tiefer gehende Einblicke in das menschliche Denken und Fühlen, die auch ein Schlüssel für andere Lebenslagen sein können.

...Ready for Boarding...
...and ready for Take-off!

TEIL IV
Ich kann fliegen!

Erfolge feiern

Bei uns im Büro ist das meistens wie folgt: Wenn's läuft, ist alles prima, doch kaum der Rede wert. Läuft aber irgendetwas nicht so richtig rund, wird entweder genörgelt oder aber besorgt nachgefragt, ob man Hilfe brauche.

Viele Menschen gehen auch mit sich selbst auf diese Art um. Selbstgespräche etwa führen sie nur, um sich zu beschimpfen. Psychologisch betrachtet ist es aber unbedingt sinnvoll, das Eigenlob einzuführen. Und zwar, indem man jeden, aber auch wirklich jeden kleinen Erfolg feiert und sich selbst dazu gratuliert. Auch Nobelpreisträger Daniel Kahneman bestätigt Ergebnisse vieler Studien, dass man effektiver durch Belohnung lernt als durch Bestrafung. Der Fokus auf positive Gefühle macht es offenbar leichter, ein schwieriges Ziel zu erreichen.

Was Lernen angeht, ist dieses Vorgehen schon allein durch die Funktionsweise unseres Gehirns gerechtfertigt. Im Hirnscan kann man sehen, dass eine Lernerfahrung nämlich vor allem dann abgespeichert wird, wenn es sich um eine handelt, die man schon erwartet hat: In der Lernregion leuchtet dann Aktivität auf. Wenn aber etwas präsentiert wird (»Luft ist nicht nichts!«), was zu lange gehegten Grundüberzeugungen oder auch nur unreflektierten Annahmen nicht so recht passen will, dann knirscht es erst einmal: Das Gehirn zeigt Aktivität in Regionen, in denen Fehler erkannt und Konflikte verarbeitet werden.

Deshalb ist Lernen relativ leicht, wenn wir uns mit jemandem von ähnlicher politischer Gesinnung unterhalten; solch ein Gespräch kommt uns dann sogar besonders interessant vor. Verinnerlicht man aber etwas wirklich Neues – obwohl es knirscht –, hat man eine echte mentale Anstrengung vollbracht. So wie Sie und ich: Man hat sich den intuitiven Faustregeln widersetzt und stattdessen den denkenden Kopf beansprucht, das Lernpotenzial optimal genutzt. Man hat nicht zerknirscht aufgegeben, sondern dagegengehalten. Vielleicht waren die Schritte sehr groß (tatsächlich geflogen) oder klein (jemanden zum Flughafen gebracht) oder auch nur sehr klein (die perfekte Playlist geladen). Egal – Sie haben sich auf den Weg gemacht und dem Ziel angenähert.

So gut wie am Ende des Buches angekommen, möchte ich einen Gedanken vom Anfang aufgreifen: den heilsamen Effekt des Geschichtenerzählens. Vielleicht haben Sie ja meinen Rat befolgt, sich schon während der Lektüre Ihre ganz persönliche Geschichte von der Überwindung der Flugangst vorzustellen. Haben Sie seither Fortschritte gemacht? Wie sieht Ihre individuelle Erzählung nun aus? Wie ist Ihre Angst entstanden, wie hat sie sich angefühlt, und haben Sie sie besser in den Griff bekommen? Nutzen Sie Ihr nach Emotionen und Sinn gierendes Gehirn in der bestmöglichen Weise: Gestalten Sie Ihr ganz privates kleines Heldenepos.

Oder sind Sie womöglich bereits geflogen? Gratulation! Ein wirklicher Grund zu feiern. Ihr Horizont hat sich erheblich erweitert.

Widerständen nachspüren

Gibt es vielleicht eine Stimme, die immer wieder dazwischenfunkt? Teils mit sachlich völlig berechtigten Einwänden, wie dem Verweis auf die CO_2-Bilanz des Fliegens. Was aber, wenn sie ein allgemeines »Bringt's doch eh nicht!«, »Keine Lust!« oder »Interessiert mich nicht!« knurrt? Vielleicht hat diese Stimme tatsächlich etwas zu sagen …

Zum Beispiel, dass Ihr Ziel gar nicht Ihr Ziel ist, sondern das von anderen Menschen. Dass Sie eigentlich überhaupt nicht fliegen wollen (nicht für diesen Arbeitgeber; nicht für diese Hochzeitsreise; nicht für Großonkel Hermann).

Oder vielleicht will die Stimme davor warnen, dass die etwaige Überwindung von Unbehagen und Angst nicht ausschließlich Vorteile hätte. Wem würde es gefallen, wenn man selbstständig auf einen anderen Kontinent fliegen könnte? Und wem nicht?

Ich zum Beispiel habe mich meiner Mutter damals nach dem Abi erst einmal sehr nah gefühlt, als ich die Flugangst auch bei mir selbst entdeckte: Wir sind uns eben doch ähnlich. Fortan warfen wir uns verschwörerische Blicke zu, wenn Menschen über ihre Flugreisen sprachen. »Sollen die mal schön wegfliegen«, besagten diese Blicke, »wir jedenfalls freuen uns auf Juist!« Logischerweise endete diese Allianz nach meinem Entschluss, das Fliegen zu lernen. Und das ist ja auch ein bisschen traurig, weil sich diese spezifische Verbindung aufgelöst hat. Aber wer weiß – vielleicht fliegen wir ja doch noch eines Tages zusammen los …

Rückschritte und Umwege

Den Weg zu einem Ziel kann man nicht einfach direkter via Luftlinie zurücklegen – das gilt selbst für ein Flugzeug. Diese Erfahrung machen wir auf dem alltäglichen Weg zur Arbeit; Luftlinie ginge nur, wenn die Welt leer wäre, und zum Glück ist sie das ja nicht. Völlig abwegig, dass man jemanden besuchen will, losläuft und beim nächsten Auto, das im Weg steht, umkehren und zu Hause bleiben würde.

Absurderweise erwarten wir aber bei Herausforderungen, dass es schnurgerade und ohne jedwede Hindernisse direkt auf ein Ziel zugeht. Wenn dann doch eine Hürde auftaucht oder sogar ein paar Rück- oder Seitenschritte nötig werden, hat man ja bereits gewusst, dass es sinnlos ist, oder war vermeintlich einfach nicht klug genug. Dabei ist es absolut normal, dass Wege zum Ziel in Schleifen und Zickzackkursen verlaufen; dass selbst der ein oder andere Irrweg wieder beschritten wird. Es stimmt wirklich: Umwege erhöhen die Ortskenntnis – auch in der neuronalen Landkarte. Vielleicht hat man überraschende Begegnungen mit dem ein oder anderen Stereotyp, die man sonst nie gemacht hätte?

Es ist daher überhaupt nicht schlimm, wenn auf einen sehr entspannten Flug ein angespannter folgen sollte – gerade, wenn man nicht so häufig fliegt. Beim nächsten Mal wird es aber viel schneller gehen, den richtigen Weg einzuschlagen: Man weiß dann ja, wo es langgeht.

Was könnte ich noch alles können?

Vielleicht fallen einem – den erweiterten Horizont im Blick – plötzlich Sehnsüchte auf. Veränderungswünsche: ein besserer Mensch werden; das Rauchen aufgeben; abnehmen; mehr soziale Kontakte wagen. Wie wäre es gar mit einem neuen Job? Man könnte auch in politischen Diskussionen die Einwände der Gegenseite zumindest aufmerksamer wahrnehmen (und sei es nur, damit man die eigene Ablehnung argumentativ besser untermauern kann). Oder: die Spinnenphobie überwinden?

Wir können die unangenehmen Gefühle, die uns dabei im Weg stehen, nicht einfach abschalten. Das wäre auch nicht wünschenswert. Was gleichwohl ganz wunderbar funktioniert: beobachten, wie »es Sie denkt« (der bereits erwähnte Jens Corssen). Dadurch erlangen Sie ein erhebliches Stück Kontrolle zurück. Man hat vielleicht Hedwig als innere Sprecherin in alarmierenden Situationen – das Oberhaupt aber sind Sie. Manche Selbstgespräche sind langwierig und anstrengend, und oft würden Sie Hedwig am liebsten feuern, weil sie lange, ausufernde, laute, anstrengende, oft gehörte Reden schwingt, und zwar stets im unpassendsten Moment. Ihr resigniert alle anstehenden Entscheidungen zu überlassen, ist natürlich nicht empfehlenswert. Aber es ist wie bei der Arbeit: ein großer Unterschied, ob man einem Mitarbeiter erst einmal zuhört, bevor man seine Entscheidung trifft, oder ob man ihn schnöde ignoriert. Und Hedwig ist eine sehr gute Mitarbeiterin. Doch vergessen Sie nie: Die Entscheidungen treffen Sie!

Anhang

Interview mit Lufthansa-Pilot F.

Warum bist du Pilot geworden?

Früher, als Kind bei meiner Großmutter, habe ich durchs Fenster immer dem »Besenwagen« zugeschaut: ein Traum! Irgendwann hat sie dafür gesorgt, dass ich mit einem Fahrzeugführer sprechen konnte – wahnsinnig aufregend. Ursprünglich dachte ich also, dass ich mal bei der Straßenreinigung landen würde. Aber dann fand ich größere Maschinen noch toller: vielleicht beim Militär, bei der Feuerwehr oder bei der Polizei arbeiten? Oder als Pilot? Mit 15 war mein Interesse bereits ernsthafter, und ich habe mir immer mehr Wissen zum Fliegen und zu Flugzeugen angelesen. Und einen solchen Traum kannst du in Deutschland, wenn du nicht erhebliches eigenes Startkapital hast, nur auf zwei Arten verwirklichen: Entweder machst du deine Ausbildung bei der Bundeswehr oder bei der Lufthansa. Bei der Bundeswehr ist es im psychologischen Einstellungsverfahren aufgefallen, dass ich zwar fliegen möchte und könnte, aber kein Soldat sein wollte. Bei der Lufthansa bin ich dann gut durchgekommen.

Ist es schwer, das Auswahlverfahren zu bestehen?

Das Schwerste ist, zumindest das Risiko zu scheitern hinzunehmen. Ich habe mit vielen Menschen gesprochen, die selbst gerne Pilot geworden wären, aber einfach nur Angst hatten, durchzufallen. Und dann haben sie es gar nicht erst versucht. Für mich war es nicht schwer.

Ist es immer der Chef oder die Chefin, der oder die fliegt?
Nein. Meist wird gewechselt: Mal ist man der »Pilot Flying«, mal der »Pilot Monitoring« [also der, der überwacht, Anm. d. Verf.]. Die Bezeichnung Kapitän und Co-Pilot bezeichnet dagegen die Hierarchie: Der Kapitän ist der Chef an Bord. Sein Wort zählt, und er trägt die Verantwortung für alle Entscheidungen.

Hast du manchmal auch einen erhöhten Adrenalinspiegel im Cockpit?
Zu Anfang schon. Und natürlich, wenn viel zu tun ist – bei einer Landung bei starkem Sturm zum Beispiel. Wenn viel zu tun ist, hat ja auch ein Büroangestellter einen erhöhten Adrenalinpegel. Aber wir haben immer Einfluss auf das, was passiert. Ich kann selbst entscheiden und steuern, was als Nächstes geschieht – das ist der Unterschied zu den Passagieren, die einfach nur durchgeschüttelt werden.

Früher dachte ich immer, der Wechsel der Stromzufuhr sei ein Wackelkontakt.
(lacht) Ich verstehe, dass man das etwas gruselig finden kann, wenn man nicht weiß, was los ist. Schließlich ist jeder Horrorfilm mit einem flackernden Licht unterlegt. Aber: Solche Ängste könnte man sich ja einfach sparen, indem man fragt!

Warum müssen die Fensterblenden mal offen und mal geschlossen sein?
Die Fensterblenden sollen beim Start und bei der Landung immer geöffnet sein. Auch das Licht wird in diesen Phasen ausgeschaltet. Der Grund ist, dass die Augen sich an das Außenlicht gewöhnen sollen. Falls ein Notfall eintreten würde, wäre das wichtig, aber es ist auch einfach komfortabel, wenn man aussteigt.

Soll man denn im Flugzeug tatsächlich das Handy ausmachen?
Das Handy ausmachen gehört zu den Regularien, um Störgeräusche im Funk zu vermeiden. Neulich habe ich meine eigene Frau dabei ertappt, wie sie ihr Handy einfach in die Handtasche steckte, ohne es in den Flugmodus zu stellen. Zehn Jahre ist sie nun mit einem Piloten liiert – und dann so was!

Wie viele Arbeitstage hast du im Durchschnitt – und bis zu welchem Alter wirst du arbeiten?
Im Durchschnitt fliegt ein Pilot 20 Tage im Monat. Ab 55 darf man in Rente gehen, meistens ist 65 das Höchstalter.

Wie leicht fällt es dir, wenn du mal einen Vorgesetzten kritisieren musst?
Das ist nicht so einfach – aber genau deswegen lernt man es ja im CRM.* Man muss sich da vollkommen emotionslos klarmachen: Das ist jetzt mein Job. Wenn man im Training Fehler eines Kollegen nicht anspricht – egal in welcher hierarchischen Position –, bekommt man daher mehr Ärger als der, der den Fehler macht!

Nerven die Checklisten nicht manchmal?
Nein. Checklisten sind in jeder Flugphase sinnvoll. Auch wenn das Flugzeug schon steht. Es ist zum Beispiel ganz sinnvoll, dass man die Handbremse wirklich angezogen hat und die Triebwerke aus sind. Dass man versehentlich den Motor laufen lässt oder wie im Auto noch ein paar Meter weiterrollt, kann dann aufgrund der Checkliste nicht passieren.

---

* Crew Resource Management – siehe Kapitel 8: Irrweg fliegerisches Halbwissen.

Immer wieder aktualisierte Checklisten, ein ausgeklügeltes Fehlermeldesystem und ständige Selbstoptimierung kennzeichnen die Fliegerei. Siehst du manchmal auch anderswo Optimierungsbedarf?

O ja. Ob in der Medizin oder auch bei Ämtern oder im täglichen Verkehrsfluss ... Da würde ich mir schon die ein oder andere Prozessoptimierung wünschen, wie sie bei uns Alltag ist.

Nutzt du das Meldesystem für Fehler?

Viele Fehler kommen ohnehin heraus, da die Überwachungsdichte des Fluges sehr hoch ist und viele Menschen mitbekommen, was du tust. Aber wenn du selbst eigene Fehler erkennst und siehst, welche Umstände dazu geführt haben, ist es zusätzlich sehr sinnvoll, ein Protokoll auszufüllen. So können manchmal Verkettungen von ungünstigen Umständen klarer und noch bessere Bedingungen geschaffen werden.

Worauf bist du stolz?

Darauf, dass ich ganz gut in meinem Job und ein guter Mitarbeiter bin. Ich denke außerdem gern mit und trage dazu bei, dass die Fliegerei immer weiter optimiert wird.

Hast du Tipps für Flugängstliche?

Ich würde ins Cockpit schauen, soweit das möglich ist, um einen Blick auf die Piloten und ihr Arbeitsumfeld zu erhaschen. Wenn das im echten Leben nicht geht, kann man im Internet auf pilotseye.tv einen tollen Einblick bekommen. Der dort vermittelte Berufsalltag sollte jeden beruhigen.

Außerdem würde ich mir keine Notfallsituation ansehen – oder nur unter Anleitung eines Experten. Man kann sonst einfach nicht gut beurteilen, wie die Situation real einzuschätzen ist, und überschätzt die Wahrscheinlichkeit des Auftretens oder das Risiko.

Abgehobene Ex-Aviophobiker

Nicht selten wollen Ex-Aviophobiker das Flugzeug sogar selber steuern. In Deutschland ermöglicht das eine Privatpilotenlizenz, mit der man ein kleineres Flugzeug (bis 750 Kilogramm) fliegen darf. Übrigens kann man diese Lizenz schon ab 17 Jahren erwerben. So wie Gymnasiast Lukas aus Osnabrück, der völlig ohne psychologische Hilfe flugtauglich geworden ist, obwohl er bei seinem ersten Flug in den Familienurlaub große Angst hatte. Das wurmte ihn derart, dass er sich nach der Rückkehr eine Menge Wissen über Flugtechnik aneignete, anschließend Simulator-Spiele auf dem heimischen PC zockte – und dann den Flugschein für jene Privatfliegerlizenz machte. Allerdings ist für diesen letzten Schritt nicht nur die Feststellung der medizinischen Tauglichkeit nötig – man muss auch ungefähr 10 000 Euro mitbringen.

Prominente Persönlichkeiten haben diesbezüglich ja meist ganz gute Startbedingungen. Der berühmte Fernsehkoch Johannes Lafer litt jahrelang unter Flugangst, bis er sich ihr auf radikale Weise aussetzte: durch ständige Sturzflüge mit einem befreundeten Piloten. Längst fliegt er selbst und hat mit »Heli Gourmet« eine ziemlich extravagante Gastronomie ins Leben gerufen.

Allerdings muss man nicht gleich derartige Dimensionen anpeilen, wenn man plötzlich mehr will: Zunächst einmal könnte man in Anwesenheit eines Piloten in einer Schnupperstunde selbst eine kleine Maschine steuern (schon ab rund 200 Euro) – und zwar auch jenseits des jugendlichen Alters von Lukas aus Osnabrück, wie das Beispiel des 65-jährigen Ex-Aviophobikers Willi Eichmann aus Pinneberg zeigt. Für diejenigen, denen das zu weit geht und zu unökologisch ist, besteht die Möglichkeit, stattdessen einen professionellen Simulator auszuprobieren – wie ich damals in Hamburg, als ich ein entsprechendes Preisausschreiben gewonnen hatte (meine innere Magierin war begeistert). Solche Angebote (ab ca. 100 Euro) gibt es in vielen Großstädten.

Wer technikaffin ist oder entsprechende Mitbewohner hat, kann natürlich auch – wie Lukas – mit Flugsimulatoren am heimischen PC üben: zum Beispiel bei einem kostenlosen Rundflug über der Heimat (in der kostenfreien Variante von Google Earth ist ein Simulator enthalten). Allerdings ist das auf einem kleinen MacBook ungleich schwieriger als im echten Simulator.

Wann sollte ich eine Psychotherapie machen?

Die Bedeutung von Diagnosen

»Zur Psychotherapie geht man doch nur, wenn man psychisch gestört ist.« Dieses weitverbreitete, doch irreführende Urteil hält viele Menschen davon ab, eine womöglich hilfreiche Psychotherapie ernsthaft in Erwägung zu ziehen. Denn dann würde man sich ja als »gestört« bezeichnen müssen, und die Störung bekäme einen Namen (zum Beispiel »Aviophobie«), und wer weiß, was sonst noch zutage träte ... Eine Diagnose erschiene wie ein Stempel, den man so schnell nicht wieder loswird. Deshalb sehen viele Menschen eine Therapie eher skeptisch, obwohl sie nicht genau informiert sind, worum es sich dabei eigentlich handelt. Nach dem Motto: keine Psychotherapie, keine Störung.

Richtig ist in der Tat: Damit eine etwaige Behandlung von der Krankenkasse gezahlt würde, muss aus den geschilderten Symptomen eine Diagnose gestellt, das heißt eine gesundheitliche Störung diagnostiziert werden. Geht man wegen Husten, Halsweh, Heiserkeit zum Hausarzt, kann der ohne Diagnose (zum Beispiel »grippaler Infekt«) auch nichts behandeln, nichts verschreiben und nichts abrechnen. Das gilt als normal; durch eine solche Diagnose abgestempelt fühlen sich jedenfalls die wenigsten.

Dass jeder aber auch seelisch erkranken (und dann wieder gesund werden) kann, ist selbst heutzutage noch für viele Menschen nicht selbstverständlich. Ist mein Bein gebrochen, wird es eben geschient. Doch was, wenn mit meinem Gefühlsleben etwas nicht stimmt? Störungen des seelischen Gleichgewichts erscheinen irgendwie unheimlich. Als drängten sich gleich die horrendesten Assoziationen auf – von Zwangsjacken über zombiehafte Figuren mit wirrem Blick bis hin zur geschlossenen Anstalt. Die häufigsten psychischen Störungen aber sind tatsächlich Angststörungen. In Deutschland waren es bei der 18- bis 79-jährigen Bevölkerung im Jahr 2014 15,3 Prozent. Ähnlich häufig: Depressionen. Viel seltener dagegen beispielsweise Schizophrenie (Jahresprävalenz unter einem Prozent).

Diagnosen können nur durch entsprechend ausgebildete Ärzte und Psychotherapeuten gestellt werden, nicht durch eigenmächtiges Nachlesen oder Googeln der Symptome. Insofern stimmt die Faustformel: keine Psychotherapie, keine Diagnose. Aber eben auch: keine Diagnose, keine Psychotherapie. Es sei denn natürlich, man ist Selbstzahler.

Unterschiedliche Diagnosen bei Angst

Leidet man unter reiner Aviophobie, so wird als übergeordnete Diagnose »spezifische Phobie« gestellt. Die Angst zeigt sich allein in der spezifischen Situation (im Flugzeug) und sonst nie. Die Angst vor öffentlichen Plätzen, vor Menschenmengen oder ähnlichen Situationen ohne private Rückzugsmöglichkeit nennt sich hingegen Agoraphobie, die Angst vor sozialen Interaktionen soziale Phobie, und wiederkehrende Panikattacken heißen Panikstörung – einhergehend mit der Angst, die Kontrolle zu verlieren, und körperlichen Symptomen wie Herzrasen, Schweißausbrüchen u. Ä. Diese Angststörungen haben teils ähnliche Symptome, treten nicht selten gemeinsam auf oder überschneiden sich, so zum Beispiel die Avio- mit der Agoraphobie. Eine möglichst genaue Diagnose ist für eine passende Behandlung wichtig. Denn wenn der Aufenthalt in einer Flugzeugkabine nicht die einzige Situation ist, die Angst auslöst, sollte man natürlich nicht nur seine Flugangst verstehen und deren Bewältigung trainieren. Wer auch im Theater und Konzert seinen Platz streng nach den Fluchtmöglichkeiten auswählt; wer einst gern besuchte Konzerte aufgrund der Menschenmenge meidet – für den ist das Fliegen offensichtlich nur eine von mehreren Situationen, die beängstigen. Dann leidet man quasi unter »Angst vor der Angst«, die einen in öffentlichen Räumen ereilen könnte.

Gerade bei umfassenden und starken Ängsten sollte eine Diagnose gestellt und dann ausführlich trainiert werden. Und zwar unter Anleitung eines erfahrenen Experten, der bewährte Übungen anbietet, die richtigen Fragen stellt bzw. die richtigen Informationen erteilen kann: eines Psychotherapeuten. So hat es auch Bastian (Flugangst-Typ B) aufgrund seiner sich ausbreitenden Ängste gemacht. Wie bereits erwähnt, sind die Erfolgsaussichten einer Verhaltenstherapie (VT) gerade bei Angststörungen mit ungefähr 80 Prozent verhältnismäßig hoch.

Virtual Reality bei Aviophobie

Speziell für Flugphobie ist die beste Methode Verhaltenstherapie mit Exposition, d. h. inklusive Konfrontation mit dem Angstauslöser. Das bedeutet, dass die Therapie mindestens einen echten Flug einschließt, bei dem der Therapeut mitfliegt. Erst erfolgt die Informationsvermittlung (ganz ähnlich wie in diesem Buch), dann die Konfrontation. Genau so werden viele Flugangstseminare bei Fluggesellschaften von Verhaltenstherapeuten konzipiert und durchgeführt.

Eine preisgünstigere Alternative besteht in der virtuell gestützten Therapie (Virtual Reality Exposure Therapy = VRET). Dabei wird die Flugsituation durch entsprechende Umgebung, Display, Kopfhörer und beweglichen Sessel simuliert: ein Flugsimulator für Passagiere. Diese virtuelle Variante des Fliegens ist tatsächlich in den meisten Fällen ausreichend, um künftig gelassener in ein echtes Flugzeug einzusteigen. Wir wissen jetzt auch, warum: Der Bauch profitiert von Sinneserfahrungen, selbst wenn diese nur virtuell vorgegaukelt werden. Noch gilt die reale Exposition (der echte Flug) als die mit Abstand beste Methode, doch die VRET holt seit den 1990er-Jahren kontinuierlich auf, ist in einigen Studien genauso wirksam – sie wird in Zukunft immer realer wirken und auch wegen ihrer unschlagbaren Ökobilanz immer mehr an Bedeutung gewinnen.

Woran merkt man, ob genug Leidensdruck besteht?

Natürlich gibt es auch leichte Symptome, die noch nicht zu einer unmittelbaren Diagnose führen müssen. Nehmen wir meinen Spinnenekel. Bisher habe ich keine spezifische Phobie (hier genauer: Arachnophobie) diagnostizieren lassen, allerdings behindert mich meine mangelnde Sympathie für Spinnen noch nicht stark genug im Alltag. Ich empfinde keinen echten Leidensdruck: Ich reise trotzdem nach Griechenland, und ich lebe in einem von Efeu umrankten und viel Grün umgebenen Mietshaus, in das immer wieder eindrucksvolle Exemplare der sogenannten Hauswinkelspinne (*Tegenaria domestica*) einmarschieren. Allerdings kann es schon vorkommen, dass ich fünf Minuten paralysiert auf eine für die Staubsaugermethode ungünstig sitzende Spinne starre und verzweifelt überlege, wie ich sie unschädlich machen kann.

Im Gegensatz zu mir aber könnten echte Arachnophobiker in einem solchen Haus nicht nur nicht wohnen; sie können nicht mehr schlafen, wenn sich eine Spinne im Schlafzimmer befindet, inspizieren ihre Wohnung stundenlang, weinen und schreien bei einer Begegnung und noch lange danach, brauchen einen persönlichen Spinnenkiller, meiden bestimmte Orte und Reisegebiete bzw. riegeln ihr Haus hermetisch ab. Sie haben also erheblichen Leidensdruck. Der übrigens laut Angstexperte Jürgen Margraf (dem wir das Teufelskreis-Modell zu verdanken haben) selbst bei schweren Fällen »innerhalb des üblichen Nachmittags« verschwindet, wenn man sich denn der intensiven Konfrontation mit den Achtbeinern aussetzen würde ...

Nicht alle psychischen Probleme sind so anschaulich wie eindeutige Arachno- oder Aviophobie. Vielleicht erlebt man ein diffuseres Leiden – ist oft antriebslos, meidet bestimmte Situationen, leidet unter unklaren Schmerzen oder ständiger Erschöpfung, erkennt keinen Sinn mehr in seinem Leben, fühlt scheinbar gar nichts mehr (auch nicht bei Aktivitäten, die einen früher begeistert haben), hat das Gefühl, dass andere Menschen anstrengen und einen nicht verstehen. All das bedeutet seelischen Schmerz. Vielleicht kennt man den Auslöser dafür, vielleicht auch nicht; wichtig ist allein die Frage, die man sich selbst stellen sollte: Empfinde ich klaren Leidensdruck? Kann ich mein Leben nicht so führen, wie es eigentlich möglich wäre – oder wie es früher einmal war?

Leidensdruck muss sich nicht erst maximal auswachsen, bevor man sich psychotherapeutische Hilfe suchen darf oder sollte. Gerade sehr leistungsorientierte Menschen, in deren Familien Krankheiten als Makel angesehen werden, warten oft so lange, bis es ihnen nicht nur schlecht, sondern sehr schlecht geht – und erfahren daher erst spät, dass eine Psychotherapie sehr wirksam und hilfreich sein kann. Die Wirksamkeit von Psychotherapie ist eindrucksvoll und durch Studien immer wieder belegt worden.

Wenn ich es wirklich will, kann ich meine (durch eine vermeintliche Störung eingeschränkte) Lebensqualität deutlich verbessern. Was auch immer das im Einzelnen bedeutet: mehr Sinn empfinden, bessere Beziehungen führen, Spinnen als normale Lebewesen betrachten, essen gehen, Konzerte genießen, Bücher schätzen, lachen, kreativ sein oder eben – fliegen lernen.

Weiterführende Infos und Wege zur Psychotherapie

Sehr verlässliche Informationen zu Psychotherapie im Allgemeinen und Besonderen sowie zu verschiedenen anerkannten Therapieformen bietet ein Dienstleistungsangebot der Deutschen Psychologen Akademie des Berufsverbandes Deutscher Psychologinnen und Psychologen e.V. (BDP): der Psychotherapie-Informationsdienst. Das Beste daran: Individuelle Fragen können telefonisch und/oder per E-Mail durch kompetente Ansprechpartner beantwortet werden.

Außerdem gibt es auf der Website eine Suchmaschine für Therapeuten, um passende Adressen schnell finden zu können. Auch die Krankenkasse verschickt auf Wunsch eine Liste. Wenn die Wartezeiten bei niedergelassenen Therapeuten zu lang sind, kann man sich auch an die Psychotherapie-Ambulanzen von Universitäten wenden.

Eine ärztliche Überweisung ist erforderlich, dafür reicht es aber, zum Beispiel dem Hausarzt in aller Kürze das Problem zu schildern und den Wunsch nach Psychotherapie zu benennen. Außerdem sehr wichtig: Bevor man sich für einen Therapeuten oder eine Therapeutin entscheidet, hat man das Recht auf bis zu fünf probatorische Sitzungen – um festzustellen, ob man gut zusammenpasst.

Dank

Dieses Buch wäre so nicht möglich gewesen ohne die Geschichten, die Inspiration und Expertise von: Anudi, Barbara, »Cockpitbuddy« Suk-Jae, Claudia, Felix, Frerk, Gabriele, Heiko, Isabell, Jana, Juliana, Livia, Malte, Nadja, Sarah, Steffen, Theresa, Tobi und Vera. Ein Luftschloss geblieben wäre es ohne Frank, der nicht nur mein Leben, sondern auch dieses Buch wahrhaftiger und schöner gemacht hat.

Ich danke außerdem Sabine Langohr für das ermutigende Interesse und Ulrike Melzer für ihre unaufdringliche Kompetenz und wertschätzende Hartnäckigkeit. Vor allem aber Katja Scholtz und Nikolaus Gelpke für alles.

Quellennachweise und Internetlinks

Seite

12 Die Schriftstellerin Eva Menasse bezeichnet: Eva Menasse, *Tiere für Fortgeschrittene*, Köln: Kiepenheuer & Witsch 2017, S. 279.

17 Bei der Berechnung der individuellen CO_2-Bilanz:
- Eine Berechnung der persönlichen CO_2-Bilanz mit Hinweisen auf Verbesserungsmöglichkeiten ist auf der Seite des Umweltbundesamts möglich: https://uba.co2-rechner.de/de_DE/bookmark#panel-bookmark.
- Das dort errechnete CO_2-Budget basiert auf folgenden Berechnungen: https://www.wbgu.de/fileadmin/user_upload/wbgu/publikationen/factsheets/fs3_2009/wbgu_factsheet_3_en.pdf.
- 2018 hat die Stiftung Warentest geprüft, welche Anbieter die CO_2-Kompensation am besten und am transparentesten umsetzen. Die Ergebnisse sind zu finden unter: https://www.test.de/CO2-Kompensation-Diese-Anbieter-tun-am-meisten-fuer-den-Klimaschutz-5282502832991/.

17 Generell werden spezifische Phobien: https://flugangst.de/faq; https://flugangstlos.de/flugangst-studien/; https://www.ifd-allensbach.de/fileadmin/kurzberichte_dokumentationen/prd_0316.pdf; außerdem: Markus Bassler und Stefan Leidig (Hrsgg.), *Psychotherapie der Angsterkrankungen*, Stuttgart: Thieme 2005, S. 101.

17 So sind Kinder und Senioren weniger betroffen: https://flugangstlos.de/flugangst-studien/.

17 Einer großen Umfrage des Instituts für Demoskopie Allensbach zufolge: Institut für Demoskopie Allensbach, Bericht 2003/16, www.ifd-allensbach.de.

17 Umfragen für Lufthansa zufolge leiden: https://flugangst.de/entspannt-fliegen.

18 In einer anderen Studie wiederum haben zwar knapp: https://de.statista.com/statistik/daten/studie/1265/umfrage/einstellung-zum-thema-fliegen/.

18 Wenn man also Menschen auf der Straße befragt, ob sie Flugangst haben: https://de.statista.com/statistik/daten/studie/1265/umfrage/einstellung-zum-thema-fliegen/.

Teil I – Ich will fliegen!

28 Und die Ehe macht nur dann signifikant glücklicher: Vortrag von Olga Stavrova auf dem DGP-Kongress 2014 in Köln: »Konformität und Glück: Wie sich die Anpassung an nationale gesellschaftliche Normen auf das subjektive Wohlbefinden auswirkt«.

28 Gemeint ist die Studie der israelischen Soziologin Orna Donath: Orna Donath, »Regretting Motherhood: A Sociopolitical Analysis«, SIGNS: Journal of Women in Culture and Society (2015), Vol. 40, Nr. 2, S. 343–367, doi:10.1086/678145.

28 Dazu die Journalistin und Bloggerin Stephanie Rohde in einem Rundfunk-Interview: https://www.deutschlandfunkkultur.de/mythos-mutterschaft-der-alte-trick-des-patriarchats.2162.de.html?dram:article_id=317507.

31 Dazu gibt es eine alte, nachhaltig eindrucksvolle Studie über das Malverhalten von Kindern: Mark R. Lepper, David Greene und Richard E. Nisbett, »Undermining childrens intrinsic interest with extrinsic reward: A test of the ›overjustification‹ hypothesis«, Journal of Personality and Social Psychology 28, Nr. 1 (1973), S. 129–137.

31 »Die Belohnung wird zur Motivation«: https://www.faz.net/aktuell/gesellschaft/menschen/jesper-juul-im-interview-ueber-tiere-als-vorbild-14056390-p3.html.

36 Nein, leider nicht wahr, vielmehr ein Mythos: https://www.telegraph.co.uk/travel/comment/everything-you-need-to-know-about-drinking-on-a-plane/.

46 Bei der Auswahl legte er strenge Kriterien an: http://www.eu-info.de/leben-wohnen-eu/schwarze-liste-flugzeuggesellschaften/.

Teil II – Ich muss wissen!

64 In dem erhellenden Buch *Sternenklar* von Ulrich Wölk: Ulrich Wölk, *Sternenklar: Ein kleines Buch über den Himmel*, Köln: DuMont 2008, S. 75.

67 Was wenige Menschen wissen: https://www.bptk.de/wp-content/uploads/2019/01/20130412_BPtK_Standpunkt_10_Tatsachen_Psychotherapie.pdf, S. 9.

70 dem limbischen System, eine der entwicklungsgeschichtlich am frühesten entstandenen Hirnregionen: https://lexikon.stangl.eu/1731/limbisches-system/.

71 Damit einher gehen erhöhte Muskelanspannung und weitere Körperreaktionen wie: Eric Kandel, James Schwartz und Thomas Jessel, *Neurowissenschaften. Eine Einführung*, Berlin: Spektrum Akademischer Verlag 1996, S. 612; Doris Wolf, *Ängste verstehen und überwinden. Wie Sie sich von Angst, Panik und Phobien befreien*, Mannheim: PAL Verlag 2017, S. 18.

72 Er hat herausgefunden, dass unsere Angstreaktion deshalb so extrem schnell vonstattengeht: Joseph LeDoux, *Das Netz der Gefühle*, übersetzt von Friedrich Griese, München: dtv 2001, S. 175.

83 Fluggesellschaften wissen selbstverständlich um die Macht der Bilder: https://www.nytimes.com/1989/06/29/movies/airlines-cut-scene-from-rain-man.html.

86 Eine veritable Regel, wann man welches System befragen sollte, empfiehlt der Psychologe Gerd Gigerenzer: https://www.zeit.de/campus/2007/03/interview-gigerenzer/komplettansicht.

86 In rund vierzig Prozent der Fälle kam es nach der Bedenkzeit: https://www.bertelsmann-stiftung.de/fileadmin/files/BSt/Publikationen/GrauePublikationen/GP_Intuition_und_Fuehrung.pdf; https://www.dfb.de/news/detail/bauchgefuehl-im-fussball-wie-lehmann-cambiasso-knackte-133409/full/1/.

87 Laien sind bei Fußball-Tippspielen nachweislich: https://www.uni-kl.de/pr-marketing/news/news/studie-zu-tippspiel-bei-fussball-wm-experten-mit-bauchgefuehl-schneiden-am-besten-ab/.

92 Warum wird Tomatensaft scheinbar nur: https://www.ibp.fraunhofer.de/de/presse-medien/forschung-im-fokus/schlemmen-fuer-die-forschung.html; https://www.berlin.de/special/gesundheit-und-beauty/ernaehrung/1093580-215-tomatensaftschmecktimflugzeugwirklichbes.html.

92 Die US-amerikanische Soziologin Arlie Russell Hochschild beobachtete: https://www.deutschlandfunkkultur.de/die-schattenseite-der-servicegesellschaft-wenn-der-zwang.976.de.html?dram:article_id=392982.

94 Sie reagieren deshalb schneller und interessierter auf runde Gegenstände: M. H. Johnson, S. Dziurawiec, H. D. Ellis und J. Morton, »Newborns' preferential tracking of face-like stimuli and its subsequent decline«, *Cognition* (1991), Vol. 40, S. 1-19.

97 Schon ab einem Alter von etwa sechs Monaten: E. J. Gibson und R. D. Walk, »The ›visual cliff‹«, *Scientific American* (1960), Nr. 202, S. 64–71.

98 Der bekannte Ratgeberautor Allen Carr fand diesen Gedanken so wichtig: Allen Carr, *Endlich frei von Flugangst: Der einfache Weg, die Angst vorm Fliegen zu überwinden*, München: Goldmann 2014, S. 44.

102 Das bedeutet, dass oberhalb der Tragfläche weniger Druck herrscht als unterhalb: https://www.planet-wissen.de/technik/luftfahrt/fliegen_nach_dem_vorbild_der_natur/pwiewarumfliegteinflugzeug100.html.

106 Übrigens sind Flugzeuge so konstruiert, dass sie: https://www.stern.de/digital/technik/hintergrund-was-ein-flugzeug-aushaelt-3811700.html.

106 Wolken sind – vereinfacht gesagt – sichtbar gewordene Produkte: https://www.spektrum.de/lexikon/geographie/wolken/9124.

111 Diesen Hinweis gab übrigens der sympathische Flugkapitän Chesley Sullenberger: https://www.oeamtc.at/autotouring/menschen/chesley-sullenberger-11226028.

111 eine Computersimulation, die mit den Aufzeichnungen des Funkverkehrs unterlegt wurde: https://www.youtube.com/watch?v=tE_5eiYnoDo.

113 Ja, sogar Zahlen, in denen das eigene Geburtsdatum vorkommt: T. Blass, C. Schmitt, E. Jones und M. O'Connell, »The own-birthday effect. From Japan to the United States«, Vortrag auf der 105. Annual Convention of the American Psychological Association in Chicago 1997; Jozef M. Nuttin, »Narcissism beyond Gestalt and awareness. The name-letter effect«, *European Journal of Social Psychology* 15, Nr. 3 (1985), S. 353–361.

114 In einem Interview drückte er das Ergebnis wie folgt aus: https://www.spiegel.de/spiegel/print/d-85833401.html.

118 Je weiter entfernt der Wohnort, desto weniger Einfluss: http://www.faz.net/aktuell/wissen/leben-gene/risikowahrnehmung-wir-lassen-die-angst-entscheiden-13505431.html.

118 Der Philosoph Günther Anders spricht in diesem Zusammenhang von »Überschwelligkeit«: Günther Anders, *Die atomare Drohung. Radikale Überlegungen*, München: C. H. Beck 1981, S. 110.

119 Weniger wahnsinnig fanden sie allerdings: https://www.spiegel.de/spiegel/print/d-91568150.html.

120 Auch wenn der Kopf es besser wusste: Daniel Kahneman, *Schnelles Denken, Langsames Denken*, übersetzt von Thorsten Schmidt, München: Siedler 2012, S. 97.

122 Im Jahr 2017 zum Beispiel sind in Deutschland: europa.eu/rapid/press-release_MEMO-18-2762_de.pdf; https://www.easa.europa.eu/document-library/general-publications/preliminary-safety-review-2017.

123 Anzahl der Todesfälle in der kommerziellen Zivilluftfahrt: https://www.bdl.aero/wp-content/uploads/2019/01/Luftfahrt-aktuell_Wie-sicher-war-Luftverkehr-2018.pdf.
124 Diese Zahlen der IATA: https://www.iata.org/pressroom/facts_figures/fact_sheets/Documents/fact-sheet-safety.pdf.
126 denn das Risiko eines tödlichen Unfalls bei Haushaltstätigkeiten: https://de.wikipedia.org/wiki/Haushaltsunfall.
127 Eine Erklärung für ihr steigendes allgemeines Bedrohungsgefühl: https://www.faz.net/aktuell/gesellschaft/menschen/angst-vor-terroristischen-anschlaegen-bei-jungen-menschen-15575826.html.
128 Aus einer Langzeitstudie der R+V Versicherung: https://www.zeit.de/gesellschaft/zeitgeschehen/2017-09/studie-aengste-der-deutschen-2017-r-v-versicherung-umfrage.
136 Manche führten regelrechte Tänze auf: B. F. Skinner, »Superstition in the pigeon«, *Journal of Experimental Psychology* 38, Nr. 2 (1948), S. 168–172.
136 Tiere haben Sinne, die Menschen nicht (mehr) haben: https://www.icarus.mpg.de/13789/fruehwarnsystem-der-tiere.
136 Babys können Dinge wahrnehmen, die Erwachsenen entgehen: Oliver Pascalis, Michelle de Haan, Charles A. Nelson, »Is Face Processing Species-Specific During the First Year of Life?«, *Science* 296, Nr. 5571 (2002), S. 1321–1323.
138 Laut *Psychologie Heute* vom Dezember 2017: Jochen Paulus, »Ätsch, Experimentator! Psychologie nach Zahlen: Fünf zweifelhafte psychologische Erkenntnisse, die in Wiederholungsstudien keine Bestätigung fanden«, *Psychologie Heute*, Dezember 2017.
142 Belegt ist sogar der »Above-Average-Effekt«: E. F. Williams und T. Gilovich, »Do people really believe they are above average?«, *Journal of Experimental Social Psychology* 44, Nr. 4 (2008), S. 1121–1128.
145 Nach einer Untersuchung von Dianna Theodora Kenny: https://www.musikexpress.de/studie-woran-und-in-welchem-alter-musiker-sterben-265126/.
148 Sie leiden unter dem sogenannten Spotlight-Effekt: Thomas Gilovich, Victoria Husted Medvec und Kenneth Savitsky, »The spotlight effect in social judgment. An egocentric bias in estimates of the salience of one's own actions and appearance«, *Journal of Personality and Social Psychology* 78, Nr. 2 (2000), S. 211–222.
148 Patienten mit der Diagnose »Taijin Kyōfushō« haben dagegen Angst vor: Kirsten Nazarkiewicz und Gesa Krämer, *Handbuch Interkulturelles Coaching. Konzepte, Methoden, Kompetenzen kulturreflexiver Begleitung*, Göttingen: Vandenhoeck & Ruprecht 2012, S. 305.

149 In seinem Artikel »Narzissmus rauf, Empathie runter«: Manfred Spitzer, »Narzissmus rauf, Empathie runter«, Nervenheilkunde 7 (2017), S. 550–556.

150 Wurde das Wort »wir« 2008 um 10 Prozent weniger verwendet als noch im Jahr 1960: Manfred Spitzer, »Narzissmus rauf, Empathie runter«, Nervenheilkunde 7 (2017), S. 554.

150 Diese ungute Ahnung wird einerseits abgemildert durch: https://arbeitsblaetter.stangl-taller.at/WISSENSCHAFTPSYCHOLOGIE/PSYCHOLOGEN/Adler.shtml.

151 Narzisstische Züge können auch einschlägige Akteure in Wirtschaft: Judith Volmer, Iris K. Koch und Anja S. Göritz, »The bright and dark sides of leaders' dark triad traits. Effects on subordinates' career success and well-being«, Personality and Individual Differences 101 (2016), S. 413–418.

153 In dem ohnehin sehr hörenswerten Podcast »Cockpitbuddy«: https://www.cockpitbuddy.com/podcast-overview/.

153 Die Entertainerin bekräftigte in einem Brigitte-Interview: https://www.presseportal.de/pm/6788/1770497, Artikel in der Brigitte vom 23. Februar 2011.

155 Laut einer Befragung des britischen Reiseveranstalters Sunshine: https://www.sunshine.co.uk/news/who-do-you-trust-more--male-or-female-pilots--105.html.

155 Es markiert »die Fähigkeit, Gegenstände, Gebilde ...«: https://berufenet.arbeitsagentur.de/berufenet/faces/index;BERUFENETJSESSIONID= 8eqqioiSLuEru-1tiprMziWhmJVNPRzdktYIEGq2LY5en5CLWphj! 747548908?path=null/kurzbeschreibung/faehigkeiten&dkz=7340&such= Verkehrsflugzeugf%C3%BChrer%2Fin+%28ATPL+%28A%29%29.

155 Ferner stimmt, dass in nicht wenigen Studien: https://www.magazin.uni-mainz.de/4761_DEU_HTML.php.

156 Männer haben höhere: https://apps.who.int/iris/bitstream/handle/10665/311696/WHO-DAD-2019.1-eng.pdf?ua=1.

158 Der Psychologe Alfred Binet: Marcel Helbig, Sind Mädchen besser? Der Wandel geschlechtsspezifischen Bildungserfolgs in Deutschland, Frankfurt: Campus Verlag 2012, S. 35.

159 Laut einer Untersuchung des britischen Parkplatzbetreibers: https://www.welt.de/motor/article13841938/Frauen-parken-doch-besser-ein-als-Maenner.html.

159 Dass Frauen bei der Wahrnehmungsgeschwindigkeit: https://www.napse.de/kampf-der-geschlechter/.

160 So offenbaren einige Studien, dass Frauen: Barbara L. Fredrickson, Stephanie M. Noll, Tomi-Ann Roberts, Diane M. Quinn und Jean M. Twenge, »That Swimsuit Becomes You. Sex Differences in Self-Objectification,

Restrained Eating, and Math Performance«, Journal of Personality and Social Psychology (1998), Vol. 75, No. 1, S. 269–284.
161 Bezeichnenderweise wird immer wieder davon berichtet: https://www.welt.de/reise/article161880530/Are-you-a-Madam-Sir-das-ist-der-Klassiker.html.
162 Und Kapitänin Ursula: https://www.cockpitbuddy.com/cb039-interview-mit-pilotin-ursula/.
163 Im Frühjahr 2016 hatte der direkt nach dem Einsteigen: https://www.snopes.com/fact-check/italian-economist-removed-terrorism/.
164 Studien, in denen heimliche, unbewusste Vorurteile mit dem Impliziten Assoziationstest: Ein Test für das Messen der eigenen Vorurteile: https://implicit.harvard.edu/implicit/takeatest.html.
166 Und genau das bestätigen wissenschaftliche Studien: S. Solomon, J. Greenberg und T. Pyszczynski, »The Cultural Animal. Twenty Years of Terror Management Theory and Research«, in Handbook of experimental existential psychology, herausgegeben von J. Greenberg, S. L. Koole und T. Pyszczynski, New York: Guilford Press 2004, S. 12–34.
166 Wer beispielsweise gerade einen Aufsatz über: J. Greenberg, M. J. Landau, S. Kosloff und S. Solomon, »How our dreams of death transcendence breed prejudice, stereotyping, and conflict«, in The handbook of prejudice, stereotyping, and discrimination, herausgegeben von T. Nelson, New York: Psychology Press 2009, S. 309–332.
167 ist ihr Kinderwunsch höher: I. Fritsche, E. Jonas, P. Fischer, N. Koranyi, N. Berger und B. Fleischmann, »Mortality salience and the desire for offspring«, Journal of Experimental Social Psychology 43 (2007), S. 753–762.
167 werten sie andere Nationen eher ab: R. Ochsmann und M. Mathy, Depreciating and distancing from foreigners. Effects of mortality salience, unveröffentlichtes Manuskript, Universität Mainz 1994.
167 kann sogar ihr Wunsch ansteigen, Kinder zu adoptieren: A. Hoppe, I. Fritsche und N. Koranyi, »Self-transcendence as a psychological parenthood motive. When mortality salience increases the desire for non-biological children«, European Journal of Social Psychology 47 (2017), S. 488–500.
167 äußern Christen mehr Sympathie für andere Christen: J. Greenberg, T. Pyszczynski, S. Solomon, A. Rosenblatt, M. Veeder, S. Kirkland und D. Lyon, »Evidence for Terror Management Theory II. The effects of mortality salience on reactions to those who threaten or bolster the cultural worldview«, Journal of Personality and Social Psychology 58 (1990), S. 308–318.
168 wählen gerade besorgte Gemüter zur Entspannung eher Musik aus: J. L. Goldenberg, J. Hart, T. Pyszczynski, G. M. Warnica, M. Landau und L. Thomas, »Ambivalence Toward the Body. Death, Neuroticism, and the

Flight From Physical Sensation«, *Personality and Social Psychology Bulletin* 32 (2006), S. 1264.
168 Wessen Selbstwert stark mit dem Rauchen verknüpft ist: J. Hansen, S. Winzeler und S. Topolinski, »When the Death Makes You Smoke. A Terror Management Perspective on the Effectiveness of Cigarette On-Pack Warnings«, *Journal of Experimental Social Psychology* 46, Nr. 1 (2010), S. 226–228.
168 Und wer seinen Selbstwert durch rasantes Autofahren steigert: OT Ben-Ari, V. Florian und M. Mikulincer, »Does a threat appeal moderate reckless driving? A terror management theory perspective«, *Accident Analysis & Prevention* 32, Nr. 1 (2000), S. 1–10.
168 Die vermeintliche Paradoxie, dass parallel zur Erderhitzung: https://www.ecologyandsociety.org/vol14/iss1/art34/main.html#CONSERVATIONASANIMMORTALITYPROJECT:RECRUITINGCONSERVATIONISTSFROMCULTURESOFHONOR26.
170 Namensvorurteile sind sehr häufig: https://www.presse.uni-oldenburg.de/mit/2009/390.html.
171 Der Medienwissenschaftler Bernhard Pörksen: https://www.deutschlandfunkkultur.de/luegenpresse-und-co-warum-die-medien-am-pranger-stehen.976.de.html?dram:article_id=313496.
172 Studien zeigen passend dazu, dass: M. J. Mahoney, »Psychotherapists' personal problems and self-care patterns«, *Professional Psychology: Research and Practice* 28, Nr. 1 (1997), S. 14–16; J. T. Radeke und M. J. Mahoney, »Comparing the personal lives of psychotherapists and research psychologists«, *Professional Psychology: Research and Practice* 31, Nr. 1 (2000), S. 82–84.
175 Wingsuit Basejumping: https://www.youtube.com/watch?time_continue=24&v=pCUX1ewQEQw.
176 In einem berühmten Experiment zu diesem Thema hat man Hunden: Martin E. P. Seligman, *Erlernte Hilflosigkeit*, übersetzt von Brigitte Rockstroh, mit einem Anhang von Franz Petermann, Weinheim und Basel: Beltz Verlag 2016, S. 19–20.
186 Schon drei Monate alte Säuglinge lernten: John S. Watson, »Cognitive-Perceptual Development in Infancy. Setting for the Seventies«, *Merrill-Palmer Quarterly* (1971), Vol. 17, S. 139–152.
191 Dieser psychologische Effekt wird »Illusion der Erklärungstiefe«: Interview mit Steven Sloman, »Die Leute wissen nicht, wie unwissend sie sind«, *Psychologie Heute*, August 2017.
191 Steven Sloman konstatiert: Interview mit Steven Sloman, »Die Leute wissen nicht, wie unwissend sie sind«, *Psychologie Heute*, August 2017.

192 Sloman berichtet außerdem von einem noch denkwürdigeren Experiment: »Die Leute wissen nicht, wie unwissend sie sind«, *Psychologie Heute*, August 2017.
194 Anforderungen an Verkehrsflugzeugführer: https://berufenet.arbeitsagentur.de/berufenet/faces/index;BERUFENETJSESSIONID=4rv_vvCpPXTxPr8av-riVr8gWBoTpy1afBredhGqyWHlEAiXUnaz!2101329929?path=null/kurzbeschreibung/faehigkeiten&dkz=7340&such=Verkehrsflugzeugführer%2Fin+%28ATPL+%28A%29%29.
195 Das Auswahlverfahren bei der Lufthansa orientiert sich: https://www.european-flight-academy.com/auswahlverfahren.
196 Wer einen tieferen Einblick in die aktuelle Ausbildung: https://www.cockpitbuddy.com/cb055-interview-pilotenanwrterin-bianca-wie-sieht-die-heutige-pilotenausbildung-aus/.
196 Damit sie weiterhin fliegen dürfen: https://www.vcockpit.de/themen-und-positionen/berufsbild/faqs-passagiere.html.
197 Die Kriterien dafür: https://www.lba.de/DE/LBA/GesetzeVerordnungen/GesetzeVerordnungen_node.html; https://www.lba.de/DE/Luftfahrtpersonal/TheoretischePruefung/Lernziele2009.html?nn=23204.
197 Jörg Siedenburg in seinem Artikel: Jörg Siedenburg, »Update psychische Gesundheit von Piloten. Update Pilot Mental Health«, *Flugmedizin, Tropenmedizin, Reisemedizin* 25 (2018), S. 1679.
198 Dabei sind zum Beispiel die stärkere Berücksichtigung: Jörg Siedenburg, »Update psychische Gesundheit von Piloten. Update Pilot Mental Health«, *Flugmedizin, Tropenmedizin, Reisemedizin* 25 (2018), S. 1679; https://www.easa.europa.eu/document-library/opinions/opinion-092016.
200 Die WHO schätzt: https://www.pro-patientensicherheit.de/institutionen/patientensicherheit-durch-who-op-checklisten/.
200 Daniel Kahneman beschreibt in diesem Zusammenhang: Daniel Kahneman, *Schnelles Denken, Langsames Denken*, übersetzt von Thorsten Schmidt, München: Siedler 2012, S. 296–298.
201 Laut einer Untersuchung der NASA von 1979: Studie NASA: https://ntrs.nasa.gov/archive/nasa/casi.ntrs.nasa.gov/19790006598.pdf; zitiert nach: Jan U. Hagen, *Fatale Fehler. Oder warum Organisationen ein Fehlermanagement brauchen*, Berlin: Springer Gabler 2013, S. 4.
202 In einem Interview über Crew Resource Management fasste der Journalist David Böcking: https://www.spiegel.de/wirtschaft/unternehmen/interview-wie-die-luftfahrt-aus-ihren-fehlern-lernt-a-930916.html.
208 Schon ein Smartphone ist diesbezüglich leistungsfähiger: https://theconversation.com/would-your-mobile-phone-be-powerful-enough-to-get-you-to-the-moon-115933.

208 Dort werden Fluggesellschaften gelistet: http://www.eu-info.de/leben-wohnen-eu/schwarze-liste-flugzeuggesellschaften/.
212 Also peppten die passionierten Filmemacher: https://www.bild.de/video/clip/blitzeinschlag/blitzeinschlag-in-flugzeug-53860980.bild.html.
212 Für die Details dazu verweise ich wieder gern auf »Cockpitbuddy« Suk-Jae: https://www.cockpitbuddy.com/cb031-wie-landet-der-pilot-bei-nebel/.
217 »der Blick von außen«: Link zur Videobotschaft von Alexander Gerst: https://www.youtube.com/watch?v=4UfpkRFPIJk.
217 »leuchtenden Saphir auf schwarzem Samt«: https://newsbeezer.com/austriaeng/christmas-eve-1968-the-day-the-earth-rose/.
217 »der einzigen Farbe, die wir im All wahrnehmen konnten«: https://www.space.com/42848-earthrise-photo-apollo-8-legacy-bill-anders.html.
217 »lebenden, atmenden Organismus«: Nachzuhören in der Dokumentation Overview: https://vimeo.com/55073825.
217 »Du stehst Wache für die ganze Erde!«: D. B. Yaden, J. Iwry, K. Slack, J. Eichstaedt, Y. Zhao, G. Vaillant und A. Newberg, »The Overview Effect. Awe and Self-Transcendent Experience in Space Flight«, *Psychology of Consciousness. Theory, Research, and Practice* 3, Nr. 1 (2016), S. 1–11.
217 Wie der US-amerikanische Philosoph David Loy es ausdrückte: Ebenfalls nachzuhören in der Dokumentation Overview: https://vimeo.com/55073825.
217 Dessen Auswirkungen beschrieb 1987 der Autor Frank White: Frank White, *The Overview Effect. Space Exploration and Human Evolution*, Boston: Houghton Mifflin Harcourt 1987.
218 Der bereits erwähnte Ron Garan beschreibt dort: Ebenfalls nachzuhören in der Dokumentation Overview: https://vimeo.com/55073825.
223 In einem berühmten Experiment aus der Sozialpsychologie: D. G. Dutton und A. P. Aaron, »Some evidence for heightened sexual attraction under conditions of high anxiety«, *Journal of Personality and Social Psychology* 30, Nr. 4 (1974), S. 510–517.
224 Ein ähnlich interessantes, aktuelleres Experiment: C. M. Meston und P. F. Frohlich, »Love at first fright. Partner salience moderates roller-coaster-induced excitation transfer«, *Archives of sexual behavior* 32, Nr. 6 (2003), S. 537–544.
226 Im Übrigen liegt die Wahrscheinlichkeit, dass unter den Passagieren ein Arzt an Bord ist: https://www.fvw.de/biztravel/geschaeftsreisemarkt/erste-hilfe-im-flugzeug-ist-ein-arzt-an-bord-141759.
230 Teufelskreis der Angst: angelehnt an ein Modell von Jürgen Margraf; Jürgen Margraf und Silvia Schneider, *Panik. Angstanfälle und ihre Behandlung*, Berlin: Springer 2013, S. 74.

233 Studien zeigen, dass wir das Alter einer Person: https://idw-online.de/de/
news403371.
236 Die Forschung zeigt, dass ein mittleres Maß: https://lexikon.stangl.
eu/2821/yerkes-dodson-gesetz/.
237 Verlauf der Angst: modifiziert nach Jürgen Margraf und Silvia Schneider,
Panik. Angstanfälle und ihre Behandlung, Berlin: Springer 2013, S. 77.
239 Passend dazu zeigen Studien, dass vor dem Beginn: Bettina Schindler,
Beatrice Abt-Mörstedt und Rolf-Dieter Stieglitz, »Flugangst und Flugphobie. Stand der Forschung«, Verhaltenstherapie 27, Nr. 1 (2017), S. 33.
242 Doch wenn sie länger mit dem Nachwuchs allein sind: Jay S. Rosenblatt, »Nonhormonal Basis of Maternal Behavior in the Rat«, Science 156, Nr. 2781 (1967), S. 1512–1513.
242 Die Bindungsforscherin Mary Ainsworth: Karin Grossmann und Klaus E. Grossmann (Hrsgg.), Bindung und menschliche Entwicklung. John Bowlby, Mary Ainsworth und die Grundlagen der Bindungstheorie, Stuttgart: Klett-Cotta 2003, S. 355.
243 Der gute alte Sigmund Freud: https://www.spiegel.de/spiegel/print/
d-42623560.html.
243 Vermeidung und Gewöhnung: modifiziert nach Jürgen Margraf und Silvia Schneider, Panik. Angstanfälle und Ihre Behandlung, Berlin: Springer 2013, S. 77.
246 Die Gabe von klassischen Beruhigungsmitteln: https://www.kli.psy.
ruhr-uni-bochum.de/klipsy/public/margraf%20Journals%20with%20
Peer-Review/Bentz%20et%20al.%20Konfrontation+Exposition%
202009.pdf.
246 in den Leitlinien der Arbeitsgemeinschaft der Wissenschaftlichen
Medizinischen Fachgesellschaften e.V.: https://www.dgppn.de/_
Resources/Persistent/0c2fc607fa678377a9efb4f13d5ce7007f2c43d0/
S3-LL_Lang_Angststörungen_2014.pdf.
246 Stattdessen könnten Medikamente vielversprechend sein:
https://www.fr.de/wissen/angst-wird-geloescht-11483073.html;
Originalartikel: Merel Kindt, Marieke Soeter und Bram Vervliet, »Beyond extinction. Erasing human fear responses and preventing the return of fear«, Nature Neuroscience 12 (2009), S. 256–258.

Teil III – Ich will können!

252 Viele Studien zeigen nämlich, dass allein das wiederholte Äußern:
S. Chaiken und C. Stangor, Annual Review of Psychology 38, Nr. 1
(1987), S. 5730; W. Stangl, Online Lexikon für Psychologie und Pädagogik,

Stichwort: »inoculation theory«: https://lexikon.stangl.eu/13139/inoculation-theory/.
253 Hinsichtlich der Teile »Flugsimulation I und II«: Karin Bonner, *Nie mehr Flugangst. Ein Selbsthilfeprogramm in sechs Schritten*, Düsseldorf: Patmos 2012.
254 Leider sind die Performances der Flugbegleiter: Alle Sicherheitsvideos von Air New Zealand: https://www.youtube.com/playlist?list=PLiB2F86A85355AB80.
257 Wer daran im Detail interessiert ist, dem sei die Folge *Luftstraßen und Navigation* des Podcasts: https://www.cockpitbuddy.com/cb054-luftstraen-navigation/.
259 Ein großer amerikanischer Hersteller von Lautsprechern und Kopfhörern hat winzig kleine sogenannte Sleepbuds entwickelt: https://www.faz.net/aktuell/technik-motor/digital/sleepbuds-von-bose-im-test-trotz-umgebungslaerm-gut-schlafen-16033130.html.
260 Sich beispielsweise auf den Homepages der Flughäfen umzuschauen, ist jedoch unbedenklich: https://www.flughafen-stuttgart.de/newsroom/mediathek/videos; https://www.berlin-airport.de/de/presse/mediathek/index.php/video-basics/alle-anzeigen/Seite-3.
260 Auf pilotseye.tv kann man eine deutsche Reihe von Dokumentationen in Spielfilmlänge: http://pilotseye.tv.
264 Der charmante Tipp entstammt dem *Travelbook*: https://www.travelbook.de/fliegen/warum-sie-im-flugzeug-unbedingt-pupsen-sollten.
266 doch Flugnavigation zu erklären ist kompliziert. Eine Ahnung davon vermittelt: https://www.cockpitbuddy.com/cb054-luftstraen-navigation/.
266 Einen faszinierenden Eindruck davon: https://www.focus.de/wissen/videos/wahnsinnige-zahlen-massenverkehr-ueber-europa_id_3677779.html.
272 Die Forschung zeigt, dass die Übungen in der akuten Situation am besten wirken: Bettina Schindler, Beatrice Abt-Mörstedt und Rolf-Dieter Stieglitz, »Flugangst und Flugphobie. Stand der Forschung«, *Verhaltenstherapie* 27, Nr. 1 (2017), S. 33.
272 An dieser Stelle möchte ich eine ebenso einfache wie wirkungsvolle, von Psychologin und Flugbegleiterin Karin Bonner empfohlene anführen: Karin Bonner, *Nie mehr Flugangst. Ein Selbsthilfeprogramm in sechs Schritten*, Düsseldorf: Patmos 2012, S. 60.
274 Die PME funktioniert also sehr einfach: Dietmar Ohm, *Stressfrei durch Progressive Relaxation. Mehr Gelassenheit durch Tiefenmuskelentspannung nach Jacobson*, Stuttgart: TRIAS Verlag 2007; Audio mit und ohne Musik: http://www.tk.de/tk/broschueren-und-mehr/cd-und-dvd/cd-progressive-muskelentspannung/49432.

279 Es handle sich um Musik, deren Harmonien und Tempo ideal geeignet seien: https://www.aerotelegraph.com/musik-die-gegen-flugangst-hilft-adele.
280 Einen Link zu konkreten Spielen und Ideen: https://www.flug-verspaetet.de/blog/2016/05/28/spiele-fuers-flugzeug.
280 Lauschen Sie in Ihr Inneres, wie »es Sie denkt«: Jens Corssen, *Als Selbst-Entwickler zu privatem und beruflichem Erfolg*, Hörbuch Campfire Audio 2006.
281 Diese verbalen Beschreibungen sind nicht zufällig gewählt: Bernd Rohrmann, »Empirische Studien zur Entwicklung von Antwortskalen für die sozialwissenschaftliche Forschung«, *Zeitschrift für Sozialpsychologie* 9 (1978), S. 222–245.
285 Die Dauer der Untersuchung war folglich: Daniel Kahneman, *Schnelles Denken, Langsames Denken*, übersetzt von Thorsten Schmidt, München: Siedler 2012, S. 468.
285 In einer anderen Studie ließ man Menschen ein Protokoll: Daniel Kahneman, *Schnelles Denken, Langsames Denken*, übersetzt von Thorsten Schmidt, München: Siedler 2012, S. 480.
286 Daniel Kahneman nennt dieses Phänomen treffend »die Tyrannei des erinnernden Selbst«: Daniel Kahneman, *Schnelles Denken, Langsames Denken*, übersetzt von Thorsten Schmidt, München: Siedler 2012, S. 470.
288 In einem sehr interessanten Artikel nennt die Wissenschaftsjournalistin Manuela Lenzen: Manuela Lenzen, »Wir naiven Welterklärer«, *Psychologie Heute*, Juni 2018.
290 Dieses fälschlicherweise oft Einstein zugeschriebene, ziemlich misanthropische Bonmot des Mathematikers David Hilbert: http://falschzitate.blogspot.com/2017/12/der-horizont-vieler-menschen-ist-ein_28.html.
292 Ein anderes Interview mit der angehenden Pilotin Bianca: https://www.cockpitbuddy.com/cb055-interview-pilotenanwrterin-bianca-wie-sieht-die-heutige-pilotenausbildung-aus/.
294 Wie schneiden Sie ab? Einfach selbst ausprobieren: https://implicit.harvard.edu/implicit/takeatest.html.
295 In einer Studie sind 79 Prozent der Teilnehmer eines solchen Seminars: Bettina Schindler, Beatrice Abt-Mörstedt und Rolf-Dieter Stieglitz, »Flugangst und Flugphobie. Stand der Forschung«, *Verhaltenstherapie* 27, Nr. 1 (2017), S. 33.

Teil IV – Ich kann fliegen!

299 Auch Nobelpreisträger Daniel Kahneman bestätigt Ergebnisse vieler Studien: Daniel Kahneman, *Schnelles Denken, Langsames Denken*, übersetzt von Thorsten Schmidt, München: Siedler 2012, S. 219.

299 Der Fokus auf positive Gefühle: C. W. Kahler, N. S. Spillane et al., »Positive Psychotherapy for Smoking Cessation. A Pilot Randomized Controlled Trial«, *Nicotine & Tobacco Research* 17, Nr. 11 (2015), S. 1385–1392.

299 Das Gehirn zeigt Aktivität in Regionen: Manuela Lenzen, »Wir naiven Welterklärer«, *Psychologie Heute*, Juni 2018.

Anhang

311 So wie Gymnasiast Lukas aus Osnabrück, der völlig ohne psychologische Hilfe flugtauglich geworden ist: http://atterheide.de/fileadmin/files/aero-club/NOZ_bericht_flugschule.pdf.

311 Prominente Persönlichkeiten haben diesbezüglich ja meist ganz gute Startbedingungen: https://www.bz-berlin.de/leute/johann-lafer-halfradikal-methode-gegen-flugangst.

311 Zunächst einmal könnte man in Anwesenheit eines Piloten: https://www.abendblatt.de/region/pinneberg/article106545639/Mit-65-Jahren-die-Angst-vorm-Fliegen-ueberwunden.html.

314 Die häufigsten psychischen Störungen aber sind tatsächlich Angststörungen: http://www.gbe-bund.de/gbe10/abrechnung.prc_abr_test_logon?p_uid=gast&p_aid=0&p_knoten=FID&p_sprache=D&p_suchstring=25399#m13.

314 Viel seltener dagegen beispielsweise Schizophrenie: http://www.gbe-bund.de/gbe10/abrechnung.prc_abr_test_logon?p_uid=gast&p_aid=0&p_knoten=FID&p_sprache=D&p_suchstring=13064#Kap3.1.

316 doch die VRET holt seit den 1990er-Jahren kontinuierlich auf, ist in einigen Studien genauso wirksam: Bettina Schindler, Beatrice Abt-Mörstedt und Rolf-Dieter Stieglitz, »Flugangst und Flugphobie. Stand der Forschung«, *Verhaltenstherapie* 27, Nr. 1 (2017), S. 33.

317 Der übrigens laut Angstexperte Jürgen Margraf: Jochen Paulus, »Hilfe, Knöpfe!«, *Psychologie Heute*, Juli 2019.

318 Informationen zu Psychotherapie: https://www.psychotherapiesuche.de.

Sämtliche Internetlinks wurden zuletzt am 8. November 2019 abgerufen.